教養のための
セクシュアリティ・スタディーズ

風間 孝
河口和也
守 如子
赤枝香奈子
著

法律文化社

はしがき

なぜセクシュアリティ・スタディーズか

　本書は、人間の性の総体とも呼ぶべきセクシュアリティにジェンダー、恋愛、性行為、性的指向、性自認、ジェンダー表現、パートナーシップ、性暴力、性感染症、そして性の商品化等の観点から焦点を当てた、セクシュアリティについてのテキストとして編まれている。ここでは、なぜセクシュアリティについて思考する必要があるかについて考えを述べてみたい。

　まずセクシュアリティはタブーに取り巻かれている。性は恥ずかしいことであり、口に出すにしてもそれは私的な空間においてであり、公的な空間で口に出すことは、はしたないこと、好ましくないこととされる。

　それでは、なぜセクシュアリティは語られることを忌避されるのだろうか。性に関わる事柄は私的な空間で行われるべきであるから、公的な空間で語るのは場違いだと考えられていることが関係しているだろう。だが、こうした思考には問題がある。私的な領域に閉じ込められているがゆえに、問題が生じても、それは周囲に知られることなく、個人レベルで解決することになりがちだからである。

　それならば、私的領域に閉じ込められているセクシュアリティのあり方をどのように変えていくことができるだろうか。ジェンダーの平等を求めるフェミニズムには、「個人的なことは政治的なことである」という思想がある。簡潔にまとめれば、個人的なこと、すなわち私的なことだと考えられていることであっても、公的に論じられるべきである、ということである。なぜ公的に論じられるべきかと言えば、性に関して個人的だと思い込んでいた事柄が、実は多くの人に共有する悩みとして存在しており、その背後にはジェンダー役割に起因する問題が存在しているからである。こうした思考は、本書が取りあげているセクシュアリティにかかわる課題にも応用可能である。セクシュアリティに関して個人的な問題だと考えていたことが、多くの人に共有されている社会的

な問題であることは、しばしば見い出されるからだ。そして、セクシュアリティに関わる問題が社会的問題であるなら、それは個人レベルではなく、社会レベルで解決される必要がある。

またセクシュアリティを個人的・私的な問題ではなく、公的な問題として捉える思考は、セクシュアル・ヘルス／ライツ（性の健康と権利）という概念にも深く関わっている。これは、セクシュアル・ヘルスとセクシュアル・ライツという2つの概念からなる。まず、セクシュアル・ヘルス（性の健康）とは、セクシュアリティに関して身体的に健康であるだけでなく、精神的・社会的にも健康であることを意味する。精神的・社会的に健康であるとは、世界保健機関（WHO）によれば、セクシュアリティや性的な関係に対して前向きな態度を取り、同時にセクシュアリティを楽しく、かつ安全なものとして捉えられることである。そして、セクシュアル・ヘルスが尊重されるために必要となるのが、セクシュアル・ライツ（性の権利）である。セクシュアル・ライツとはセクシュアリティを自分でコントロールし、決定できる権利のことである。そこには、強制や暴力、差別が存在しない状況のなかで、性的な感情や快楽を表現できることが含まれている。WHOなどの国際機関によって提唱されているセクシュアル・ヘルス／ライツは、セクシュアリティが健康や権利という公的な課題に密接に関わっていることを示しているのである。

ここまで、タブー化に抗して、セクシュアリティについて公的な場で議論していく必要性について述べてきた。だが、タブー化の一方で、私たちは性について、あふれんばかりの情報に取り囲まれてもいる。インターネットには性に関する情報が満ちているし、ニュースでもセクシュアリティに関する話題は日々取りあげられている。そして、セクシュアリティについての取りあげ方も様々だ。私たちは、セクシュアリティに関して、じつに多くの情報と、様々な価値観に取り囲まれているのである。

だが様々な価値観が存在するといっても、セクシュアリティには「当たり前」「自然」とされる社会のルール（規範）が存在している。恋愛や性の場面では男性がリードすべきだ、異性に惹かれるのは自然なことである、性は愛する人との間で行われるべき、といったものがそれに当てはまる。疑われることなく、私たちの価値観を形作っていることの多いこれらの規範は、自らの、そし

て他者のセクシュアル・ヘルス／ライツを危うくすることがある。男性に避妊や性感染症予防を任せていては、女性は自らのセクシュアル・ヘルスを守れないかもしれない。また異性に惹かれるのは自然という規範は同性愛者や両性愛者への偏見につながる。自らの、そして他者のセクシュアル・ヘルス／ライツが尊重されるためには、自分を形作っているセクシュアリティについての「規範」そのものを批判的に捉える目を養うことが必要となるのである。

　ここでなぜセクシュアリティについて思考する必要があるのか、という冒頭の問いにもどろう。それは、セクシュアリティが個人的・私的な問題にとどまらない公的な課題として存在しているからであり、そしてセクシュアリティは自分や他者の健康や権利にかかわる課題だからである。性に関して自分やパートナーの健康を守り、満足できる決定をするためには、十分な知識や情報とともに、性に関する他者との会話や議論が欠かせない。そして、セクシュアリティについて多様な考えや規範が存在するなかで、会話や議論をつうじて、私たち1人ひとりが、セクシュアリティについての考えを選び取り、行動していくことが可能になるからである。

本書の構成

　本書はこのような意図を持って編まれた、セクシュアリティについての理論や歴史、文化に関する学問の蓄積をふまえたセクシュアリティ・スタディーズのテキストであり、セクシュアリティについて多面的な方向から切り込んだ構成となっている。本書は大学での講義やゼミのテキストを想定して作られているが、大学のみならず、家庭や地域においてセクシュアリティについての会話が広がっていくきっかけとなることを著者一同、願っている。

　なお、本書は、それぞれの章が完結しているため、どの章から読んでもらってもかまわない。目次を見て、関心のある章から読み始めてもらいたい。

　序章では、セクシュアリティ・スタディーズについて展開する上での前提となるセクシュアリティ概念についてとりあげている。1章は、セクシュアリティと女性に求められるジェンダー役割と、男性に求められるジェンダー役割の関係を論じている。2章は、性別についての自己認識を意味する性自認、そして自分の性を外の世界に向けて示すジェンダー表現に焦点をあて、生まれた

ときに与えられた性別を越境して生きるトランスジェンダーが直面する困難についてとりあげている。3章は、どの性に惹かれるか（惹かれないか）を意味する性的指向概念と、異なる時代と文化における同性間のセクシュアリティのありようを踏まえて、私たちの文化におけるセクシュアリティ観について検討している。4章は、近代日本における男女の姿をとりあげながら、恋愛の理想化が女性に重くのしかかってきた歴史に焦点をあてている。5章は、同性間の関係性であるパートナーシップを踏まえて、生の様式としての関係性を選び、作ることについて論じている。6章は、セクシュアル・ハラスメント、ドメスティック・バイオレンス、レイプ等をとりあげながら、性と暴力の結びつきについて考察している。7章は、AVをはじめとするポルノグラフィや、買売春を題材に性の商品化における男女の不均衡と、その構図が変化しつつある現状についてとりあげている。8章は、性感染症でもあるエイズという病について、1980年代から現在に至る歴史をたどりつつ、エイズが性的マイノリティに及ぼした影響や、現在起こっている問題を考察している。9章は、性的マイノリティが直面する困難とその背景や構造を、同性愛嫌悪（ホモフォビア）とトランス嫌悪（トランスフォビア）に焦点をあてて考察している。10章は、19世紀のヨーロッパで始まり、現在の日本に至る性的マイノリティをめぐる権利獲得の歴史について振り返っている。そして最後の11章では、レズビアン／ゲイ／バイセクシュアル／トランスジェンダーなどの非異性愛のセクシュアリティの間における差異に目を向けるクィア・スタディーズという学問領域の形成と展開についてとりあげている。

　ついでながら、本書の成り立ちについて少し触れておきたい。本書を発行するためのプロジェクトは、2014年から始まったが、もともとの構想は法律文化社の編集者であった秋山泰氏が、氏の高校時代の同級生であり、日本におけるセクシュアリティ研究の第一人者であった、故・竹村和子氏にセクシュアリティに焦点を当てたテキスト執筆を依頼したところまでさかのぼることができる。竹村氏は多忙ゆえ、執筆を辞退されたが、かわりに本書の執筆者を推薦し、本書の執筆者が揃うことになった。本書が竹村氏の期待に添うものになっているか、いささか心許ないが、本書の産みの親でもある竹村氏に本書を捧げたい。

はしがき

　最後に、本書の企画がスタートしてから刊行までに4年という月日が経過してしまった。その間、私たちをつねに励まし、忍耐強くつきあってくれた、担当編集者の梶原有美子さんに、この場を借りて、感謝の意を表したい。

　2018年8月

著者を代表して

風間　孝

目次

はしがき

序章　セクシュアリティを捉える視点 …………………… 1
　　はじめに　1
　　1　セクシュアリティとは　2
　　　　性の総体／LGBTとSOGI／性的欲望と性的行動
　　2　セクシュアリティは人間の本能か？　5
　　　　多くの人が異性に惹かれるのはなぜか／氏か育ちか論争
　　3　セックス／ジェンダー／セクシュアリティ　9
　　　　セックスとジェンダーの関係／性別確認検査／ジェンダーとセクシュアリティとの関係
　　コラム　性分化疾患／インターセックス

1章　セクシュアリティとジェンダー役割 …………………… 18
　　はじめに　18
　　1　近代における女性のセクシュアリティ　18
　　2　現代における女性のセクシュアリティ　19
　　　　恋愛・性行為の主導権／性交の動機・きっかけ／男子が主導権を持つ理由／性のダブルスタンダード
　　3　男性のセクシュアリティの困難　25
　　　　性交への強迫性／性対象の選択
　　おわりに──ジェンダー役割のないセクシュアリティ　30

2章　性別の越境 …………………… 33
　　はじめに　33
　　1　性自認とは何か　33
　　　　性自認／ジェンダー表現／トランスジェンダー／生まれたときに与えられた性別・性自認・ジェンダー表現の関係／性別二元制

2　性自認／ジェンダー表現と性的指向　37
　　　　性自認と性的指向／ジェンダー表現と性的指向
　　3　性同一性障害／トランスジェンダー　40
　　　　欧米における性別越境の歴史／日本における性別越境の歴史／性同一性障害特例法
　　4　トランス嫌悪　46
　　　　トランス嫌悪とは／教　育／就　労
　　コラム　セクシュアリティと文化——〈ブッチフェム〉というレズビアン・カルチャー

3章　性的指向をめぐる問題　53

　　はじめに　53
　　1　性的指向とは　54
　　　　どのように性的指向を知ることができるか／キンゼイの連続体
　　2　異なる時代と文化における男性間のセクシュアリティ　61
　　　　古代ギリシャ／サンビア族／メキシコ／まとめ——比較
　　3　異性愛の歴史　66
　　　　漠然とした異性愛のイメージ／異常な異性愛？／脆い土台

4章　恋愛と親密性　70

　　はじめに　70
　　1　近代における「恋愛」　70
　　　　理想化された恋愛／恋愛をめぐる困難／「新しい女」たちの恋愛観
　　2　近代的恋愛は乗り越えられたのか　76
　　　　ロマンティック・ラブ・イデオロギー批判／〔ヘテロ〕セクシズムという拘束
　　3　親密な関係性　80
　　　　「純粋な関係性」／〈同性愛者〉と親密性／アイデンティティ、セクシュアリティのゆらぎ
　　おわりに　85

5章　パートナーシップと生の多様性　87

　　はじめに　87
　　1　パートナーシップという関係性　87
　　　　同性どうしの関係とパートナーシップ制度／日本のパートナーシップ制度／「パートナーシップ」という呼び方

2　結婚とパートナーシップ　91
　　　法律婚と事実婚／同性カップルと結婚／「婚姻の平等」
　　3　生の多様性　96
　　　親密性と空間／多様な関係の可能性／生の様式
　おわりに　100

6章　性と暴力　102

　はじめに　102
　　1　セクシュアル・ハラスメント　103
　　　セクハラの定義／なぜセクハラは女性が被害者になりやすいのか
　　2　ドメスティック・バイオレンス (DV)　107
　　　DVとは何か／DVはなぜ起きるのか
　　3　性暴力をめぐる社会の変化と課題　110
　　　レイプに関する法律の改正と残された課題／被害者の多様性に対応できる社会へ
　おわりに　115

　コラム　少子化対策とリプロダクティブ・ヘルス＆ライツ

7章　性の商品化　119

　はじめに　119
　　1　若者の性の情報源としての性的なメディア　119
　　　若者の性の情報源に向けられた批判／ポルノグラフィの問題とは何か／ポルノグラフィにも意義がある？
　　2　フェミニズム運動、性表現の自由　126
　　3　セックスワーク、風俗営業　129
　おわりに　133

　コラム　メディア表現への炎上
　コラム　性の「商品化」と子どもの人権

8章　エイズという問題──その歴史と現在　139

　はじめに　139
　　1　エイズが辿ってきた道　139
　　　エイズの始まり／パニックへの反応／見えないものへの恐怖

2　エイズをつうじたコミュニティ（形成）　144
　　3　アイデンティティとリスク行動　146
　　4　HIV予防に対する新たな視角　149
　　　　減少しない感染者／ジェンダーと感染
　　5　エイズをめぐる新たな問題　152
　　コラム　映画に描かれたエイズ―ゼロ号患者（感染源）を探して

9章　性的マイノリティが経験する生きづらさ　156
　　はじめに　156
　　1　可視化する性的マイノリティ　156
　　2　同性愛嫌悪（ホモフォビア）　158
　　　　個人から構造へ／内面化された同性愛嫌悪
　　3　異性愛主義（ヘテロセクシズム）　161
　　4　ヘイトクライム　163
　　5　教育現場における性的マイノリティ　165
　　　　不可視化するいじめ・からかい・暴力／カミングアウトの難しさ
　　6　パートナーシップへの取り組み　170
　　7　職場における性的マイノリティ　172
　　8　地域・地方における性的マイノリティ　173

10章　セクシュアリティをめぐる権利獲得の歴史　176
　　はじめに　176
　　1　セクシュアリティをめぐる権利獲得の歴史　177
　　　　ヨーロッパにおける権利獲得運動の黎明期／アメリカ合衆国における運動の展開
　　2　軍隊における同性愛者とヘイトクライムに関わる法制化　183
　　3　同性婚をめぐる議論　184
　　4　日本で初の同性愛者差別事件裁判　187
　　　　――府中青年の家事件

11章　クィア・スタディーズの視角　190
　　はじめに　190

1　「クィア」という考え方　190
　　2　本質主義と構築主義　193
　　3　アイデンティティの政治とその批判　197
　　4　「クィア」という方法論　201
　　　　クィア理論／クィア理論の新たな展開

引用・参考文献、参考資料リスト
索　引

序章　セクシュアリティを捉える視点

はじめに

　みなさんが通っていた学校には、性教育はあっただろうか。中学生のときに保健体育のなかで第二次性徴をとりあげた授業を受けたことが私はあるのだが、なんとも椅子に座っているのが恥ずかしくなるような気持ちになったことを覚えている。先生の照れたようなふるまい、そして私たち生徒も性について知りたいのに関心があることをまわりに知られたくないという独特の雰囲気が、こうした気持ちにさせたように思う。先生をふくめ教室に「性」を直視することを避けたいという雰囲気もあったのかもしれない。

　おそらく多くの人が性について、こうした経験をしているのではないだろうか。できるだけ避けるべきもの、その場の空気を読む中で察するもの、ということを私たちは性に対して、直接、間接を問わず教わってきたように思う。それに反して、性について関心を示したり、人前で語ったりすると「いやらしい」人というレッテルがはられてしまう。私たちが生きていくなかで避けられないものであり、実は身近なところにあるにもかかわらず、性は私たちから遠ざけられてきた。

　性について語ることを忌避することによって、困ったことが何もおこっていなければよいのだが、そうとは言い切れない現状がある。まず個人的なレベルで、性を巡って多くの人がトラブルを抱えている。望まない妊娠や性病で困った経験をしたことがある人もいるかもしれない。あるいは自分の性のあり方、たとえば性欲のあり方や自分の性別認識がまわりの人と違っていることで悩んでいる人もいるかもしれない。次に、社会的なレベルでも性を巡っては多くの議論が巻き起こっている。学校の先生が買春で逮捕された、政治家がセクシュアル・ハラスメントで辞職に追い込まれた、芸能人がドメスティック・バイオレンスで離婚した、第二次世界大戦時の慰安婦に対して日本軍はどこまで関与

したのか、同性婚を認めることは妥当なのか、等々。性についての多くの議論があり、どのように解決していったら良いのか、一筋縄では解きほぐせそうもない問題が山積している。

　私たちはすでに、性について考えるときに、これまでの人生の中で様々な見方・捉え方を身につけているだろう。本書は、執筆者それぞれの性についての見方を提示することによってみなさんが性について考えを深めることを目指している。この章では、本書を学ぶうえで前提となる、性、ここではセクシュアリティという言葉に焦点を当てながら、性についてのいくつかの常識を疑うことを試みてみたい。

1　セクシュアリティとは

性の総体　ここでは本書の題名にもなっている、セクシュアリティとはどういう概念なのかを考えてみようと思う。この言葉を、本書を手にとってはじめて知ったという読者もいれば、聞いたことはあるが詳しい意味はわからない、という読者もいることだろう。セクシュアリティ sexuality は、"sexual" の名詞形であり、簡単に言えば「性的なこと」といった意味だ。だがこれだけでは、なにが、あるいはどこからが「性的なこと」がらに該当するのかよくわからない。そこで世界保健機関（WHO）による、セクシュアリティの定義を紹介したい。

　セクシュアリティは生涯を通じて人間であることの中心的側面をなし、セックス（生物学的性別）、性自認とジェンダー役割、性的指向、エロティシズム、快楽、親密さ、生殖がそこに含まれる。セクシュアリティは、思考、想像、欲望、信念、態度、価値観、行動、実践、役割、および関係性を通じて経験され、表現されるものである（WHO 2000）。

　ここからまずわかるのは、セクシュアリティとは性的な「行動」や「実践」だけを意味するだけではないということだ。そこには、「思考、想像、欲望、信念、態度、価値観」といった性にまつわる想念も含まれている。さらに、セクシュアリティには生物学的性別を意味するセックス、自己の性別認識である性自認、どの性別に惹かれるかを意味する性的指向、そして社会が女性あるいは男性に期待するジェンダー役割までが含まれており、性の総体としかいいよう

のないものである。

LGBTとSOGI まずセクシュアリティの定義の中に性的指向と性自認が含まれていることの意味について述べておきたい。異性に惹かれる異性愛には正常や自然とみなされてきた歴史が、同性に惹かれる同性愛や両方の性に惹かれる両性愛には異常や不自然とみなされてきた歴史がある。セクシュアリティの定義において、異性愛としてではなく、異性愛、同性愛、両性愛を包含する性的指向が記されていることは、人の性愛が向かうのは異性だけではないということを意味しているといえよう（3章参照）。

つぎに自己の認識する性別を意味する性自認に関して言えば、生物学的性別とは別に性自認がセクシュアリティの定義に含まれていることは、性自認はセックス（生物学的性別）とは独立して存在していることを前提にしているといえよう。セクシュアリティの定義は、生物学的性別と性自認が一致するシスジェンダーだけでなく、生物学的性別を超えて生きるトランスジェンダーもセクシュアリティ概念に包含されているのである（2章参照）。

ここまで述べた性的指向と性自認にかかわるセクシュアリティのあり方を性的マジョリティ（多数者）／性的マイノリティ（少数者）という軸で整理してみよう。そこには、異性愛（者）やシスジェンダーのように正常・自然とされる性的マジョリティが存在する一方で、レズビアン（女性同性愛者, Lesbian）、ゲイ（男性同性愛者, Gay）、バイセクシュアル（両性愛者, Bisexual）、そしてトランスジェンダー（性別越境者, Transgender）の英語表記の頭文字をとって名づけられたLGBTのように、社会的に差別されがちな性的マイノリティも含まれている。

近年では、LGBTとともに、「性的指向(Sexual Orientation)と性自認(Gender Identity)」、あるいは英語表記の頭文字をとってSOGI（ソジもしくはソギと読むことが多い）という表現も用いられるようになっている。LGBTとSOGIが異なるのは、LGBTが「人」に焦点をあてているのに対して、SOGIはどの性別の人に惹かれるか、どのような性別認識を持つかという「属性」に注目している点にある。LGBTは性的マイノリティ自身およびその抱える困難に焦点を当てるときに便利であるが、SOGIは性的指向・性自認という誰もがもつ属性に焦点を当てることで、すべての人に関わる問題であることを明示するときに重宝する概念といえよう。

性的欲望と性的行動

セクシュアリティ概念の中では、性に関連して私たちはどのような行為を行うのか（性的行動）ということと、何のために性的行動を行うのか（性的欲望）ということも重要な要素である。

まず性的行動とは、1人で、2人の間で、あるいは集団で行われる、性的な興奮を引き起こす行為のことである。性的行動と聞いて、多くの人は、マスターベーションやキス、ペッティング、そしてインターコース（挿入行為）を思い浮かべるだろうが、そのなかでも特別視されているのがインターコースである。前戯という言葉があるが、これはインターコース前の性的行為という意味である。つまり、前戯を経て最終的にたどり着くことが想定されているのがインターコースということになる。男女間のインターコースが特別な位置を与えられているのは、それが生殖につながるからだろう。だが、インターコースが特別視されるあまり、挿入行為に応じないと愛情が疑われてしまうこともある。インターコースが愛の証という意味を帯びることもあるのだ。

だが、生殖、つまり妊娠や出産を目的としているわけではないのなら、つねにセックス（性行為）がインターコースを伴う必要はないはずだ。性科学者の中村美亜は『クィア・セクソロジー』のなかで、セックスを「狭い意味でのセックス」と「広い意味でのセックス」に分けている。「狭い意味でのセックス」とは男性性器ペニス（penis）を女性性器ヴァギナ（vagina）に挿入すること（中村は頭文字をとってこれをPVセックスと呼ぶ）である（中村 2008：16）。それでは「広い意味でのセックス」とはなんだろうか。中村によれば、「からだのふれあいや相手とのコミュニケーション」のことである。「どうしたら自分は、そして相手は、リラックスして気持ちよく感じることができることができるのか。それを互いに確かめ合いながら、コミュニケーションを深めていく」のが「広い意味でのセックス」なのだ。PVセックスを特別視することをやめ、その他の性行為をそこに至る手段とはみなさない。そうした考えを持つことができたなら、今より自由な性の可能性が開けるかもしれない。

つぎに、性的欲望について考えてみよう。ここでは、性的な対象を求め、性的行動をおこなうとする願望や動機を性的欲望と定義しておく。性的欲望の1つの要素である、セックスの動機について考えてみよう。実際、人は様々な動

機をもってセックスを行っている。アメリカの性科学者のミルトン・ダイアモンドは性教育のテキスト『人間の性とは何か』のなかで、12種類のセックスの動機をあげている。生殖のため／快楽を得るため／緊張を解放するため／何かと交換するため／愛情を表現するため／寂しさを紛らわすため／義務を果たすため／レクリエーションのため／性役割を確認するため／親密さを表現するため／コミュニケーションのため／社会的名声を得るため、等々（ダイアモンド 1984：26-7）。これらの動機は単独で現れるとは限らない。いくつかが同時に作用する場合もある。この動機をみて、何かと交換？　レクリエーション？と頭のなかにクエスチョンマークが浮かんだり、思わず顔をしかめてしまったという人もいるかもしれない。

　さて、セックスの動機のなかで最も重要視されているのが、生殖だろう。だが現実の私たちの生活を振り返れば、私たちは生殖にとどまらない様々な理由からセックスを行なっている。これらは、人間が他の動物とは異なる側面だといえよう。またセックスの動機は時代とともに変化する。生殖を目的としなければセックスが許されなかった時代もあれば、現代の日本のように愛情表現の１つとしてのセックスが許容される時代もある。そもそもどのような動機が良くてどのような動機は良くないのか。そしてこれらの動機に対する価値づけが時代や社会とともに変わっていくとしたら、良し悪しを判断する前に自分がどのような価値観を持っているのか、どのような価値観に囚われているのかを考えてみることも、自らのセクシュアリティ観を作り上げていくことにつながるだろう。

2　セクシュアリティは人間の本能か？

多くの人が異性に惹かれるのはなぜか　いまの日本で異性に対して恋愛感情や性的感情を向ける異性愛という性的指向が多数派であるとするなら、多くの人が異性に惹かれるのはなぜだろうか。

　このように問われて多くの人がまずあげるのが、異性に惹かれるのは生殖のため、それは本能だ、という答えではないだろうか。ここでの本能を、人間は生まれながらに異性に惹かれるようにプログラムされていると言いかえることもできるだろう。たしかに、生殖は人類の存続にとって不可欠な行為であるに

違いない。しかし、生殖が不可能になっているにもかかわらず、異性に惹かれる高齢者がいるのも事実だ。とすれば、異性に惹かれる理由を生殖という生物学的な文脈だけで説明するのは無理がある。

　異性に惹かれるのは、男女が互いに異なるからだと考える人もいる。男女が異なっているという場合、身体的な差異を指すこともあれば、性格などの心理的な面を指すこともあるだろう。身体的な差異を理由に惹かれるということは、自分とは異なる身体の構造によって恋愛感情や性的欲望が生み出されるということになるのだが、それでは身体以外は惹かれる要素として重要ではないということだろうか。そういう人もいるかもしれないが、そういう人は多くないだろう。そのことは、いまの日本では恋愛のときに相手との相性、すなわち互いの性格の組み合わせが重視されることからもわかる。このように考えると、自分とは異なる身体を持っているということだけでは異性に惹かれる理由は説明しきれない。

　つぎに、性格が異なるから異性に惹かれるという理由を検討してみよう。そもそも男と女は性格が異なっているといえるのだろうか。裏返せば、男は同じような性格をしていて、女は同じような性格をしているといえるだろうか。男の中にも様々な性格を持っている人がおり、女の中にも様々な性格を持っている人がいることを考えれば、男と女は性格が異なるのだから惹かれ合うというのも、乱暴な話のように思う。

　それでは、生殖や、男女の違いが理由にならないとしたら、現代の日本で異性愛が多数派であるのはどうしてだろうか。異性に惹かれることが自然で、同性に惹かれることは不自然だ、と考える社会の価値観を学習した結果という理由はどうだろうか。たしかに、異性に惹かれることを周囲に語っても、そのことを理由としてからかわれたり、非難されたりということは、まずない。年の離れた異性、国籍の異なる異性、既婚者の異性を好きになったことによって非難されることはあるかもしれないが、それは年齢の差、国籍、既婚といった特定の社会的位置によってそのような扱いを受けるのであって、その相手が異性という理由で非難されるのではない。その一方で、いまの日本社会で同性に惹かれていることを理由とした、からかいや非難は残念ながら珍しくない。つまり、異性に惹かれること（だけ）で不利益を受けることはまずないが、同性に

惹かれることで不利益を受けることは大いにあり得るのである。また自らの親も含め、私たちの周囲をみても男女からなるカップルばかりで、同性どうしのカップルを目にすることは多くないだろう。こうした環境のなかで育ってきたことによってカップルとは男女間の組み合わせで成り立つと考えるようになっても不思議ではない。以上をまとめれば、異性愛が多数派であるのは、私たちの社会が異性愛規範（ヘテロノーマティヴィティ）をもっているためであるということができる（3章参照）。

　規範とはその社会の構成員が従うべきとされる社会的なルールのことである。あらゆる社会は性についての規範を持っている。その結果として、社会に受け入れられるセクシュアリティが生まれる一方で、非難されるセクシュアリティが生まれる。社会のメンバーはこうした規範を社会での生育過程、すなわち社会化を通して学習する。こうした規範が人びとのセクシュアリティを異性愛に向かうように促している側面はたしかに存在するといえよう。

　だが、社会の多数派が異性愛者であるとはいえ、同性愛や両性愛の性的指向も存在している。規範とされるものとは異なる性のあり方が同じ社会や文化のなかに存在しているのも事実だ。ここからわかるのは、私たちの社会のあり方が異性愛を規範にしているとしても、すべての人が同じように規範を内面化するわけではないということだ。私たちのセクシュアリティは社会の影響を受けているが、その影響の受け方は1人ひとり異なるのである。

　異性愛規範が異性に惹かれるように人びとを促しているとすれば、異性に惹かれる人が多いのは、後天（社会）的な理由によるものとなるだろう。けれども、これまで人類が存続してきたことから考えれば、先天（生物学）的な面も作用しているようにも思える。セクシュアリティにおける先天性と後天性を、私たちはどのように考えたらよいだろうか。

氏か育ちか論争　セクシュアリティを先天（＝生物学）的なものとみなすか、後天（＝社会）的なものとみなすかという議論は、英語圏では「氏（nature）か育ち（nurture）か」論争と呼ばれている。人間の性は生まれ（nature）、すなわち本能に支配されているのか、それとも育ち（nurture）、すなわち環境によって支配されているのかという論争である。

　人間のセクシュアリティを遺伝子や脳の構造といった生物学的次元から説明

しようとする考えをセクシュアリティの本質主義と呼ぶ。本質主義を信奉する者は、人の性的欲望や方向性は生まれつきのもので、変化しにくく、社会の影響は最小限であると信じている。それに対して、人間のセクシュアリティを社会や文化の面から説明しようとする考えを社会構築主義と呼ぶ。社会構築主義を信じる者は社会が規範を通じて性的行動に影響を与えると信じている。

　本質主義者は、異性に惹かれることのみならず、男性の性的に活発なふるまいも本能で説明する。社会生物学者が述べているのは男性のほうが女性よりも性的に活発であることに対する、進化論的説明である。男性は、できるだけ多くの精子をまき散らすことで自らの遺伝子を残そうとするのに対し、女性は子育てを考慮して、安定したパートナーを求めるというのである。これらの研究は、通常同じ種の動物の中では、雄のほうが雌よりも乱交的であるという動物の生物学的研究によって支持されている。本質主義を信じる人たちは、人間の性における動物的側面である本能を重視しているといえるだろう。

　しかしこうした考えには多くの批判が向けられている。社会生物学者による進化論的説明を批判する者たちは、多くの動物と違って人間は遺伝的に決定された本能よりも環境から強い影響を受けると考えている。社会構築主義者なら男性のほうが女性よりも性的に活発な理由を、男は性的に能動的であるべきであり、女は受動的であるべきという規範に求めるだろう。

　ここまでセクシュアリティを生物学から説明する本質主義と、社会や文化の影響から説明する社会構築主義の論争についてみてきたが、セクシュアリティに対するこれらのアプローチは対立しているのではなく、セクシュアリティには２つの次元が存在していると考えることもできる。

　生物学的次元としてまず頭に浮かぶのは、生殖である。生殖という側面が含まれていたからこそ、これまで人類は生を育んできたということもできるだろう。また、私たちのセクシュアリティは身体の構造やホルモンなど生物学的な身体の影響を受けている。身体を用いることで私たちは、性的行動においても様々な感覚を得ている。セクシュアリティにおける生物学的な次元には、生殖や身体、そしてそれに付随する感覚といった面が含まれている。

　セクシュアリティにおける社会・文化的な次元とはどのようなものだろうか。まず生殖を意図しないときでも人びとは性的欲望をもち、性的行動をして

いる。相手や自分の満足のために性的行動を行うことは珍しいことではない。また、お互いの感情を伝え合うために、あるいは自分を満足させるために性的行動を行うほうが、生殖を目的とするより、はるかに多い。人間の性的行動は生殖という生物学的次元では語りきれないものなのである。言いかえれば、私たちがどのような人に魅力を感じ、何に性的満足を見出すかは、私たちの持って生まれた身体の構造だけでは説明できないのである。

　社会や文化がつくりだした性差を指す、ジェンダーも私たちのセクシュアリティに影響を及ぼす。これもまた、セクシュアリティの社会的次元といえるだろう。多くの人は性的欲望を感じるとき、また実際の性的行動において相手の性別（ジェンダー）が男か女かを重視することが多い。自分の性別と相手の性別との組み合わせによって性的欲望を感じたり、感じなかったりするのである。また自らの性別と相手の性別との組み合わせによってセクシュアリティに対する社会や周囲の人のまなざしは大きく異なる。同性に向けられる性的欲望と異性に向けられるそれに対する人びとのまなざしが大きく異なるのはその一例である。

　セクシュアリティは生物学的次元だけではなく、ジェンダーを含めた社会的次元の影響を受けている。セクシュアリティにとってジェンダーは性的欲望や性的行動が成立するかどうかにかかわってくる重要な側面をなしているのである。

　セクシュアリティは「氏か育ちか」という最初の問いに戻れば、アメリカの社会学者のヴァージニア・ルッターとペッパー・シュワルツは「身体の構造、ホルモン、脳の複雑な組み合わせが人間の取りうる行動と欲望の基本的な枠組みを提供するが、生物学はセクシュアリティが始まる場所でも終わる場所でもない。社会的、かつ生物学的な文脈が人間の性的な可能性を定義する」(Rutter and Schwartz 2012 : 22) と述べている。セクシュアリティについて考えるときには生物学的次元に加えて社会的次元の両面からみていく必要があるのだ。

3　セックス／ジェンダー／セクシュアリティ

セックスとジェンダーの関係　セックスとジェンダーの関わりについてもう少し考えてみよう。世界保健機関（WHO）は、セックスを「女性

または男性として人間を定義する、生物学的な諸特徴」(WHO 2000)、ジェンダーを「男性集団と女性集団の間の、規範や役割、関係性のような、男性と女性の社会的に構築された諸特徴」(WHO 2011) と定義している。要約すれば、セックスとは生物学的性差のことであり、ジェンダーとは社会によって構築された性差ということになるだろう。

　定義上では明確に区別されているが、実生活でセックス（生物学的性差）とジェンダーを明確に区別することは容易ではない。たとえば、私たちは街中を歩いているときに人の性別をどのようにして区分し、判断しているだろうか。セックスに基づいて区分しているのだろうか、それともジェンダーに基づいて区分しているのだろうか。

　まずセックス、すなわち骨格や胸のふくらみの有無で、人の性別を判断できるという人がいることだろう。この場合の身体つきとは、骨格がしっかりしていれば男性、そうでなければ女性、胸に関して言えば、胸が大きければ女性、そうでなければ男性ということだろうか。では、骨格や胸という身体的特徴で判断する人は、セックス（生物学的性差）に基づいて、街ゆく人の性別を判断しているといえるだろうか。

　こうした発言を聞き、骨格がしっかりしている女性、骨格がしっかりしていない男性も存在していると思った人もいるかもしれない。また胸の大きい男性、小さい女性を思い浮かべた人もきっといることだろう。このように考えてみると、胸や骨格で判断することは、実はセックス（生物学的性差）で判断しているようでありながら、男性は骨格がしっかりしていて胸が小さい、女性は骨格が華奢で胸が大きいというイメージで判断していることがわかる。この場合のイメージは、「男（の身体）は～であるべき」、「女（の身体）は～であるべき」という規範からつくり出されたものと言うことができ、こうした規範は社会や文化がつくりだした性差、ジェンダーだと言えるだろう。

　また私たちは骨格や胸の他に、服装、髪の長さといった社会がつくりだす特徴からも、その人の性別を判断しているという人もいるかもしれない。すなわちスカートをはいていれば女性、短髪なら男性というように。おそらくこのように考える人は、街中ですれちがう人の身体的特徴で人の性別を判断することは、不可能であると考えているかもしれない。

骨格や胸、あるいは服装や髪の長さで判断するのはジェンダーに基づいているかもしれないが、その人の性器を見ることができれば、セックスによってその人の性別を判断することができる。このように考える人もいることだろう。私は数年前にサンフランシスコに滞在したさい、ヌーディストと呼ばれる人を街中で見かけることがときどきあった。ヌーディストとは、裸体でいることが人間にとって自然という考えの人のことであり、彼らは衣服を身につけず浜辺でたたずんだり、ときには街中を歩くこともある。では、ヌーディストのように衣服を身につけない人であれば、男か女かを判別することは可能だろうか。

性別確認検査 この点について性器の形状も含め、生物学的に男と女を区別することが実はかなり困難であることは、近代スポーツにおける性別確認検査の歴史が明らかにしている。なぜスポーツの国際大会等で性別確認検査が行われているかといえば、競技における平等を確保するためとされている。男性が女性競技に出場することによって生じる不平等を排除しようというわけだ (來田 2012)。

最初に性別確認検査が実施されたのは1966年の陸上競技欧州選手権大会 (ブダペスト) である。医師の前で女性競技者が全裸で行進し、視認によって性器を検査する方法がとられた。だがこの検査方法に対しては屈辱的との声があがり、別の方法が模索されるようになる。この時点では外性器の形状で性別が確認できること自体は疑われていない。

つぎに、性染色体を検査する方法が用いられるようになったが、ここでも問題点が指摘されるようになった。この方法は、女性の性染色体がXX型であるのに対して、男性がXY型であることを利用して男性と女性を区別しようとするものだったが、性分化疾患 (インターセックス) について様々なことがわかっていくようになるにつれて、この方法の様々な限界が明らかになった (性分化疾患については本章末尾のコラム参照)。

性分化疾患をもつ人のなかには性染色体が男性型のXYでも、アンドロゲン (いわゆる「男性ホルモン」) に反応しない、もしくは部分的にしか反応しないホルモン受容体を有しているために、身体が男性化しない人もいる。その結果、Y染色体を持ちつつ、女性の身体的特徴を持つ人に対して、染色体を理由にその人を女性競技から排除することができるのかという問題が持ち上がることに

なった。こうして、オリンピックでは、2000年のシドニー五輪から染色体検査が廃止されることになった（染色体に基づく性別確認検査が最後に行われた1996年のアトランタ・オリンピックでは、検査対象となった女性3387人のうち、8人がY染色体につながる遺伝子をもつと診断された）。外性器や染色体という身体的特徴で性別を確定できないことが明らかになったいえよう。

それ以後は、性別の確認問題が生じた際に検査を実施するという方法が採用されるようになっている。このようななかで起こったのが、2009年世界陸上競技選手権大会の女子800mで優勝したアスリートの性別騒動である。そのアスリートは800mで優勝したが急激な記録の向上や風貌から、女性であることが疑われ、性別検査をされることになったのだ。その検査とは、彼女が「本当に女性かどうか」を判断するためのものだった。報道によれば、アンドロゲンの一種であるテストステロン値が「標準的な」女性よりも高い数値を示したため、性分化疾患という診断が下され、医療チームからホルモンレベルを下げるための手術か、服薬のいずれかの選択を迫られることになったという。彼女はスポーツ運営組織が承認できるレベルまでホルモンのレベルが下がったと判断されてようやく競技に復帰することが認められたのである。

オリンピック等の国際大会における性別確認検査の歴史が明らかにしてきたのは、ハイレベルな競技スポーツの世界は平等原則の下、身体的特徴に基づき男と女の区分を維持しようとしてきたが、その試みはことごとく頓挫してきたということだ。生物学的に男女を区分することは簡単なことではないのだ。

性器の形状や染色体という生物学的な特徴をもってしても容易に男女を区分することはできない。このことを踏まえて、あらためてセックス（生物学的性差）とジェンダーの関係について考えてみよう。

ジェンダーについて語る際、生物学的性別を基盤につくりだされた社会的性別と記されることがある。生物学的に男性であることのうえに男性性というジェンダーが構築され、生物学的に女性であることのうえの女性性というジェンダーが構築されるという意味である。このような場合、セックス（生物学的性差）はジェンダーに先だつものとして理解されている。つまり、一般的にジェンダーは、生物学上の女と男の違いをもとにして与えられる「女らしさ」「男らしさ」だと考えられている。

だが、性分化疾患の性別決定プロセスでは、ジェンダーがセックスに先だつ。典型的な男性もしくは女性の身体とも異なる、非典型的な身体的特徴をもつ性分化疾患の子どもは、出生時の性別決定過程において、しばしば親や医師により性別の決定がなされる。そのさいに、親や医師は、子どもを女性か男性にしなければならないという観念に基づいて子どもの性別を決定している。子どもの性別を女性か男性にしなければならないという観念は、社会における「性別は男か女のどちらかでなければならない」（性別二元制）に基づいて生み出されたものである。そうである以上、性分化疾患の子どもの生物学的な性別はジェンダーに基づいて決められているということになるだろう。

性分化疾患の存在から明らかになるのは、生物学的性別が単純に男と女に二分されていないということであるが、にもかかわらず私たちは身体の性別を二分されていると認識している。このように考えれば、私たちは男と女という2つの性別は身体の性差を素朴に反映したものであるというよりも、性は二分されなければならないという性についての社会的観念（ジェンダー）によってつくりだされているといえるだろう。

ジェンダーとセクシュアリティとの関係　最後に、異性愛とジェンダーの関わりを明らかにすることをとおして、ジェンダーとセクシュアリティの関係について考えてみたい。

まず、ジェンダーとセクシュアリティの関係について考えるにあたって、まず岩波国語辞典（1963年初版）の「男」と「女」の項目をとりあげたい。

> 男…人間の性別のひとつで、女でない方。……また強くしっかりしている、激しい等、男性の特質と考えられることを指す場合もある。
> 女…人間の性別のひとつで、子を産みうる身体の構造になっている方。男でない人。……また気持ちがやさしい、煮え切らない、激しくない等、女性の特質と考えられることを指す場合もある。

まず男／女の記述は、性は男と女の2つであるという考えに基づいていることがわかる（性別二元制）。性別は男と女の2つしかなく、それ以外の性は存在しないと考えられている。

さらに、男女の特質は、対照的なものとして捉えられている。男性の特質と

しては強い／しっかり／激しい、が、女性の特質としてはやさしい／煮え切らない／激しくない、があげられている。ここでの男性・女性の特質とは、「気持ちが」と書かれているように、セックス（生物学的性差）とは区別されるジェンダーの記述であると考えられる。これらの強い／やさしい、しっかり／煮え切らない、激しい／激しくないというペアになっていることは、男性の特質である男性性と女性の特質である女性性が対照的な性質として理解されていることを示している。さらには、この非対称性は、男女の間に序列をつくりだす。しっかりしている／煮え切らない、のペアに示されるように、男性の優位性に基づく、男と女の非対称性が埋め込まれているのである。ちなみに岩波国語事典の2011年版では、女性の特質から「煮え切らない」が削除されている。このことは、ジェンダーが社会とともに変化していくことを示している。

　だが、これらの記述にはもうひとつの意味が隠されている。それは、男性の特質と女性の特質は対照的であるだけでなく、互いに補いあう存在であるということだ。たとえば、強い特質を持つとされる男性とやさしい特質を持つ女性は、正反対であるがゆえに、互いに補い合うべきとの理解（相補性）をもたらす。そして男と女が相補的な存在として認識されることは、男と女は互いに異なっているがゆえに、互いに惹かれ合うという考え方と親和的である。

　ジェンダーにおける相補性は、ジェンダーと異性愛というセクシュアリティが密接に結びついていることを示している。異性愛が成立するためには、男と女という2つの性別が必要である。そしてこの2つが惹かれあうことが自然であるためには、男と女のジェンダーは対照的な性質とみなされる必要がある。このようにして二元的なジェンダーは異性愛というセクシュアリティを自然なものとみなすことを可能にしているのである。異性に惹かれるのは正しい、自然だとみなす異性愛規範（ヘテロノーマティヴィティ）は、ジェンダーによって支えられているといえよう。

　このようにジェンダーと異性愛というセクシュアリティが切り離せない関係にあることは、二元化されたジェンダーが性差別に関わるだけでなく、異性愛規範をもたらすことによって、同性愛や両性愛などの異性愛以外のセクシュアリティを不自然とみなすことにも関わっているのである。

　また男女は対照的な性質を持つというジェンダーを基盤にする異性愛規範は

異性愛者ではない同性愛者や両性愛者だけでなく、異性愛の男性そして女性にも特定のジェンダー役割を強いることになるだろう。ジェンダー役割から逸脱したときに、異性愛者であったとしても「男らしく」ない男が「オカマ」、「女らしく」ない女が「レズビアン」というラベルを貼られるのは、異性愛者にジェンダー役割から逸脱しないために同性愛者に対する偏見が用いられていることを示しているのである。

　私たちは女／男というどちらかの性別を与えられ、そこから女らしく／男らしくふるまい、異性を好きになることを期待される社会に生きている。こうした社会のあり方が私たちのセクシュアリティにどのような影響を及ぼしている。以下では、セクシュアリティの社会的諸側面をとおして見ていくことにしよう。

【おすすめ文献・資料】
　中村美亜, 2008,『クィア・セクソロジー——性の思いこみを解きほぐす』インパクト出版会.
　森山至貴, 2017,『LGBTを読みとく——クィア・スタディーズ入門』筑摩書房.
　ユネスコ編, 2017,『国際セクシュアリティ教育ガイダンス——教育・福祉・医療・保健現場で活かすために』明石書店.

性分化疾患／インターセックス

　精巣や卵巣などの性腺、生殖器官や性器のありかたが、典型的な女性・男性とは異なる、身体的特徴を持つことを性分化疾患（Disorders of Sex Development）、もしくはインターセックス（Intersex）と呼ぶ。

　一般的には、染色体／性腺／性器の間には一貫性があると考えられている。すなわち染色体が女性型のXXであれば、卵巣を持ち、ヴァギナをもつ／染色体が男性型のXYであれば、精巣を持ち、ペニスをもつというように。だが、約１％の人は、染色体／性腺／性器が中間的な形態である、あるいはこの３つのうちのいずれかが男性型、もしくは女性型である（Joel 2012）。中間的な形態の例では、性染色体が女性型と男性型の混在する「XX/XYモザイク型」の人、性腺が精巣と卵巣の両方を持つ人、極めて小さいペニスなのか、それとも大きなクリトリスなのか判断するのが難しいくらいの性器を持つ人等があげられる。また３つのうちのいずれかが一貫性から外れているものとしては、染色体が女性型のXXで子宮や卵巣もあるが、男性ホルモンの過剰分泌が原因で、クリトリスがペニスのように肥大化する例がある。

　染色体／性腺／性器の間に一貫性がみられないことは、生物学的性別が女と男に二分されるとは限らないことを示している。しかし、実際には、この３つのレベルに一貫性があると想定されることによって、脳や性格、行動といった他の領域でも性別は２つであるという考えが生み出されている。性は女と男の２つであるという性別二元制は、染色体／性腺／性器の間の一貫性が前提とされているともいえる。

　医療の現場では、通常、ペニスがあれば男性、なければ女性というように、幼児の性器を見て性別が決められている。だが何をもってペニスとするかは幼児の身体的特徴によっては判断の難しいことがある。それを極めて小さいペニスと判断するか、大きなクリトリスと判断するかによって性別は異なってくるのであり、医師の判断次第で幼児の性別は別のものになるのである。また医療の現場によって性別決定の際に、何を優先するかも異なる。たとえば、「どちらかの性で生殖能力があるか」を性別決定の基準とする場合もあれば、「男女どちらにすれば、将来充実した性生活が送れるか」を基準とする場合もあり、性別の決定は恣意的に行われてきたということもできる。

　性分化疾患をもつ子どもに対しては、医師だけでなく親によって性別が決定されることも多い。たとえば、毎日新聞の性分化疾患についての連載記事では、子宮や膣はあるが、卵巣ではなくて精巣を持ち、遺伝学的には男女の区別

がはっきりしない1歳の子どもに対して、医師の診断をもとに親が子の性を女性とすることを決定し、精巣が摘出され、陰核を小さくする手術が行われた事例が紹介されている（毎日新聞2009年10月1日）。こうした現実に対して、オーストラリアとニュージーランドのインターセックス団体が発表した「ダーリントン宣言」(2017) では、「緊急性がない場合には、本人の同意なしに、幼児や子どもの性の特徴を変える、外科的手術やホルモン治療を含む医学的介入を禁止」することが要求項目として掲げられている。医学的介入を行うのであれば、十分な情報とサポートを得た後で、本人もしくは本人と家族の同意の下で実施することが求められているのである (Darlington Statement 2017)。

　また性分化疾患の特徴は、誕生時に明らかになる場合もあるが、思春期など後の人生においてその特徴が発現することもある。ゆえにダーリントン宣言では、出生時の性別の決定を暫定的なものとし、生まれたときに与えられた性別と異なる性自認を持つようになった場合には、性別の変更が容易に行えるような手続きを制定することも求めている。

　典型的な女性とも男性とも異なる身体的特徴をもつことは、先に述べたように性分化疾患とインターセックスという2通りの呼び方がある。性分化疾患という用語を使って活動している団体に北米インターセックス協会 (ISNA) がある。この団体は、設立された当初は団体名にあるようにインターセックスを用いていたが、途中から性分化疾患を採用するようになった。非典型的な身体をもつ子どもたちをとりまく医療環境を変えていくために、医師や親とのコミュニケーションを重視するようになったことがその理由とされる (Intersex Society of North America 2006)。

　一方でインターセックスを採用している人たちは、非典型的な身体的特徴をもつことは疾患や障害ではなく、変異にすぎないと主張する。ダーリントン宣言は、性分化疾患という用語は非典型的な身体的特徴を遺伝的な疾患としてラベルを貼ることにつながり、インターセックスであることが治療すべき特徴であるという信念をもたらすことにつながるとして、性分化疾患という用語に批判的である。

　性分化疾患は医学等における状況を改善することを優先する場面で用いられ、インターセックスは非典型的な身体的特徴を脱病理化する場面において用いられる傾向があると言えるだろう。

（風間　孝）

1章　セクシュアリティとジェンダー役割

はじめに

　生まれたときに与えられた性別に基づく、服装、髪型、振る舞い、話し方、職業選択等を含む社会の期待をジェンダー役割（gender role）と呼ぶ。たとえば、ジェンダー役割において、女性はていねいで、親切で、育児を期待され、男性は強く、攻撃的で、勇敢さ、そして稼ぎ手になることを求められる。それでは、セクシュアリティのなかにジェンダー役割はどのように現れ、どのように機能しているだろうか。

　本章では、まず女性に求められるジェンダー役割とセクシュアリティの関係を考察し、つぎに男性に求められるジェンダー役割とセクシュアリティの関係をみていく。そして最後にジェンダーのないセクシュアリティについて想像してみたい。

1　近代における女性のセクシュアリティ

　近代社会において女性のセクシュアリティとジェンダーは、どのような関係にあっただろうか。この節では、『草原の輝き』(1961) という1920年代を舞台にしたアメリカ映画における、結婚前に貞操を保つことの男女の違いに注目しながら、ジェンダー役割とセクシュアリティの関係について考えてみよう。

　この映画の中で、バッドとディーニーという高校生のカップルは性交することに関して、互いの親から強い干渉を受けている。ディーニーの母親は性交とは結婚した後に、夫からの求めに応じて子作りのために行うものであると語り、結婚前には決して性交をしてはいけないと念を押す。母親が結婚前の性交に反対するのは、貞操を失うことがディーニーのためにならないと考えていることに加えて、家族の名誉にかかわることだからである。結婚前に貞操を失った娘を持つことは家の社会的評価を下げることなのだ。

バッドの父親もまた、ディーニーと性交しないように圧力を息子にかけている。だが、その理由はディーニーの母親とは異なっている。バッドの父親が反対するのは、貞操を失うこと自体にあるのではなく、性交の責任を取って結婚しなければならなくなることを怖れているからなのだ。父親が息子の貞操喪失を問題にしていないことは、ディーニーの代わりに「簡単な娘」と遊べと息子に語っていることからもわかる。

貞操に対するディーニーとバッドの親の態度には、セクシュアリティに対する男女の不平等があからさまに示されている。女性であるディーニーのみが結婚まで貞操を守らなければならないと考えられているからだ。

バッドの父は、息子がディーニーと性交することで彼女の家族から責任をとらされる形で結婚しなければならなくなることを怖れていたが、なぜバッドやその家族は娘の親から結婚を求められるのだろうか。女性にとって貞操を保持していること、言いかえれば「処女性」が高く評価されていることがその理由である。「女性の性は特定の男性に『使用』されるためのもの」(角田 1991：29) と考えられることにより、そしてこの場合の「特定の男性」とは結婚相手が想定されていることから、ディーニーの性を「使用」したバッドは結婚相手になることを求められるのである。女性にのみ貞操を保つことに価値が置かれるとき、女性は自らのセクシュアリティを自己決定できなくなるといえよう。

ここまで、1920年代当時のアメリカにおいて女性のセクシュアリティへの自由が大きく制限されてきたこと、とりわけ女性は貞操保持の責任を強く課されてきたことをみてきた。

それでは、近代とは異なり、結婚前に性交をすることが若者の間では珍しいことではなくなってきた現代において、女性はセクシュアリティを自己決定できているだろうか。次節では、現代における女性のセクシュアリティのあり方を主体／客体という観点から見ていくことにしたい。

2　現代における女性のセクシュアリティ

恋愛・性行為の主導権　まず、テレビアニメのなかで描かれた、高校生の恋愛についての会話を読んでほしい。

翔：ひまつぶしに質問してもいい？
　　　菜穂：なに？
　　　翔：菜穂は、須和と萩田くんと俺の男子３人の中で、告白されるとしたら
　　　　　誰に告白されたい？　誰？
　　　菜穂：そんな急に決められない。
　　　翔：誰？　言っちゃえよ。俺に気を遣わず。
　　　あずさ：じゃあ、翔は？　うちら３人の女子の中で告白するなら誰がいい？
　　　翔：え、言わない。
　　　あずさ：だよね〜。邪魔したね〜。　　　　　（『orange 第 6 話』より）

　この会話には、セクシュアリティにおける主体性が男女間で非対称なものとして描かれている。男子生徒の翔（かける）は、女子生徒の菜穂に対して「告白されるとしたら誰がいい」と尋ねるが、翔と菜穂の会話にわりこんだ、女子生徒のあずさから「告白するなら誰がいい？」と逆に質問される。この会話では、男子生徒である翔には「告白する」という能動性が前提とされ、女子生徒の菜穂に対しては「告白される」という受動性が前提とされている。男子高校生と女子高校生の恋愛において、男性には「告白する」という形で恋愛を開始させる主体としてのジェンダー役割が、女性には「告白される」という形で恋愛が始められるのを待つ、客体としてのジェンダー役割が割り振られているといえるだろう。言いかえれば、このアニメには、男性が恋愛を開始する主導権を持ち、女性はそれに従うという非対称的な関係が描かれているといえよう。
　それでは、実際の大学生の恋愛において恋愛の主導権はどのような形で現れているだろうか。2011年度に、日本性教育協会によって第７回目の調査として行われた「青少年の性行動全国調査」では、「あなたは、いままでに、好きな相手に自分の気持ちを告白したことはありますか」の問いに、「ある」と答えた割合は、大学男子は71.8％であったが、大学女子は59.3％であった。ちなみに高校男子は55.9％、高校女子は53.3％である（日本性教育協会 2013：224）。大学生で約10ポイント、高校生で約２ポイントの差が見られたが、告白に関して、先に述べたアニメの場面で示されているほどには、男子が主導権を持ち、女子がそれに従う形になっていない。現実以上に、このアニメ作品はジェンダー役割を強調しているといえるだろう。

1章　セクシュアリティとジェンダー役割

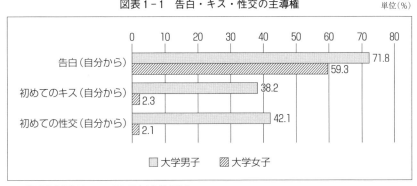

図表1-1　告白・キス・性交の主導権　　　　単位(%)

（日本性教育会2013：224, 229, 231）より筆者作成

　だが、キスでは異なる傾向が見られる。同じ調査でキス経験者のうち大学生男子では38.2％が「自分から」キスを要求したと答えている一方で、「自分から」キスを要求した女子は大学生で2.3％にすぎない（なお、高校男子は29.0％、高校女子は2.1％である）。性交ではその傾向はより顕著に表れる。性交経験者のうち、「自分から」要求したと答えたのは大学男子で42.1％であったのに対し、大学女子は2.1％である（ちなみに、高校男子は46.3％、高校女子は0.7％である）。告白経験では顕著な差はみられなかったが、キス、そして性交になると男女の差が際立ち、男性が主導権を取る中で行為をする傾向がはっきり浮かび上がるのである（日本性教育協会 2013：229, 231）。

性交の動機・きっかけ

　それでは、性交の動機・きっかけにおいて男女の違いは見い出されるだろうか。引き続き第7回「青少年の性行動全国調査」から見てみよう。まず男子大学生・女子大学生ともに、動機・きっかけとして最も多かったのは「好きだったから」（男子70.7％、女子72.1％）、次いで「経験してみたかったから」（男子56.6％、女子33.6％）、「好奇心から」（男子50.3％、女子30.3％）となっている（日本性教育協会 2013：231）。順位は男女ともに同じであったとはいえ、2位と3位ではその割合は大きく異なっている。性交に対する関心を示す「経験してみたかった」「好奇心から」の割合では男子の方がおよそ20ポイント上回っているのである。その一方で第5位の「相手から要求されて」では、女子が17.0％であったのに対し、男子は5.0％と、女子の割合が男子を大きく上回った。「経験してみたかった」「好奇心か

ら」が性行為に対する関心の高さを示していると考えれば、男子の方は性的関心、すなわち性的欲求を満たそうとして性行為のために主体的に行動したのに対し、女子の方は「相手から要求されて」性行為をする、すなわち客体的立場にあったことがデータから読み取れる。

次に、初めての性交に対する満足度、すなわち「経験してよかった」かを尋ねた設問では、「経験してよかった」と答えた男子大学生は72.0%、女子大学生は55.2%であり、男子のほうが満足度が高かった。「経験してよかった」理由をみてみると、男子・女子ともに最も多かったのは、「好きな人と深い関係になれた」(男子59.2%、女子55.3%)であったが、2位以降では男女で違いがみられた。男子の2位は「気持ちよかったから」(43.2%)であったのに対して、女子の2位は「相手からの愛情を感じることができた」(43.5%)であった。ちなみに、「気持ちよかったから」と答えた女子は1割(11.1%)にすぎず、男子と比べて30ポイント以上の開きがあった(日本性教育協会 2013：231-2)。男子は「好きな人と深い関係になれた」ことに加えて、身体的快楽に性交への満足を見いだしている一方で、女子は相手からの愛情や関係の深まりといった関係性を重視していることがわかる。

性交の動機・きっかけ、そして性交を経験してよかった理由から読み取れるのは、男子大学生・女子大学生ともに、恋愛感情が性行為の動機となり、性行為に満足する理由となっているが、それ以外では男子は身体的快楽を経験することに性交の意味づけを見いだし、女子は相手からの愛情の確認や関係の深まりといった関係性に満足する理由を見いだしているということだ。先に述べたように、性交において男子が主導権を持っている現実からすれば、(異性愛の)男子は「好き」という恋愛感情に加えて、性的関心の高まりから性交を女性に求め、(異性愛の)女子は性的関心よりも好きな相手からの求めに応える形で性行為をしていると言えるだろう。

男子が主導権を持つ理由 性行為に対する、女子と男子の違いとして、男子は身体的快感を、女子は関係性を重視する傾向が示されたわけだが、それではこうした違いはどこから生まれるのだろうか。「男子のほうが性欲が強く、女子のほうが性欲が弱い」から、と考える読者もいるかもしれない。先に記したようにキスや性交の場面では男子が主導権を持つ割合が高かっ

1章　セクシュアリティとジェンダー役割

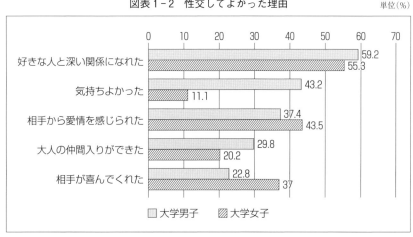

図表1-2　性交してよかった理由　　単位(%)

(日本性教育協会　2013：232)より筆者作成

たが、そのこともまた男子の性欲の強さから説明できると考える人もいるだろう。

　だが、キスや性交の場面で男性が主導権を持つ割合の高さを、男性の性欲の強さから説明することには無理がある。引き続き、日本性教育協会による調査から引用する。「男性は女性をリードすべきだ」という意見に対して、「そう思う」「どちらかといえばそう思う」と答えた大学生の割合は、男女ともに半数を超えている(大学男子52.4%、女子63.2%)(日本性教育協会 2013：243)。

　この規範を性の場面に当てはめるなら、男性がキスや性交を要求する割合の高さは、男性はリードすべき、女性はリードされるべきというジェンダー役割に基づいている可能性がある。すなわち、男性は性の場面でリードするという形で自らの性欲を表現するべきであり、リードされるべき女性は自らの性欲を抑制すべきであるという、セクシュアリティにおけるジェンダー役割が性の場面における男性の主導権を支えているかもしれないのだ。

　また女性が自らの性欲の表現をジェンダー役割によって制限されているとしたら、先に述べた性交の経験理由において女性が関係性を重視していることにも納得がいく。男女の関係性において、女性が自らの欲求をストレートに表現することが社会において好ましいとはみなされていないために、関係性という

23

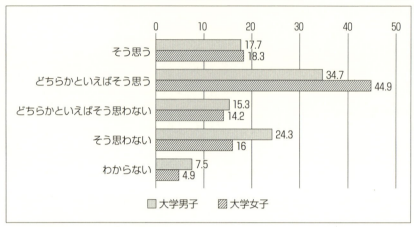

図表1-3　男性は女性をリードすべきだ　（単位%）

(日本性教育協会　2013：242)より筆者作成

形で性交に満足した理由が語られているかもしれないからだ。

性のダブルスタンダード　　女性が性の場面で能動的になることを抑制するのは、性に能動的な女性への社会的非難のためでもある。男性は性的に活発であっても問題視されないが、女性が性的に活発であった場合には非難され、評価を下げられる現実が存在するからである（反対に、男性は、性的に活発でないと問題視される）。

　このような、特定の性行為や性的感情が一方の性、この場合は男性、に対しては許容される一方で、他方の性、この場合は女性、に対しては許容されないことを、性のダブルスタンダードと呼ぶ。たとえば、男性が性に強い関心を持ったり、性経験が多かったり、その場限りの相手と性交をしたり、婚姻外の性交をすることについては社会において許容される傾向のある一方で、同様のことを女性が行った場合にはより強く非難される傾向があるのはその一例である。

　それでは、女性が性のダブルスタンダードによって能動性を抑制され、受動性を促されていることは、性の場面でどのような問題をもたらすだろうか。ここで、避妊という行為と性的受動性の関係について考えてみたい。「性交（セックス）をするときに避妊を実行していますか」との問いかけに「いつもしていな

い」(男子2.7％、女子1.5％)、「場合による」(男子12.4％、女子18.1％) と答えた大学生の割合は男子約15％、女子約20％であった。次に、「いつもしていない」「場合による」と答えた男女の大学生に対して避妊をしない理由を尋ねたところ、男子では1位「めんどうくさい」37.0％、2位「準備していないことが多い」21.9％、3位「たぶん妊娠しない」20.5％、4位「相手に断られるから」13.7％、そして5位「妊娠したら産んでもらうつもり」6.8％となっており、女子では1位「たぶん妊娠しない」43.4％、2位「準備してないことが多い」30.3％、3位「めんどうくさい」23.7％、4位「避妊をいいだせない」9.2％、そして5位「相手に断られるから」6.6％、となっていた（日本性教育協会 2013：234）。女子大学生の避妊できない理由の中で、「避妊をいいだせない」「相手に断られるから」は、性の場面で受動的な立場におかれることによって生じやすい感情といえるだろう。ちなみに「避妊をいいだせない」女子大学生は、男子大学生に比べて2倍以上のポイントとなっている（男子4.1％、女子9.2％）。こうした現状は、避妊や性感染症予防においても女性が主導権を発揮することの難しさを示している。そして避妊や性感染症予防を実践できるか否かは、性的健康にも直結する。性的に受動的であることは自らの生命や健康を危険にさらしかねないのである。

　恋愛の中で相手にリードする／リードされることに恋愛の楽しさを感じる人もいるかもしれない。だが、主体性の持ちにくさは、女性にとっては少なくとも避妊ができるか、性感染症予防ができるかという点において、相手の振る舞いに自己の身体の健康を委ねざるを得ないという問題を引き起こすのである。

3　男性のセクシュアリティの困難

　セクシュアリティにおけるジェンダー役割によって、女性には性的な受動性がわりふられ、そのことにより女性は性的健康を危険にさらしていることをみてきた。それでは、能動的な役割を与えられている男性は、女性と異なり、ジェンダー役割によってセクシュアリティに困難や不自由を抱えていないのだろうか。ここでは性交への強迫性と性対象の選択という観点から、男性のセクシュアリティについて考えてみたい。

性交への強迫性

男性のセクシュアリティについて、男性の性欲は女性よりも強く、コントロールできないと語られることがある。男性は性交への強迫観念を持っていると、言いかえることもできるだろう。ここでは男性の性交に対する強迫性を、バイアグラや近年では聞く機会も減ったインポテンスという言葉に焦点を当てて考えてみたい。

インポテンスとは性交渉をするための十分な勃起が得られない場合や、勃起を維持できないために性交ができない状態を指す。日本では約1100万人の男性がこうした状態にあると推測されている（堀江 2016）。インポテンスは、男性の性的な機能不全をあらわす疾病であるが、風邪などの疾病とは異なる含意をもっている。それは、インポテンスという言葉が男性を蔑む言葉として用いられていたことからも想像がつく。インポテンスは男性の身体の一部分にかかわる疾病というよりは、男性であることそのもの、言いかえれば男性としてのアイデンティティにかかわる疾病とみなされている。

バイアグラはインポテンスがこのように認識されている中で登場した。そこで製薬会社はインポテンスの治療薬であるバイアグラを男性が購入しやすくするために、インポテンスに含まれていたスティグマ（負の烙印）を減少させる必要があった。そこで登場したのが、ED（勃起障害：Erectile Dysfunction）という命名である。EDはインポテンスと同じ現象を指すが、装いを改めることで男性がその薬の入手を容易にしようとしたのだ。実際に、医師の長田と矢島はインポテンスと勃起障害との関係について「従来インポテンスという言葉が用いられていたが、否定的イメージがあるということで現在国際的にED（勃起障害）という用語が使われている」と述べている（長田・矢島 2000：172）。

それでは、バイアグラはどのような経過から日本で使用されるようになったのだろうか。バイアグラという言葉は、「VITAL（生き生きとした）」と「NIAGARA（ナイアガラの滝）」の2つの単語を合わせて出来た名前であると言われている。そこには男性の精力がナイアガラの滝のように溢れ出るほど満たされるといった意味が込められているという。アメリカでバイアグラが発売された当初、男性にとっては「夢の薬」ともてはやされ、その話題は瞬く間に日本国内でも広がった。一刻も早く使いたいと考えた多くの日本の男性は、個人輸入業者を介してバイアグラを入手したが、医療機関で併用禁忌や使用上の注

意点などの説明を受けていなかったこともあり、用法や用量を守らず服用した結果、ついには重篤な副作用の発生により、死亡事故が発生することになった。

こうした健康被害の発生は予期せぬ結果をもたらした。バイアグラのスピード承認である。通常、新薬が認可されるまで2年はかかると言われる中で、バイアグラは、米国での発売から1年後、国内での承認申請からわずか半年間という異例の短期間で認可され、1999年3月23日に日本でも販売が開始されることになった。

だが日本におけるバイアグラのスピード承認は、国内外で強い批判にさらされることになる。それは、審議開始から40年以上、そして低用量ピルの審議開始から8年以上の時間を費やしている経口避妊薬ピルとの対比によるものであった (松本 2005：52)。欧米では、ピルは1960～70年代から承認され使用が開始されていたが、当時の日本は国連加盟国の中で唯一の未承認国になっていた。ピルの承認にあたって障壁となった理由の1つはこの薬剤がもたらす副作用であった。一部の使用者に対して副作用が報告されていたことを理由として、低用量ピルの審議は長期化した。だが、副作用に関していえばバイアグラは、海外はおろか、国内でも死亡例すら出ていた。安全性について、ピル以上に慎重な審議が必要とされていたにもかかわらず、バイアグラはスピード承認され、その結果、厚生省への批判がおこることになった。たとえば、ドイツの『ウェルト』は「厚生省の薬事審議会では新薬が認可されるまでには通常2年はかかるのに、バイアグラは申請からわずか6ヶ月という速さで承認され、今年から薬局で購入できる……日本はピルが相変わらず禁止されている希有な国であり、(これは)男性が支配する社会における女性軽視である」と記した (同：52)。『ウェルト』が述べる女性軽視とは、女性の安全かつ確実に避妊をしたいというニーズよりも、男性の性行為における勃起不全の治療を重視したことを指していると思われる。

ところで、厚生省がバイアグラを早期に承認した理由は次のようなものだった。

　勃起不全の治療薬を待ち望む患者さんは大変多い。勃起不全は生命にかかわるものではないが、患者さんにとっては深刻なことであり、またほかに有効な治療薬

がないということもあり、医療上とくに承認申請がいそがれると考えられた。低用量ピルは健康人が服用する薬剤だ。さらに副作用として乳がんや子宮頸がんのリスクが心配される。（週刊ダイヤモンド1999年3月13日号）

　ここで厚生省は、バイアグラを待ち望むのは深刻な「患者」である一方で、ピルの承認を求めるのは「健康人」という対比をおこなっている。バイアグラを待ち望む男性のほうが、ピルを待ち望む女性よりも深刻な状態にあるかのように厚生省は語っているのである。
　それでは、バイアグラを待ち望む男性の方がより深刻である、というのはどのような意味だろうか。勃起不全は年齢、相手への感情、社会的文脈など、様々な背景や理由から起こることが知られている。男性もまたメンタル面においてつねに健康であることが困難である以上、勃起に障害を抱えることがあっても不思議ではない。だが、男性がバイアグラを「夢の薬」とまで呼びながら欲した理由は、加齢によって減少した性的機能の回復にとどまらない、ジェンダー役割に基づく切実な理由があるように思われる。それは、インポテンス、すなわち男性にとって「不能」というスティグマを貼られることは、男性のアイデンティティそのものにかかわる一大事だからではないか。換言すれば、男性は性交のいかなる場面でも機械（マシーン）のように性的に機能することを求められており、それができないとき「男らしさが欠如している」とみなされてしまうことを怖れているのである。男性は、性的な能動性の裏面で、多大なプレッシャーを同時に背負わされているのだ。つまりバイアグラを用いたことによる「男性性の回復」とは、いかなる性的な状況においても「機械」のように機能することなのだ。
　男性セクシュアリティの研究者である、ジョン・ストルテンバーグもまた、男性のセクシュアリティを「機械」として表現したうえで、「男は自分をセックスの機械だと思いこんでいる」と述べる（Stortenberg 1999＝2002：38）。男性が性交の機械ならば、男性にとってのセクシュアリティは温かさを欠いたものといえるかもしれない。機械に例えられる男性のバイアグラへの強迫的な希求と、それを生みだし支える日本社会は、男性に能動的役割を付与する一方で、男性に対してセクシュアリティにおける疎外を生み出しているといえるだろ

う。そして、こうした現実は男性もまた社会的なプレシャーに囲まれて性交していることを示している。

性対象の選択　男性はセクシュアリティの場面において「機械」であることを期待されていることをみてきたが、つぎに男性が性対象の選択において方向づけられていることを見ていくことにしたい。以下は、あるテレビアニメにおける男子チアリーディング部の先輩と後輩の会話である。

　　ひさし：先輩。
　　　先輩：そうか、俺ら先輩なんやな。何でも聞いてや。どうやったらもてるとかな。
　　ひさし：俺、女、苦手なんで。
　　　先輩：えー、まさか、そっちの、だから男子チアなんや。
　　ひさし：ちがいます。　　　　　　　　　　　（『チア男子』第6話より）

　この会話でひさしは、「女、苦手なんで」と言った後に、「まさか、そっちの」と言われている。つまり、女性に関心を示さないことにより、ひさしは先輩からセクシュアリティのありように疑問の目を向けられているのである。
　それでは、先輩から発せられた「そっち」は何を意味しているのだろうか。「そっち」が男性同性愛を暗示しているのは確かだが、先輩たちがひさしのことを同性愛者だ、と本気で考えているかと言えば、その答えはノーだろう。
　その言葉を投げかける相手が同性愛者であるとは考えていないにもかかわらず、男性同性愛をほのめかす言葉がひさしに向けられるのはなぜだろうか。「まさか、そっちの」には、異性に関心を示さなければ、男性同性愛のように嘲笑され、忌避される存在になるぞという、ひさしに対する脅しが含まれていないだろうか。そして、「そっち」なのではないのかという脅しが存在していることは、ひさしの性対象が方向づけられていることを示している。このことを一般化するなら、男性のセクシュアリティは、日々の生活のなかで異性愛に向かうように枠付けられており、それに従わないときには同性愛者として嘲笑するぞという脅しをちらつかされながら形成されているといえるだろう。言いかえれば、男性同性愛への嫌悪を強要される中で男性は、「真の男性は異性愛である」という規範に順応するよう求められているのである。

「真の男性は異性愛である」と考えられることは、異性に関心を示さない男性が「真の男性」とはみなされず女性化されるということでもある。女性に関心を示さないことが「男らしさの不在」を意味していることは、裏返せば、女性に関心を示さない男性同性愛者という存在が女性性と結びつけられることでもある。このような男性同性愛と女性性を結びつける思考は、男性の同性愛者を「男性の身体にとらわれた女性」とみなした19世紀西欧の性科学に端を発している。こうした思考は、男性同性愛者を女性的なキャラクターやふるまいと結びつける傾向として現在の日本にも存在する。「真の男性は異性に惹かれる」という男性に対するジェンダー役割は、そこから外れたときに女性化される恐怖と組み合わさることで維持されているのである。

ストルテンバーグが述べるように、男性は「男でないとみられたら自分がどうなるか、を皆よく知っている」(Stortenberg 1999＝2002：35) からこそ、男性は性対象の方向づけに自ら従っていく。男ではないとみなされることは、性別二元制社会においては、女とみなされることに等しい。女性化されることへの脅しがあるなかで男性の性対象が形成されることは、男性もまたセクシュアリティに不自由さを抱えていることを意味するだろう。女性は男性よりもセクシュアリティにおける自由度が少ないことを指摘してきたが、性交の強迫性や性対象の選択において、男性もまたジェンダー役割に強く縛られているのである。

おわりに——ジェンダー役割のないセクシュアリティ

ここまで、いかにセクシュアリティがジェンダー役割によってそのあり方を制限されてきたかを見てきた。それは、どのような性別とみなされるかによって性的場面において異なる役割を求められるということでもある。こうした現実のなかで日々生活していることにより、私たちは、ジェンダー役割の影響を受けないセクシュアリティについて想像をめぐらすことが難しくなっているかもしれない。ここでは、あえて、ジェンダーによって制限されないセクシュアリティとはどのようなものか、ストルテンバーグの思考を追いながら、考えてみたい (Ryle 2012)。

まず、ストルテンバーグは、性器の違いによって人を二分しない、ジェン

ダーのない世界について、次のように述べる。

> その世界では、生物がおのおの個体ごとに独特なので、はっきりしたカテゴリーに分類できないことがいいところだと考えています。……この生物が成長するにつれてわかることは、もう1つあります。性器の形もそれぞれ多種多様だということです。……おのおの生まれついて備わっている性器をすばらしいものとして尊重します。……身体内では、いろいろなホルモンが形や割合も様々にかけめぐっています。このホルモンは、……そこでは「個性誘導物質」と呼ばれます。
> (Stortenberg 1999＝2002：25-6)

　この世界と私たちの社会が大きく異なる最初の点は、性器を二分してとらえるのか、それとも多種多様なものとして認識するかという点にある。性器を厳密に比較すれば、その形状が人それぞれ違っていることからもわかるように、性器を多様なものとしてとらえる思考は決して誤ったものではない。この世界では、ホルモンに対するとらえ方も私たちの社会と異なっている。私たちの社会では、男性ホルモン（正確にはアンドロゲン）や女性ホルモン（正確にはエストロゲンやゲスターゲン）という呼称があるように性ホルモンも二分されている。男性ホルモンと呼ばれると男性のみに分泌され、女性ホルモンとは女性のみに分泌されているかのような印象を持つが、実際のところはそうではない。女性にも男性よりも平均をとれば少ないとはいえアンドロゲンが、男性にも少ないとはいえエストロゲンが分泌されている。しかし、ストルテンバーグの提示する世界では「個性誘導物質」と一括りにされている。「個性誘導物質」と呼ばれるのは、1人ひとり性ホルモンの分泌量が異なっており、そのことから1人ひとり異なった身体のあり方が生み出されるからだろう。

　またジェンダー役割のない世界では、性行為そのものが性のカテゴリーから影響を受けることがない。なぜかといえば、「彼らは、自分のアイデンティティをしっかり認識することができ」るため、「生まれついて属している集団のアイデンティティから外れないようにしなくては、などと気を揉むこともない」からである（Stortenberg 1999＝2002：27）。ジェンダー役割のない世界におけるアイデンティティとは、ジェンダーに頼ることなく、1人ひとりが選びとるものなのだ。そのうえで、ストルテンバーグはジェンダー役割のない世界に

おける性交について次のように述べている。

> もちろん彼らにも性交渉はあります。……(彼らは) 性生活で、自分が属するカテゴリーにふさわしく振舞わなければ、と考える必要もありません。カテゴリーそのものが存在しないわけですから。AかBかという「性」に属さない彼らのセックスは、純粋に個体と個体の自由で行うものであって、カテゴリーのメンバーとして行うものではないのです。そう、彼らのセックスは1つではありません。(Stortenberg 1999＝2002：27)

　ジェンダーのない世界では、女や男にふさわしい性行為とはどのようなものかと考える必要はない。こういうことをしたら「女／男らしくない」と思われないだろうかと心配することもない。性のカテゴリーへの帰属を考えることなく行われる性交とは、「純粋に個体と個体」の間で行われるものなのだ。
　一方で、私たちの社会における性行為では、男性は女性的とみなされるものから縁を切ろうとする傾向が、女性は男性的とみなされないように振る舞う傾向が存在する。男性も女性もジェンダーの枠組みから離れて、性交を行うことはたやすいことではないのだ。そこから見えてくるのは、ジェンダー役割に縛られている私たちの社会における性交のほうが、ジェンダー役割のない世界の性交よりも貧困なのではないかということだ。
　このように考えるとき、性交の可能性をより広げるために、私たちができることは、性のカテゴリーやジェンダー役割を絶対視しないということではないだろうか。大切なのは、性別に基づいてセクシュアリティのあり方をしばる社会のあり方に疑問を持ち、性別から一度距離を取ったうえで、自分なりの距離を定めることではないだろうか。そうすることで、性別やジェンダーからもたらされる不安を感じながら緊張して性交をすることは確実に少なくなるだろうし、女と男という性別の組み合わせを相対化することにもつながっていくことになるだろう。

【おすすめ文献・資料】
　加藤秀一，2017，『はじめてのジェンダー論』有斐閣．
　渋谷知美，2009，『平成オトコ塾——悩める男子のための全6章』筑摩書房．
　日本性教育協会編，2013，『「若者の性」白書——青少年の性行動全国調査報告第7回』小学館．

2章　性別の越境

はじめに

　日本では「トランスジェンダー」は知らなくとも、「性同一性障害」は知っているという人は多い。一方で、欧米では「性同一性障害」は知らなくとも「トランスジェンダー」は知っているという人の方が多い。この差は、性別越境を「障害」「病理」とするのか、それとも「性の状態のひとつ」とするのか、という捉え方の違いを示している。とはいえ、日本では「障害」「病理」と見なされることで行政・立法機関による施策が進み、制度が整備されてきたと見ることもできるだろう。だが、「性のあり方は多様である」という観点から考えたとき、このとらえ方は性別を越境する人を対等な存在と見なすことを妨げているともいえるのではないか。この章では、性自認およびジェンダー表現に焦点を当てながら、生まれたときに与えられた性を越境して生きる、トランスジェンダーが日本社会で直面する困難について考えてみたい。

1　性自認とは何か

性自認　あなたの性別は、と聞かれたらどのように答えるだろうか。またそのように答える根拠はどこにあるだろうか。

　ペニス（陰茎）があるから男性、のように身体的特徴をもとにした答え方があるだろう。では、（実際にあることだが）交通事故でペニスが失われたら、その人は男性ではなくなるのだろうか。ペニスが失われてもアンドロゲン（いわゆる「男性ホルモン」）が多く分泌されていれば男性だと答える人もいるだろう。では、アンドロゲンが多く分泌されていれば、ヴァギナ（膣）があっても、その人は男性と言えるだろうか（実際に、そういう人もいる）。

　次に、ヴァギナがある人は女性であるという答えについて考えてみよう。では、ヴァギナはあるが月経のない人は女性と言えるだろうか（実際に、そういう

人もいる)。では月経があれば女性と言えるだろうか。月経がはじまる前、そして月経が終わった後は、その人は女性とは言えないのだろうか。

　このように考えてみると、性別の根拠を身体に求めるのは容易でないことがわかる。

　一方で、女性に惹かれるのが男性だ、男性に惹かれるのが女性だ、というように惹かれる性別を理由とする答え方もあるだろう。だが女性に惹かれる女性、男性に惹かれる男性もいる。男性に惹かれる男性は心が女性なのだ、女性に惹かれる女性は心が男性なのだ、と思う人もいるかもしれない。だが、男性に惹かれつつ自らを男性と認識する人、女性に惹かれつつ女性と自認する人が存在しているのも事実だ。

　このように考えると、惹かれる性別でその人の性別を決めることも簡単なことではない。

　では性別の根拠とは何かという問いを、私たちはどのように考えたら良いだろうか。ここでは、自分の性別をどのように認識しているかを根拠として提示してみたい。ペニスがなく(なっ)ても、アンドロゲンの分泌量が少なくても、男性に恋愛感情を持っていても、「自分は男だ」と自認していれば、男性ということになる。同様に、ヴァギナがなくても、月経がなく(なって)ても、出産しなくても、女性に性的感情を持っていても、「自分は女だ」と認識すれば、女性なのだ。身体的特徴や恋愛・性的感情の向かう対象とは別に、性別の根拠は存在するのだ。

　ここまでくれば、ペニスがあっても「自分は女だ」、月経があっても「自分は男だ」と主張する人のことも理解できるようになるかもしれない。このように自分の性別をどのように認識しているか、という内なる感覚のことを性自認 (gender identity) と呼ぶ。そして、性自認のありようは、男と女の2つではない。自分が女性である、男性である、のほかに、その中間である、どちらでもないという性自認もある。そして重要なのは、セックス(生物学的性別)と性自認はつねに一致するとは限らないということである。

　ところで多くの人が身体的特徴を性別の根拠としてあげたのはなぜだろうか。それは、セックス(生物学的性別)と性自認が、多くの人の場合、一致しているからだ。その場合、性別の根拠として身体的特徴を挙げたとしても、性自

認との間に矛盾は生じない。だが、身体の性別と性自認が一致しない人にとって、身体を性別の根拠とされることは苦痛をもたらす。身体をもとにして性別を決められることは、その人の性自認を否定することになるからだ。その苦痛が理解し難いのであれば、自分の認識する性別と周囲が認識する性別が一致せず、周囲の認識が優先された場合のことを想像してみるとよいかもしれない。

ジェンダー表現 つぎにジェンダー表現 (gender expression) について説明しよう。ジェンダー表現とは自分の性を外の世界に向けて示すことであり、衣服、髪型、動作や会話といった、行動や身にまとうもの、あるいは名前や1人称、代名詞の選択をとおして表される。現在の日本では、ネクタイをする、髪を短くする、足を広げて座る、自己主張をする、「俺」「僕」という1人称を使う、といった行動や振る舞いが「男性的な」ジェンダー表現として、スカートをはく、化粧をする、髪を長くする、足を閉じて座る、人を気遣う、「わたし」や「あたし」という1人称を用いるといった行動や振る舞いが「女性的な」ジェンダー表現とみなされている(「わたし」は性に中立的な1人称として用いられることもある)。また、ジェンダー表現もまた性自認と同様に「男性的」と「女性的」のどちらか1つしか持つことができないというわけでもない。普段は男性的な服装をしているが、女性的に見られたいときにドレスで着飾る人もいる。また中性的なジェンダー表現を好む人もいる。

またジェンダー表現と性自認は一致することが多いが、つねに一致するとも限らない。たとえば、男性の性自認を持ちながら、女性のジェンダー表現とみなされる、女性の服を身に着けることを望む人もいる。自分の性別をどのように認識するか(性自認)と自分の性をどのように表現するか(ジェンダー表現)は独立したものとしてとらえる必要がある。

トランスジェンダー 生まれたときに割り当てられた性別と異なる性自認やジェンダー表現を持つ人のことをトランスジェンダー (transgender) と呼ぶ (なおここで生物学的性別ではなく、「生まれたときに割り当てられた性別」との表現を用いたのは、染色体や性腺等の検査をおこない、生物学的に男/女であるかまで検査をしている人は稀なためである)。トランスはラテン語で「横断する・越境する」を意味することから、トランスジェンダーとはジェンダーを横断・越境することや人のことを指す。現在、トランスジェンダーという語

図表 2-1　社会によって期待される関係

出生時に割り当てられた性別	性自認	ジェンダー表現	
女	女	女	シス女性
男	男	男	シス男性

図表 2-2　トランスジェンダーの場合

出生時に割り当てられた性別	性自認	ジェンダー表現	
女	男	男	トランス男性
男	女	女	トランス女性

は、生まれたときに割り当てられた性別を越境する、様々な性のあり方を包括する語としても用いられている。トランスジェンダー（広義）に含まれる性のあり方としては、性別適合手術を望む者・行った者をトランスセクシュアル（transsexual）、性別適合手術は行わず社会的性別を移行するトランスジェンダー（狭義）、生まれたときに割り当てられた性別と性自認が一致せず、性自認が男性にも女性に属さないXジェンダー（X-gender）がある。そして性自認にかかわりなく服装などにより生まれたときに割り当てられた性別とは異なるジェンダー表現を行うクロスドレッサー（異性装者）(crossdresser) が含まれることもある。なお、トランスジェンダーのうち、生まれたときに割り当てられた性別が女性で、性自認が男性の人のことをFTM (Female to Male) トランスジェンダー、またはトランス男性と呼ぶ。反対に、生まれたときに割り当てられた性別が男性で、性自認が女性の人のことをMTF (Male to Female) トランスジェンダー、またはトランス女性と呼ぶ。また、生まれたときに割り当てられた性別に違和感を持たない人は、シスジェンダー（cisgender）と呼ばれる（cisとは「同じ側」を意味するラテン語からきている）。シスジェンダーの中には、生まれたときに割り当てられた性別が男性で性自認が男性のシス（ジェンダー）男性と、生まれたときに割り当てられた性別が女性で性自認が女性のシス（ジェンダー）女性がいる。

生まれたときに割り当てられた性別・性自認・ジェンダー表現の関係

生まれたときに割り当てられた性別／性自認／ジェンダー表現の間には、社会によって望ましいとみなされる関係が存在する（図表2-1）。

　生まれたときに割り当てられた性別が女性であれば性自認も女性、ジェンダー表現も女性であることが期待され、それが望ましいとされる（シス〔ジェンダー〕女性）。また、生まれたときに割り当てられた性別が男性であれば性自認も男性、ジェンダー表現も男性であることが期待される（シス〔ジェンダー〕男

性)。しかし、トランス男性／トランス女性の場合はこのような性のあり方とは異なる(図表2-2)。

　トランス男性は生まれたときに割り当てられた性別が女性で、性自認は男性、そしてジェンダー表現も男性、トランス女性はその逆である。こうした性のあり方は社会によって望ましいとされる性のあり方と異なることがわかるだろう。トランスジェンダーへの好奇あるいは否定的なまなざしは生まれたときに割り当てられた性別／性自認／ジェンダー表現は一致している、あるいは一致すべきであるとの思いこみや規範から生じているのである。

　性別二元制　　人間は女性か男性、どちらかの身体をもつ。身体が女性であれば、自分のことを女性と認識し、女性らしく振る舞い、男性に惹かれる。身体が男性であれば、男性と認識し、男らしく振る舞い、女性に惹かれる。このような、性別は男と女の2つしかなく、生物学的性別と同じ性自認・ジェンダー表現をもち、異性に惹かれることを当然とみなすことを性別二元制と呼ぶ。これは生物学的性別、そして性自認やジェンダー表現、性対象のあり方を相互に結びつける社会的な期待ということもできる。言いかえれば、性別二元制は、この4つの要素を強固に結びつけているのである。

　性別二元制を違和感なく受け入れている人がいる一方で、その規範によって苦しむ人もいる。たとえば、ジェンダーを横断して生きる、あるいは同性や両性に惹かれる人にとっては、性別二元制は生きづらさの源となる。言いかえれば、性別二元制のもとでは、男か女かのどちらかで生きる、あるいは異性に惹かれることが期待されるため、性を横断して生きる、あるいは同性や両性に惹かれることは期待されず、その生き方は良いこと・正しいこととはみなされない。たとえば、出生時に割り当てられた性別が自分の性自認やジェンダー表現にあわない、あるいはこれらが流動的で固定していないと感じる人、また同性愛者や両性愛者にとって、性別二元制は自らの性を生き難くしているのである。

2　性自認／ジェンダー表現と性的指向

　性自認と性的指向　　性的指向は、どの性別の人に恋愛、そして性的に惹かれるかを示す概念である。異性に惹かれる人のことを異性愛者(ヘテロセクシュアル)、同性に惹かれる人のことを同性愛者(ホモセク

図表2-3 シスジェンダー／トランスジェンダーの性的指向

		シス男性	シス女性	トランス男性	トランス女性
性的指向	異性愛	○	○	○	○
	同性愛	○	○	○	○
	両性愛	○	○	○	○

シュアル)、両性に惹かれる人のことを両性愛者(バイセクシュアル)と呼ぶ。シスジェンダー／トランスジェンダーと性的指向の関係は**図表2-3**のようになる。

○は可能性を示している。シス男性、シス女性は異性愛、同性愛、両性愛いずれの可能性がある。同じように、トランス男性やトランス女性もまた異性愛、同性愛、両性愛の可能性がある。

それでは、同性愛のトランス男性とはどういう人のことだろうか。ここでは、その中の、男性同性愛者(ゲイ)のトランス男性を例にとって説明しよう。ゲイとは男性としての性自認をもち、男性に惹かれる人のことである。このゲイの定義には、生まれたときに割り当てられた性別は含まれていない。したがって、生まれたときに女性の性別を割り当てられ、男性の性自認をもち、男性に惹かれることもある。これがゲイのトランス男性である。同様に、レズビアンのトランス女性とは、生まれたときに男性の性別を割り当てられ、女性の性自認をもち、女性に惹かれる人のことである。性自認が男性だからといって女性に惹かれるわけではないし、性自認が女性だからといって男性に惹かれるわけでもない。どのような性別認識をもつか(性自認)と、どの性別に惹かれるか(性的指向)は独立したものとして考えられなければならない。

しかしながら、性的指向と性自認は混同されがちである。たとえば、「レズビアンは男性になりたい人のことであり、ゲイは女性になりたい人のことである」との誤解がある。繰り返せば、レズビアンは性自認が女性で女性に惹かれる人のことであり、ゲイは性自認が男性で男性に惹かれる人のことである。性的指向は性自認を起点として考えるため、もし生まれたときに女性の性別を割り当てられた人が女性に惹かれても、男性の性自認を持っていれば女性同性愛者ではない(トランスジェンダーの男性異性愛者)。同様に、生まれたときに男性の性別を割り当てられた人が男性に惹かれても、女性の性自認を持っていたら男性同性愛者ではない(トランスジェンダーの女性異性愛者)。

2章　性別の越境

　話を戻せば、レズビアンを男性になりたい人、ゲイを女性になりたい人と考えることは、異性愛を前提とする異性愛規範（ヘテロノーマティヴィティ）に基づいて世界を見ているといえる。いわば、このように考える人は異性愛こそが正しい・自然な性のあり方であり、唯一のあり方だと考えているのである。異性愛規範を前提とした場合、レズビアンやゲイは異性愛の規範に反していると考えるがゆえに、女性が好きな女性は性自認が男性であるべきであり、男性が好きな男性は性自認が女性であるはずだと考えるのだ。だが、これはどの性別に惹かれるかという性的指向と、どのように自分の性別を認識するか（性自認）を結びつけることによって生じる、明らかな間違いなのである。

ジェンダー表現と性的指向　ジェンダー表現もまた性的指向としばしば混同される。そうした例は、私たちの日常生活の中でも容易に見いだせる。女性的な話し方や振る舞いをする男性に対して、「ゲイ」「ホモ」「オカマ」といった男性同性愛者に関連する言葉が投げかけられる場面や、男性的な話し方や振る舞いをする女性に「レズ（ビアン）」「オナベ」といった女性同性愛に関連する言葉も投げかけられる場面に遭遇したことがあるという人も多いに違いない。なお、「ゲイ」「ホモ」「オカマ」といった言葉は、「男性的」ではない男性に対して投げかけられるため、男性同性愛者だけでなくトランス女性そして「女性的」な男性異性愛者にも向けられる。また「レズ（ビアン）」「オナベ」は「女性的」でないとみなされる女性に対して向けられる言葉であり、女性同性愛者だけでなくトランス男性そして「男性的」な女性異性愛者にも向けられる。

　しかし、「女性」的な男性の多くは（女性に惹かれる）異性愛者のシス男性である。「男性」的な女性の多くもまた（男性に惹かれる）異性愛者のシス女性である。にもかかわらず、ジェンダー表現が女性的なら男性に惹かれ、ジェンダー表現が男性的であれば女性に惹かれるというステレオタイプが存在している。

　なぜ女性的なジェンダー表現をする男性は男性に惹かれ、男性的なジェンダー表現をする女性は女性に惹かれると思われるのだろうか。それは、女性的な人は男性に、男性的な人は女性に惹かれると考えられているためである。こうした認識もまた、異性愛規範（ヘテロノーマティヴィティ）から生じている。性的指向とジェンダー表現の混同も異性愛規範によって生み出されているのだ。

　これまで述べてきたことを踏まえて、近年話題になっているジェンダーレス

男子について考えてみたい。ここでは、ジェンダーレス男子を、ジェンダーレス、すなわち性差に関係なくファッションを楽しむ男性と定義しておく。ジェンダーレス男子について語られるときに、ジェンダーレス男子はどの性別の人に惹かれるのか、という疑問が生じることがある。だが、ジェンダー表現と性的指向は独立していることから考えれば、この両者は異なる場合もあれば重なる場合もある。つまり、ジェンダーレス男子には、性愛の対象が男性に向かう男性同性愛者（ゲイ）もいれば、女性に向かう異性愛者もいるのだ。裏返せば、ゲイの中にはジェンダー表現が女性的な人もいれば（「女性的」なゲイ）、ジェンダー表現が中性的な人もいるし（「ジェンダーレス」なゲイ）、そしてジェンダー表現が男性的な人もいる（「男性的な」ゲイ）。つまり、ジェンダーレス男子の性的指向は本人が語るまでは分からないのであり、ジェンダー表現から性的指向を知ることはできないのである。

3　性同一性障害／トランスジェンダー

欧米における性別越境の歴史　生まれたときに割り当てられた性別を越境する性のあり方は、現在の日本では「性同一性障害」という精神疾患名で呼ばれることが多い。最初に、こうした性のあり方が医療に組み込まれるようになった経緯を、米国を中心に振り返りたい。

　生まれたときに与えられた性別を越境する性のあり方が医学文献に記述され始めたのは、19世紀半ばのことである。ドイツの精神医学者リヒャルト・フォン・クラフト＝エビングは、『性の精神病理』という書物の中で、同性愛的感情について記し、そのなかに異性になることを望む「性転換妄想」という分類をつくっている。エビングは同性愛と性別越境を区別していなかったといえよう（松永 2016 : 992）。

　同性愛と性別越境を初めて区分けしたのは、同性愛者であることを公言し同性愛者の人権擁護に取り組んだ、ドイツの医師のマグヌス・ヒルシュフェルトであると言われる。彼は、異性になることを望む人と同性に惹かれる人は異なっていることを示すため、前者をトランスヴェスティズムと名づけ、その大部分は異性愛者であると主張した（佐々木 2017 : 40-1）。ヒルシュフェルトのもとには多くの性別越境を望む人が集まり、1931年にはドラ・リヒテルが彼の指

導のもと、記録されたものとしては最初の性別適合手術を受けている（松永2016：993）。

　このようにヨーロッパでは、性別を越境する性のあり方について議論が積み重ねられ、医学的対応も試みられてきたが、欧米社会に大きな影響をもたらしたのはアメリカ人のジョージ・ヨルゲンセンである。1950年、自らの体を変えてくれる医者を探すためにヨーロッパを訪れたヨルゲンセンは、デンマークでホルモン投与に協力してくれる医者をみつけ、その後性別適合手術を受けている。手術後、クリスティーヌ・ヨルゲンセンへと名前を変えたヨルゲンセンは、手術を行ったことがマスコミによって報道されたことにより、「手術」を行った最初の有名人になった。

　ニューヨークに戻ったヨルゲンセンの主治医となったのは、内分泌科医であるハリー・ベンジャミンである。彼は、「"反対の性に属したいという願望をもち、自然が誤って作った解剖学的性別を訂正したい"と思う状態をトランスセクシュアリズム（transsexualism；性転換症）」と名づけ、医療は性自認を変えるのではなく、身体的特徴を変えることをなすべきであると主張した（佐々木2017：41）。こうした議論を経て、アメリカの医師たちは徐々に性別適合手術を承認し、実施するようになった。

　このようにして医学的な治療が進められる中、1980年にアメリカにおいて性別越境を求める性のあり方が精神疾患とされた。アメリカ精神医学会が発行した「精神障害の診断と統計のための手引き（DSM）第3版」に、性同一性障害（gender identity disorder）という用語が登場したのである。つぎに発行されたDSM-Ⅳ（1994年）では、性同一性障害は、①反対の性に対する強く持続的な同一感、および②自分の性に対する持続的な不快感、またはその性の役割についての不適切感、の2つの要素からなるとされた。最新版であるDSM-Ⅴ（2013年）で名称は、性同一性障害から性別違和（gender dysphoria）へと変更された。この分類は、①表現する性別と、生まれたときに割り当てられた性別との間の著しい不一致、②その状態が苦痛をともない、または社会、職業等における障害と関連している、と定義されている。

　一方で、世界保健機関（WHO）はアメリカ精神医学会よりも早く、1975年から性別越境を精神疾患とし、現時点での最新版である国際疾病分類第10版

(ICD-10、1990年)では、DSMと同じ「性同一性障害」を用いている。なお、ICD-10において「精神及び行動の障害」に位置づけられている性同一性障害は、2019年に発刊が予定されているICD-11では「個人の経験するジェンダーと生まれたときに割り当てられた性別との間の、著しくかつ持続的な不一致」を意味する「性別不合 (gender incongruence)」へと名称を変える予定である。そしてその位置づけも「精神疾患」から「性的健康の状態」(健康状態に影響を及ぼす要因及びサービスの利用)へと移される方向で検討がなされている。つまり、性別違和は、脱精神疾患化される予定である。

日本における性別越境の歴史

女性が男性になる、男性が女性になる事例は、江戸時代、そして明治時代にも記録として残されている。こうした事例は、出生時の性器の外形が不明瞭なために性別の判定を誤り、成長後に別の性の特徴が発現したものと考えられる。現在でいえば、性分化疾患に該当する事例だったといえよう(三橋2006：398-9)。

欧米で「性転換」が現実のものとして認識されるようになるのは、先に述べたアメリカの元軍人、ヨルゲンセンの「性転換」がきっかけであるが、その影響は日本にも及んだ。ヨルゲンセンの「性転換」が大きく報道されると、マスコミは日本にもヨルゲンセンのような人間はいないかを探し始めたのである。こうして「発見」されたのが、永井明(女性名：明子)である。永井は1950年から51年にかけて、精巣および陰茎の除去手術と造膣手術、さらには乳房の豊胸手術を受けていた。「永井の手術完了は『本家』のはずのクリスティーヌ・ヨルゲンセンよりも早かった」(三橋2006：405)。また永井は、性別適合手術を機に、家庭裁判所で戸籍における氏名を明から明子に、続柄を三男から次女へと変更を認められていた。これは、後述するように戸籍における性別変更を認める「性同一性障害者の性別の取扱いの特例に関する法律」が制定される以前のことであった。永井の他にも、週刊誌には「性転換」に関する記事が数多く掲載されており、1950年代をつうじて性別を変えて生きることが多くの人に知られ、関心をもたれるようになっていった(三橋2006：402-14)。

続く1960年代は「性転換」女性がショービジネスに進出した時代でもあった。そのきっかけはフランスのパリにある女装ショークラブの来日公演が東京で行われたことである。男性から女性に「性転換」した人たちを指す「ブルー

ボーイ」という新造語が一気に世間に広まり、「ブルーボーイ・ブーム」が巻き起こった。ブームに乗って、カルーセル麻紀を含む、日本人の「性転換」ダンサーがショービジネスで活躍するようになった。

こうしたブームのさなかに起こったのが、3人の男娼に対して「性転換」手術をおこなった医師が優生保護法違反で摘発された「ブルーボーイ事件」(1965年10月) である。この医師は「故なく生殖を不能にすることを目的として、手術、またレントゲンの照射を行ってはならない」という優生保護法28条違反を問われたが、メディアでも多くの報道がなされていたことからもわかるように、この時点において日本で「性転換」手術が行われていたことは、警察も含め多くの人に知られていた。ではなぜ、この医師は摘発されたのだろうか。三橋はその意図を次のように述べる。「結論のみ記せば、性転換男娼の製造システムを叩き潰すことに目的があったと推測される。つまり、法的には (戸籍上は) 男性であるため売春防止法で取り締まり不可能な性転換女性の売春行為が拡大することを危惧したものと思われる」(三橋 2006：422)。東京地方裁判所 (1969年) および東京高等裁判所 (1970年) で有罪判決が確定すると、1998年10月まで日本において性別適合手術は非合法とされることになった。その結果、日本におけるトランスジェンダーへの医学的対応は欧米と比べ大きく遅れることになった。

こうした状況に変化がもたらされたのは1995年のことである。埼玉医科大学の形成外科の教授であった原科孝雄は、同大学の倫理委員会あてに「性転換治療の臨床的研究」を提出した。その結果、埼玉医大倫理委員会は、「性同一性障害と呼ばれる疾患が存在し、性別違和に悩む人がいる限り、その悩みを軽減するために医学が手助けをすることは正当であり、外科的性転換も治療の一手段」と答申し、外科的治療の実施を認めた。翌年、日本精神神経学会は手術を承認し、1997年には「診断と治療のためのガイドライン (第1版)」を発表している。こうして1998年に埼玉医大で日本初の「公式」の性別適合手術が行われた。日本では、1990年代末になってようやく性別越境を望む人に対して本人が望む性を実現するための治療が再開されたのである。

ここで日本における性同一性障害の診断基準をみておこう。日本精神神経学会が公表している、最新版のガイドラインである第4版では、性同一性障害

は、アメリカ精神医学会の診断基準であるDSM-IV-TRおよびWHOの診断基準であるICD-10を参考にしながら、①自らの性別に対する不快感・嫌悪感、②反対の性別に対する強く持続的な同一感、③反対の性役割を求める、の３つを総合して、身体的性別と性自認が一致しないことが明らかであれば、性同一性障害と診断されるとしている。

精神科医の針間克己は、精神医学において性同一性障害が「障害」とされることについて、身体の性別を性自認に合わせるという指針に基づく治療は、当事者自身の強い要望に基づくものであったが、同時に、「『体と心が一致することで正常になる』という医学的思想もその背景にあったことは否定できない」と述べている（針間 2014：20）。身体の性別と性自認が一致している状態を正常と見なし、一致していない状態を異常とみなす考えが性別越境を「障害」とみなす背景にあったのである。

性同一性障害特例法

1998年以降、日本においてもホルモン療法や性別適合手術の医学的治療が公的に承認されたことにより、トランスジェンダーは自らの身体を性自認に近づけることができるようになった。その一方で、社会生活上では法的性別が変更されないことによる困難が残されていた。こうした問題を解決するために、2003年、「性同一性障害者の性別の取扱いの特例に関する法律（特例法）」が成立し、翌年から施行された。この法律は、以下の５つの条件すべてを満たした性同一性障害を持つ者に対して、法的性別の変更を求めるという内容をもつ。(A)20歳以上、(B)現に結婚をしていない、(C)現に未成年の子どもがいない、(D)生殖能力がない、(E)変更後の性別の性器の部分に近似する外観を備える、である。なお、(D)と(E)は性別適合手術を実施することにより可能となる。

まず特例法の意義は、性同一性障害を持つ人が一定の条件を満たす場合、戸籍の性別変更を可能にしたことにある。公的書類における性別の根拠となっている戸籍の性別変更が可能になったことは、トランスジェンダーにとって性自認に基づいて生活する道がさらに開かれたことになる。

だが、特例法が定めた条件に対しては、問題点も指摘されている。その点について検討する前に、そもそも性別変更にあたって求められる要件である、(A)～(E)の趣旨について確認しておこう。

(A)は性別の変更は不可逆的であることから、その重大な決定をするには民法上の成年年齢である20歳に達している必要があるとの判断に基づく。(B)の「現に結婚していないこと」は、婚姻している性同一性障害を持つ者に性別変更を認めると、「男と男、女と女のカップルという同性どうしの結婚、すなわち同性婚の状態という現行法上解決困難な問題が生じてしまう」ことを避けるためのものである。(C)の「現に子がいないこと」という要件は、戸籍の性別変更により「親子関係などの家族秩序に混乱を生じさせ、あるいは子の福祉に影響を及ぼすことになりかねない」という考えに基づく。この点について特例法の立法化に携わった国会議員である南野知惠子は次のように述べる。現に子がいる場合にも性別の変更を認めると、「『女である父』や『男である母』が存在することになる。これにより、これまで当然の前提とされてきた、父＝男、母＝女という図式が崩れてしまい、男女という性別と父母という属性との間に不一致が生ずること」となる。このような事態は社会的・法的に認められず、また子に「心理的な混乱や不安」をもたらすと説明されている。(D)は性別の変更を求める以上、元の性別の生殖能力が残っていることは妥当ではないこと、(E)は移行する性別の外性器に見える外見を備えていることを規定しているが、その理由として「そうした外見がなければ、公衆浴場で問題が生じるなど、社会生活上混乱が生じること」があげられている（南野 2004：87-94）。

　次に(B)〜(E)についてどのような問題点があるか見ていくことにしよう。まず(B)の非婚要件は、もし婚姻しているトランスジェンダーが性別変更を優先する場合、離婚しなければならないことになる。結婚の継続か、それとも戸籍の性別変更かという選択を、性別変更を望む人に強いているといえよう。さらにいえば、同性どうしの結婚が認められないこと自体、さらなる議論が必要である。(C)の未成年の子なし要件については、子どもが混乱するかどうか、不安になるかどうかは家族ごとの個別性が高い。また親の性別が変わり、父が2人、あるいは母が2人いることが社会的・法的に認められないか、さらなる議論が必要であろう。そして(D)と(E)についていえば、特例法は戸籍の性別を変えるために性別適合手術を受けることを強制しているといえるだろう。トランスジェンダーの中には、身体・健康上の理由から手術を受けられない人がおり、また身体を傷つけることに抵抗がある人もいる。

なお性別変更のために性別適合手術を課していることについて、WHOなどは2014年、性別適合手術を「性別変更の要件として強制すべきではない」との共同声明を発表している。手術がなんらかの身体上のリスクを低減する目的で行われるのではなく、法的性別の変更が目的の場合は、自己決定、そして人間の尊厳に逆行するというのがその理由である。性別適合手術は、本人から永久に生殖能力を奪う断種手術である。少なくともこうした手術を受けるのであれば、戸籍の性別変更を目的とするものであってはならず、手術自体を本人が望んでいる必要がある。実際、法的性別の変更に当たって手術要件を外している国は、イギリス、デンマーク、スウェーデンなどヨーロッパを中心に増加している。なお、スウェーデンでは、2018年5月1日より、過去に法的性別を変えるために手術を強制された人に対する補償金の支払いを開始している。

　最後に、特例法にこうした要件が盛り込まれた理由は、性別二元制を維持するためであることを指摘しておきたい。すなわち、特例法における(B)から(D)の要件は、夫婦、両親が同性になることを避けるとともに、身体の性別と法的性別の不一致を避けることを意図したものである。特例法は、性は男女の2つであり、男女が互いに惹かれあい（異性愛規範）、家族を構成するという性別二元制に基づいているのである。

4　トランス嫌悪

トランス嫌悪とは　トランス嫌悪（transphobia, トランスフォビア）とは、トランスジェンダーや性別の越境に対する敵対的な態度や感情のことであり、軽蔑や恐怖、怒り、あるいは不快感として表現される。こうした否定的な態度や感情は、身体の性をもとにして与えられるジェンダー役割に合致しない行動に対しても向けられている。したがって、トランス嫌悪は狭い意味ではトランスジェンダーに向けられるが、広い意味ではジェンダー役割に合致しない人に対する否定や嫌悪、差別も含む。

　以下では、トランス嫌悪の現れ方とその影響として、教育と就労をとりあげる。

教育　トランスジェンダーの子どもは、教育の場において嫌がらせや暴力を経験しやすいことが知られている。

「いのちリスペクト。ホワイトリボンキャンペーン」が実施した「LGBTの学

校生活に関する実態調査 (2013)」によれば、いじめや暴力を受けた割合は、トランス女性で82％（内訳は身体的な暴力48％、言葉による暴力78％、性的な暴力［服を脱がされる・恥ずかしいことを強制］23％、無視・仲間はずれ55％）であり、トランス男性で70％（内訳は、身体的な暴力19％、言葉による暴力54％、性的な暴力12％、無視・仲間はずれ51％）となっていた。3分の2以上のトランスジェンダーが学校時代にいじめや暴力を受け、安全ではない環境で学んでいることがわかる（いのちリスペクト。ホワイトリボン・キャンペーン「LGBTの学校生活に関する実態調査 (2013) 結果報告書」http://endomameta.com/schoolreport.pdf（最終閲覧日2018年3月30日））。

　また、トランスジェンダーの児童・生徒はいじめや暴力だけでなく、性別違和によって学校生活を送る上での困難を経験している。学校生活は、制服、着替え、体育、水着、部活など男女で分けられる機会が多く、友人関係も同性、異性を強く意識したものとなりがちである。身体の性に基づいて男女に二分されることにより、トランスジェンダーの児童・生徒・学生は、自己の性自認を尊重されずに学校生活を送ることになり、これらへの対応がなされないときには悩みやストレスを抱え、不登校や深刻なメンタル上の問題をもたらすことにもつながる。

　トランスジェンダーのメンタルヘルスについては深刻な状況が明らかになってきている。たとえば、精神科医の針間克己と心理学者の石丸径一郎は、2008年4月から2009年11月にかけて、はりまメンタルクリニックを受診した性同一性障害を持つ者1,138人対して調査を行っている。その結果によれば、自殺念慮のあった者は62.0％であり、自殺未遂は10.8％、自傷行為は16.1％、過量服薬は7.9％であった。このデータは精神科のクリニックに来ている人を対象にしているとはいえ、自殺念慮が6割を超え、自殺未遂が1割であることは、メンタルヘルス上の問題を抱えているトランスジェンダーが高い割合で存在していることを示している（針間・石丸 2010）。

　自殺念慮や自殺未遂の経験は思春期にピークを迎えていたが、その理由について針間らは、典型的なジェンダー役割とは異なる行動をとることや同性への性的指向を持つことによるいじめ、社会や家族からの孤立感、思春期に日々変化していく身体への違和、失恋によってトランスジェンダーである現実をつき

つけられること、世間の抱くトランスジェンダーに対する偏見や誤ったイメージを自らもつ「内在化されたトランス嫌悪」、将来への絶望をあげている（針間・石丸 2010）。これらは、自分の身体が望まない方向に変化していくことに加え、身体をもとに与えられたジェンダー役割に合致しない行動をとることへの周囲の無理解、そして周囲の否定的イメージの内面化が関係している。

　トランスジェンダーを含む性的マイノリティのメンタルヘルスの深刻さには、政府も目を向け始めている。政府は、2012年、自殺対策基本法に基づき自殺対策の指針を定めた自殺総合対策大綱（2012年8月閣議決定）において、性的マイノリティの自殺念慮の割合等が高いことを指摘し、「性的マイノリティについて、無理解や偏見等がその背景にある社会的要因の1つであると捉え、教職員を含めた理解促進」が重要であると述べている。

　性的マイノリティのいじめ・自殺予防の重要性が認知されてきたことは、文部科学省の対応にも反映されている。文科省は2010年から対応を開始し、2015年4月には「性同一性障害に係る児童生徒に対するきめ細かな対応の実施等について」という通知を各都道府県・指定都市教育委員会および私立学校等に発している。そこにおいて文科省は、「学校生活を送る上で特有の支援が必要となる場合があることから、個別の事案に応じ、児童生徒の心情等に配慮した対応を行う」と述べている。2016年4月には、上記の通知を補足するものとして「性同一性障害や性的指向・性自認に係る、児童生徒に対するきめ細かな対応等の実施について（教職員向け）」という資料を発出している。なお、この資料では性自認を尊重するための取り組みの紹介が大半を占めているが、性的マイノリティ全般への配慮の必要性も記されている。

　大学に向けた通知等は存在しないが、文科省が性的マイノリティの児童生徒への配慮を打ち出している以上、大学においても性自認や性的指向を尊重し、学ぶ権利を保障していくことは大学が取り組むべき課題であるといえよう。大学の中にはすでに性的マイノリティの学生・教職員を対象とする施策に取り組んでいるところもある。そのうち、国際基督教大学では、①性別違和を持つ学生に対して、医師の診断書の提出による学籍簿上の氏名・性別記載の変更を認める、②大学の発行する証明書のうち性別欄が不必要なものに対する性別記載を求めない、③体育実技における履修の個別相談や性別を問わない更衣室の設

置を行う、④健康診断の個別受診を認める、⑤性別を問わず利用できる誰でもトイレを設置する、⑥ジェンダーやセクシュアリティを理由とした差別的な扱いやハラスメントに関する相談を行える、ジェンダー・セクシュアリティ特別相談窓口を設置する、等の取り組みが行われている（ジェンダー研究センター 2015）。

以上からもわかるようにトランスジェンダーや性別違和を抱える児童・生徒・学生・教職員を対象とした取り組みは徐々に広がっている。

就労　性自認や身体の性に基づくジェンダー役割を理由としたハラスメントや差別は職場でも生じている。特定非営利活動法人・虹色ダイバーシティが実施した調査によれば、トランスジェンダーの約7割が求職時に困難を感じている（虹色ダイバーシティ 2016）。その困難は、履歴書における性別の記入に始まり、リクルートスーツの着用、面接時のカミングアウト等がかかわっている。

就職した後も、ハラスメント、トイレや更衣室、制服などの男女別の設備や制度、職場での性別移行およびカミングアウトなどの問題がついてまわる。深刻なのは、性自認および性的指向に基づく、からかいや揶揄が悪いことであるとの認識が希薄なことである。本人にとっては苦痛であっても冗談としかみなされない現状がある。実際に、虹色ダイバーシティの調査によれば、職場で性的マイノリティに関する差別的言動を見聞きしたことが「よくある・ときどきある」と、性的マイノリティの7割（69％）が答えている。そして、差別的言動と勤続意欲との関係では、差別的言動の少なさが勤労意欲の高さと結びついており、職場でのハラスメントやいじめが勤労意欲の低下や生産性の悪化を引き起こしていると考えられる（虹色ダイバーシティ 2016）。

企業や省庁がトランスジェンダーから訴えられる出来事も生じている。2015年には、「戸籍上の性別が男性である限り、女性トイレを使ってはならない」という経済産業省の原則は差別であるとして、経産省の職員が裁判を起こしている。経産省は、この職員の女性トイレ使用を認めない理由として、他の女性職員から「抵抗感がある」との声があがったことも挙げているが、その抵抗感が何に基づくものなのか分析も必要であろう。また2016年には、食品工場で働くトランスジェンダーが職場で女性用の更衣室やトイレの使用を会社に求めたところ、利用する条件として全社員の前でカミングアウトすることを強制さ

れ、そのことが原因でうつ病を発症したとして訴訟も起こされている。

　経産省に対して起こされた訴訟からもわかるように、トイレ使用の問題は、トランスジェンダーが働く上での大きな障害となりうる。トランスジェンダーのうち、性別移行期にある人びと、あるいは「明らかな男性」または「明らかな女性」として見られない人は、しばしば職場（に加えて学校や公共の場）でトイレが使えない経験をする。朝、家を出て家に着くまでトイレを使わないようにするため、食事や水分摂取を控える、と語るトランスジェンダーもいる。性別に関係なく使用できるユニセックスのトイレを提供するところもあるが、そうした施設は少ない。シスジェンダーが生まれたときの性別に基づいてトイレや更衣室を使うことは当然の権利とされているが、トランスジェンダーはこうした生活上の基本的な権利からも排除されているのである。

　一方で、取り組みを始めた企業も徐々に増えてきている。大手企業を対象にした2016年のCSR調査では「LGBT対応の基本方針がある」と答えた会社は回答企業の４分の１になっている（回答企業の22.4％）。また約２割（23.5％）が研修などの取り組みを始めている（東洋経済 2017）。

　行政の取り組みとしては、セクシュアル・ハラスメント防止のガイドラインにおいて、2014年には職場におけるセクシュアル・ハラスメントには同性に対するものも含まれること、また、2017年には「被害を受けた者の性的指向または性自認にかかわらず、当該者に対する職場におけるセクシュアル・ハラスメント」も、男女雇用機会均等法に基づくセクシュアル・ハラスメント指針の対象となりうることが明記されている。国家公務員を対象としている人事院規則10-10では、「性別により差別しようとする意識等に基づくもの」に、「性的指向や性自認をからかいやいじめの対象とすること」が規定された。ハラスメント防止という観点からも性的マイノリティが働きやすい職場環境の整備が求められている。

【おすすめ文献・資料】
　石田仁編, 2008, 『性同一性障害――ジェンダー・医療・特例法』御茶の水書房.
　三橋順子, 2008, 『女装と日本人』講談社.
　米沢泉美編著, 2003, 『トランスジェンダリズム宣言――性別の自己決定権と多様な性の肯定』社会批評社.

セクシュアリティと文化——〈ブッチフェム〉というレズビアン・カルチャー

　同性愛に対する偏見を指摘する際、「ゲイは女性的というわけではない」「レズビアンは男性的というわけではない」と言う。それはたしかに正しいのだが、中には女性的なゲイや男性的なレズビアンもいる（この場合の「女性的」「男性的」とは、当該社会でそのようにみなされている格好やふるまいを指している。以下同）。2章で触れられているように性的指向や性自認とジェンダー表現（性表現）は別のものであり、それらは自動的に結びついているわけではない。国際社会でSOGIにE（= Gender Expression、ジェンダー表現）を加えたSOGIEという用語が使われるようになったのは、ジェンダー表現を本人の性的指向や性自認に還元することなく、なおかつそれが当人にとって重要な要素であること、またそれによって差別や暴力を受ける可能性があることを明示した点で大きな意義があったと思われる。

著者：戸崎美和・カイザー雪ほか
発行元：飛鳥新社

　派手な化粧をし、引きずる（drag）ような長いドレスを着てショーなどを行うドラァグ・クィーンのように、一部のゲイの中に女装する文化があることは比較的広く知られているかもしれないが、レズビアンの中にも男性的な装いやふるまいをする文化があることはあまり知られていないかもしれない。ドラァグ・クィーンに対応する存在としては、男装してパフォーマンスを行うドラァグ・キングがいるし、あるいはアメリカ、サンフランシスコのプライドパレードではバイクに乗ったレズビアンたち（「ダイクス・オン・バイクス」）が先頭を走る。

　2011年に出された『TOKYO BOIS』（戸崎・カイザー，2011）という写真集は、「『男の子のような女の子やFtM』を表す、今最もホットな言葉」として「BOI」を取り上げた、「日本で初めてBOIをフィーチャーした本」である（「INTRODUCTION」より）。「社会が規制している枠に閉じこめられない、独自のスタイルを貫く姿勢や自信に満ちたオーラ」を持ち、「女性と男性、その両方のボーダーを行き来」する存在として紹介されるBOIたちは、たしかにファッショナブルで時代の最先端を行く存在のように見える。

　もともとは「Tokyo L Girls & BOIS Snap」という企画からスタートしたようであるが、男性的な女性と女性的な女性という組み合わせは、レズビアン・

カップルの間でしばしば見られる。英語圏では男性的な女性が「ブッチ (butch)」、女性的な女性が「フェム (femme)」などと呼ばれている。東南アジアや東アジアでは前者については英語のtomboy（もともとの意味は「おてんば娘」）に由来すると考えられる用語——タイであればtom、フィリピンやインドネシアであればtomboi、台湾であればTなど——が使われ、タイの場合だと、その相手となる女性はdee/dy（ladyに由来すると考えられる）と呼ばれている。

　レズビアン・コミュニティ外部からは、ブッチやトムのような男性的なレズビアンは「男性になりたい／男性の真似をしている」存在とみなされ、ブッチとフェムやトムとディーのような関係性は異性愛の模倣とみなされてきた。また「性同一性障害」や「トランスジェンダー」という概念が広まると、男性的なレズビアンはそのような人々として解釈されたりすることもあった。

　しかし、ジェンダー表現と性自認や性的指向は異なるものであり、ドラグ・クィーンの女装が女性になりたいこととは直接結びついていないのと同様、ブッチやトムも男性になりたいことと直接結びついているわけではない。男性のファッションやふるまいを取り入れつつも、それはれっきとした「レズビアン・カルチャー」であり、〈ブッチフェム〉や〈トムディー〉はレズビアンのライフスタイルであり文化なのである。

　「ニュー・クィア・シネマ」を代表する1つとして知られる、ジェニー・リヴィングストンの映画『パリ、夜は眠らない』(1990) は、アメリカのニューヨーク、ハーレムで開催される「ボール」を取り上げたドキュメンタリー作品である。もともと「ボール」は舞踏会を意味する言葉だが、このハーレムのボールでは黒人やラテン系のゲイ男性が、「リアルな女性」「学生」「エリート」などさまざまなカテゴリーに分かれ、それにふさわしいファッションをし、ダンスなどをして競い合う（菅野 (2013)、河口 (2005) 参照）。

　この映画で紹介されたヴォーグというダンススタイルはマドンナなどポピュラー・カルチャーの中にも取り入れられたが、ボールはゲイであること、またそのライフスタイルと切り離すことはできない。参加者はいくつかある「ハウス」と呼ばれる擬似家族的な集団に属し、「家族」構成員としての役目を果たしながらボールに参加する。それぞれのカテゴリーで競い合われる「本物っぽさ」は、異性愛主義に満ちた社会を批評的にまなざし、またそこをサバイブする中で身につけ、つちかわれ、伝えられてきたものでもある。

　セクシュアリティはライフスタイルを作り、また文化を作るのだ。

（赤枝香奈子）

3章　性的指向をめぐる問題

はじめに

　当時、東京都知事であった石原慎太郎氏は2010年12月、次のような発言を行った。
　「テレビなんかにも同性愛者が平気で出てるでしょ。日本は野放図になり過ぎている」
　「どこかやっぱり足りない感じがする。遺伝とかのせいでしょ。マイノリティーで気の毒ですよ」
　「ゲイのパレードを見ましたけど、見てて本当に気の毒だと思った。男のペア、女のペアがあるけど、どこかやっぱり足りない気がする」
　ここで石原氏が述べているのは、①同性愛者は遺伝を要因として生まれる知能の劣った同情すべき対象である、②いまの日本は同性愛者がその存在を公然化させ、性の秩序が乱れている、ということだろう。ここで直接言及してはいないものの、異性愛者であることは人としてのあるべき姿であるという信念に基づいて、石原氏は異性愛と同性愛の間に上下関係を持ち込み、同性愛者を攻撃している。そして、異性愛者として生まれ、生きることを幸福に結びつけているといえよう。同性愛者に対するこうした悪し様な言いように対して、眉をひそめる人も多いだろうが、異性愛が人のあるべき姿であるという点については、うなずく人は多いかもしれない。
　このように、同性愛や異性愛といった性的指向は、様々な価値観が投影される場になっている。そもそも、私たちは、人を好きになることや性的に惹かれることをどのように考えたら良いだろうか。本章では、まず性的指向という概念そのものについて考えた後、異なる時代と文化における同性間のセクシュアリティのありようと私たちの文化におけるセクシュアリティ観との比較を行い、最後に「異性愛」とはどのようなセクシュアリティかを考えたい。

1　性的指向とは

　性的指向とは、性的な面や愛情面で、どの性別（ジェンダー）に惹かれるか、惹かれないかを指す概念である。性的指向の中には異性愛や同性愛、両性愛、そして無性愛などがある。異性愛は異性に、同性愛は同性に、両性愛は両方の性に惹かれることを、無性愛は性的魅力や関心を他者に対して抱かないことをいう。ちなみに、ゲイは男性同性愛者を、レズビアンは女性同性愛者を、バイセクシュアルは両性愛者をさす。この節では、国連や国の公的文書の中にも用いられるようになってきている性的指向とは、どのような意味をもっている概念なのかを掘り下げたい。

どのように性的指向を知ることができるか

　まず性的指向について述べるにあたって、性的指向を科学的・客観的に知ることが可能かについて、考えてみたい。

　私たちは、人の性的指向をどのように知ることができるだろうか。まず、どの性別の人と性行為をしているかをもとに性的指向を知るという方法があるだろう。異性と性行為をしている人は異性愛の性的指向を持っている、同性と性行為をしている人は同性愛の性的指向を持っている、両性と性行為をしている人は両性愛の性的指向を持っている、というふうに。だが、少し考えると、この方向で性的指向を知ることはすぐに壁にぶつかってしまう。

　たとえば、このような例を考えてみよう。ある女性は男性と結婚し性行為をしているが、実は恋愛感情が向かっているのは女性である。この場合、この女性の性的指向は、異性愛だろうか、同性愛だろうか。性行為を基準とするのであれば、この女性は男性と性行為をしているので異性愛となるが、そのように言い切れるだろうか。というのも、恋愛感情は女性に向かっているからだ。つまり、性的行動をしている相手と恋愛感情の向かう相手が一致するとは限らないのだ。

　そうであれば、性行為をしている人の性別と恋愛感情の向かう性別が一致しない場合、どちらを重視するべきだろうか。ひとまず、恋愛感情を重視して議論を進めてみる。だが、この場合もすぐ壁にぶつかる。たとえば、特定の性別に魅力を感じることに対して、スティグマが付与されている場合、自分がどの

性別に惹かれているかを認めたり、それを人に言うことが難しくなる場合があるからだ。なお、スティグマとは、社会が否定的、あるいは欠落しているとみなす属性に対して与えられる負のラベルのことである。また、性行為をしている相手の性別を重視した場合も同様の問題が生じる。ある女性が男性と性行為をしていたとしても、この女性の暮らす社会が同性との性行為にスティグマを付与するとしたら、一定割合の女性が本人の意に反して男性と性行為をしているかもしれないからだ。この場合、性行為をしている相手の性別を性的指向の根拠とすることに疑問をもつ人も出てくるにちがいない。

　最後に、自己のアイデンティティをもとに性的指向を定めることについて考えてみよう。私は異性愛者だ、同性愛者だ、両性愛者だ、というように、自らのアイデンティティをもとに区分するのである。この方法の難点は、これらの名称や用語が知られていない場合やスティグマの貼られている場合があることだ。たとえば、異性に惹かれている人が自らのことを異性愛者というアイデンティティを持っているかと言えば、必ずしもそうではないだろう。自分のことを「普通」「自然」と思っていたとしても、「イセイアイシャ」という言葉で自らを括ったことがあるという人は意外に少ないのではないか。こういう人に、異性愛者かどうかを尋ねても、イエスとは答えないだろう。異性に惹かれることが当たり前と思われている社会では、あえて自らを異性愛者と名づける必要がないからだ。

　一方で、同性に惹かれる人が自らを同性愛者と名づけているかといえば、必ずしもそういうわけではない。同性愛というラベルに否定的な価値が与えられているとき、そのラベルを引き受けることに躊躇する人が出てくることは容易に想像できるからだ。同性に惹かれることにスティグマが付与されているとき、そのことをアイデンティティとして受け入れることを妨げる力が働くのだ。あるいは、男性同性愛者は女性的な振る舞いをする人だ、女性同性愛者は男性的な振る舞いをする人だという誤った理解が存在している場合、同性愛の性的指向を認めることは難しくなるだろう（ここで「誤った」と述べたが、正確に言えば、性的指向とジェンダー表現は独立しているにもかかわらず、それを等号で結んでいる点において間違っているといえる。男性同性愛者には、「女性」的な振る舞いをする人もいれば、そうでない人もいるからだ）。自己のアイデンティティで人の性的

指向を知ることにも、様々な障壁が存在するのだ。

このように考えると、性的行動、恋愛感情、そしてアイデンティティのいずれもが、性的指向に関連した諸側面を表しているが、これら単独で性的指向を決定することは難しいことが分かる。そしてすでに述べてきたように、性的指向の認知を難しくしている要因の1つは、性的指向の間に不平等が存在しているためである。つまり私たちの社会が特定の性的指向に対してスティグマを付与し、あるいは特定の性的指向を「普通」「自然」とみなしていることが関わっているのである。このように性的指向における不平等が存在しているあいだは、性的指向を知ること、さらには受け入れることはとても困難なのだ。

キンゼイの連続体 ここで性的指向の別の側面、すなわち連続性（グラデーション）について考えてみたい。性的指向に連続性という発想をもちこんだのは、第2次世界大戦直後のアメリカで性行動の調査をおこなった、性科学者のアルフレッド・キンゼイと彼の同僚である。彼らは、性的指向を表現するのに「同性愛」や「異性愛」といった概念に依拠するのは不適切であり、誰が「同性愛者」「異性愛者」なのかを決めるのは容易ではないと考えた。そこでキンゼイは0異性愛行動のみ〜6同性愛行動のみ、という7段階のスケールを使ってより厳密に人の性的指向を知ろうとした（図表3-1）。この「キンゼイの連続体」は、単純に「同性愛」や「異性愛」に還元できない、人間の性行動の複雑さを示す最初の枠組となった。多くの研究者もまた、人間の性的指向は2つや3つに区分できるようなものではなく、連続していることに同意している。また、キンゼイらの調査の結果、これまで想定していたよりも多くの人が同性と性行為をしていることが明らかになった。その調査によれば、成人してから男性の37％、女性の13％が同性との間でオーガズムに達する性的経験をしていた。同性との性行為はまれな行為ではないことが示されたのである（Kinsey 1948＝1950：313, Kinsey 1953＝1955：26）。

キンゼイの発想は現在の性行動の調査にも活かされている。2015年にイギリスで行われた調査では、キンゼイの連続体の発想を用い、自己認識が0〜6のスケールのどこに該当するかを尋ねる調査が行われた（図表3-2）（Shakespeare and Dahlgreen 2015）。その調査によれば、全体の72％がスケール0（完全な異性愛）を選び、スケール6（完全な同性愛）を選んだのは4％であった。そして

3章 性的指向をめぐる問題

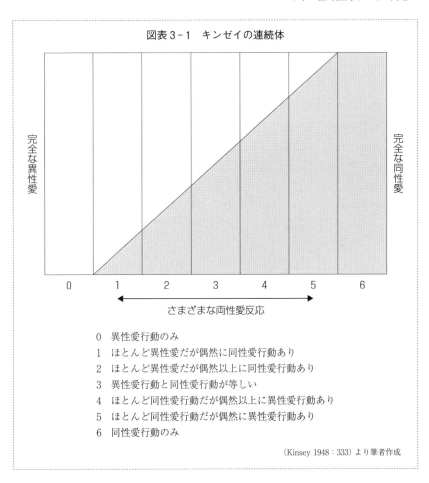

図表3-1 キンゼイの連続体

0 異性愛行動のみ
1 ほとんど異性愛だが偶然に同性愛行動あり
2 ほとんど異性愛だが偶然以上に同性愛行動あり
3 異性愛行動と同性愛行動が等しい
4 ほとんど同性愛行動だが偶然以上に異性愛行動あり
5 ほとんど同性愛行動だが偶然に異性愛行動あり
6 同性愛行動のみ

(Kinsey 1948：333) より筆者作成

19％がその中間にあると回答した。だが、調査結果を18〜24歳に限定して集計すると興味深い結果が得られた。スケール0が46％、スケール6が6％であったのに対し、どちらでもないスケール1〜5が43％であったのである。スケール1〜5を両性愛（バイセクシュアル）の自認とみなすならば、約半数の若者がそうした認識をもっていたのである。この調査は自己認識を尋ねているため実際に性行動をしているとは限らないが、年齢が若くなるにつれてバイセクシュアルの割合が増えていることは、若者の間でセクシュアリティのとらえ方がより流動的になっていることを示している。

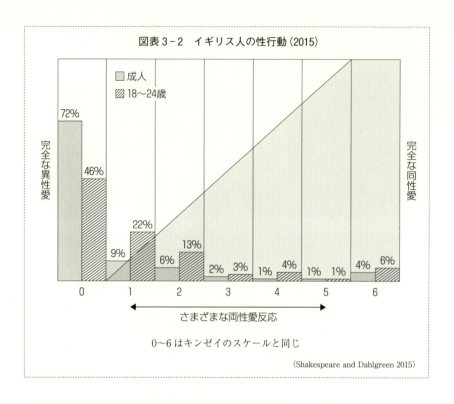

　ところでキンゼイの研究には課題も指摘されている。それは、キンゼイがもっぱら性行動に焦点をあて、魅力やファンタジーを軽視しているというものであった。こうしたキンゼイによる方法論上の限界を超えようとしたのが精神科医で性の研究者でもある、フリッツ・クラインである (Klein 1990)。彼の「性的指向グリッド (格子)」は、7つの次元 (魅力、行動、想像、感情的な嗜好、社交的な嗜好、自己規定、そしてライフスタイル) のそれぞれに0異性のみ〜6同性のみ、というキンゼイから借用した7段階のスケールを使って、より厳密に人の性的指向を知ろうとするものだった。キンゼイの連続体の発想をいかしつつ、より多面的に性的指向を明らかにしようとしたのである。そのうえ、それぞれの次元は過去、現在、理想によって区分されている。だが、クラインの「性的指向グリッド」もまた、性的指向が異性愛／同性愛／両性愛に区分できない複雑さを示している。

このような限界を抱えているとはいえ、キンゼイの研究の意義は、①人の性的指向は異性愛と同性愛のように二元論的に区分されるものではなく連続していること、②同性と性的経験を持つことはごく少数の人に関わるのではなく当時の人びとからすれば想像以上の割合の人が人生の中で経験する行為であること、を明らかにした点にある。キンゼイの調査の意義について文化人類学者のギ

図表3-3　クラインの性的指向グリッド（格子）

	過去	現在	理想
a．性的な魅力			
b．性的な行動			
c．性的想像			
d．感情的な嗜好			
e．社交的な嗜好			
f．自己規定			
g．異性愛／同性愛のライフスタイル			

0　異性のみ
1　ほとんど異性、偶然的に同性
2　ほとんど異性、偶然以上の割合で同性
3　異性と同性が等しい
4　ほとんど同性、偶然以上の割合で異性
5　ほとんど同性、偶然的に異性
6　同性のみ

（Klein 1990）より

ルバート・ハートもまた、「快感のためのセックスは生殖を凌ぐものであること、そして同性愛／異性愛という二分法は現実というよりもむしろ文化的理念であることを示した」（Herdt 1997＝2002：97）と述べている。キンゼイの研究は、性行為が生殖のために行われているという認識が思いこみにすぎず、同性間の性行動は「特殊な人」によっておこなわれているにすぎないという考えが誤っていることを明らかにすることによって、当時の同性愛者や両性愛者を勇気づけることにもなったのである。

|性的指向が必要とされた理由|　ここまで性的指向を科学的・客観的に知ることの難しさを見てきた。にもかかわらず、性的指向概念は現在においても、様々なところで用いられている。ここで、この概念が必要とされる理由を考えてみたい。

まず、性的指向には、異性愛、同性愛、両性愛、そして無性愛があり、これらは並列されている。そこには異性愛が自然で正常で、同性愛は不自然で異常という序列が排されている。このことが意味するのは、これらの性的指向は、

どの性別に惹かれるか（惹かれないか）の違いでしかないということであり、すべての性的指向は同等であるということである。

19世紀後半に精神医学により同性愛は精神病とみなされて以来、同性愛者に対しては様々な治療法、たとえば電気ショック療法、嫌悪療法、脳への外科手術（ロボトミー手術）等が試みられてきた（だが治療はほとんどがうまくいかなかった）(平田 2016：987)。また、ドイツの精神科医であるリヒャルト・フォン・クラフト＝エビングが性的病理の体系を確立して以来、同性愛は「性的異常」とみなされた一方、異性愛は性的「本能」とされ、「正常」な性のあり方とされてきた。この当時、正常と異常に区分された、この2つの性のあり方を同一の次元において、包含する概念はなかったといえるだろう。

こうした状況に大きな変化をもたらしたのは、1973年のアメリカ精神医学会理事会の投票によって「精神障害の診断と統計のための手引き（DSM）第2版」から「同性愛」の削除が決定されたことであった。こうしてかつて疾患とされていた同性愛は、治療の対象から外されることになった。異性愛と同性愛をどの性別に惹かれるかの違いとして認識することが可能になったのである。また世界保健機関（WHO）は1990年、国際疾病分類第10版（ICD-10）から、同性愛を精神疾患とはみなさないとの決定をし、「性的指向自体は障害とみなされない」と記した。この記述は、同性愛だけでなく異性愛も障害と見なさないと述べている点で、どの性別に惹かれるかは等価であるという性的指向概念の意義を示しているといえよう。

2番目の意義は、人の惹かれる性別は身体の性によっては決定されないことを示す点にある。異性に惹かれることが当然とみなされる社会では、身体の性と反対の性に惹かれるはずだという思いこみが根強く存在する。言いかえれば、身体の性がわかれば、その人がどの性別に惹かれているかが容易に推測されることになる。だが、性的指向概念は、惹かれる性別という次元を設定することによって、身体の性とは別に惹かれる性があることを明らかにするのである。

最後に、性的指向を基盤とすることによってカミングアウトが可能となる。これが性的指向概念の、3番目の意義である。これまでみてきたように、性的指向を科学的・客観的に明らかにすることは、困難と言わざるをえない。この

ことは、性的指向が主観的要素、言いかえれば自認するという要素を含みこむことで成り立っていることを意味する。

性的指向の自認を経て、他者に表明する行為はカミングアウトと呼ばれる。言いかえれば、カミングアウトは、自らをゲイ、レズビアン、両性愛者、異性愛者等と性的指向を基礎にしてアイデンティティを自認することが前提となる。カミングアウトとは、自らがどのような性であるかを、科学性や客観性とは別次元で表明する行為なのである。それは、同性愛者や両性愛者にとっては、異性愛が自明であるがゆえに自らの存在を見えなくさせられている社会において、スティグマを付与される可能性を引き受けつつも、自らの存在を見えるようにし、スティグマを付与する社会を変革していこうとする行為である。また、そのことを表明することで社会的境遇の近い人びととつながりを持つことも可能になる。同時に、異性に惹かれるのが「普通」「自然」とされる、異性愛者と名乗らなくてもすむ社会では、自らを異性愛者としてカミングアウトすることは、「自然」や「正常」から離れ、自らの性のあり方を性的指向の1つ(でしかないもの)として表明する行為と言えよう。こうした意味をもつカミングアウトは、性的指向概念を基盤にして行われているのである。

2 異なる時代と文化における男性間のセクシュアリティ

性的指向とは、どの性に惹かれるか・惹かれないかで人間を区別する概念だが、このような思考は19世紀末に近代西欧において生まれたものである。この節では、近代西欧とは異なる性のあり方を知ることをつうじて、近代西欧に端を発するセクシュアリティ観を相対化することを試みたい。具体的には、古代ギリシャ、パプアニューギニアのサンビア族、そしてメキシコにおけるセクシュアリティのありようをとりあげ、最後に近代西欧の影響を受けている私たちの、すなわち現代日本のセクシュアリティ観との比較をおこなう。

古代ギリシャ 紀元前8世紀から紀元2世紀に及ぶ、古代ギリシャは、男性と女性、成人と若者、そして市民と奴隷との間に上下関係を持っていたことからもわかるように、極度に階層化された社会であった。性的関係は、権力が発現する場として考えられており、その上下関係を反転させた者は、同性相手であろうが、異性相手であろうが、相手の性別に関係なく

嘲笑や非難の的になった。たとえば、男性どうしであったとしても、年長の男性と少年（12〜18歳）の間において、年長者が主導権を握って性的関係を持つかぎりは奇異の目で見られることはなかったが、成人男性が性的関係において受動的な役割になる場合には軽蔑の対象となった。なお、男どうしの関係において少年は、年齢とともに年長者の立場、すなわち能動的な立場へと移行していくことが求められていた（Herdt 1997＝2002：115-120）。

一方で、年長の男性と少年との間での性的関係は非難されなかったものの、男性はいずれ結婚することを期待されていた。その結果として、未婚のままで男性と性的関係を持ち続ける男性は、激しく攻撃されることになった。結婚しないで子を持たないことは、人としての義務に反するとみなされたのである。

また古代ギリシャでは、紀元前600年頃にレスボス島で暮らしていた女性詩人のサッフォー（レズビアンという語はこの島の名に由来する）が自らの詩の中で同性に対するエロティックな関係を表現していた。だが、そのことを理由として拒絶されたという記録は残っていない。女性が権力を奪われていたことを踏まえれば、女性どうしの関係が受け入れられていたと考えるよりも、古代ギリシャでは女性の間の性的な、あるいは恋愛関係はほとんど語られることはなかったといった方が正確であろう。権力を奪われていた女性どうしの間で恋愛や性的関係が成立するとはみられていなかったのである。

 サンビア族 　つぎに、アメリカの文化人類学者、ギルバート・ハートによって1980年代に詳細な研究が行なわれた、パプアニューギニアの東部高地に住む、サンビア族における性のあり方をとりあげる（Herdt 1997＝2002：179）。サンビア族は、一定期間、若い男性が成人男性の精液を飲む儀式を行うことで知られている。こうしたセクシュアリティのあり方を理解するうえで、儀礼と精液の位置づけを簡単に紹介しよう。

まず、サンビア社会では、少年が心身ともに男性になるためには儀礼が不可欠であると考えられている。この儀礼を経験することによって少年は、誇り高く名誉ある屈強な戦士となり、結婚相手としてふさわしい男らしい人物として共同体で認められる。少年がこの共同体で生きていくためには、儀礼を受け入れることは不可欠なのである。

この儀礼が受け入れられる、もう１つの背景は、ニューギニア諸文化独特の

身体と体液の理解のしかたにある。サンビア族の社会では、精液をつくり出す能力は男性の身体に「自然に」備わっているものではなく、精液は与えられなければならないと考えられている。ちなみに、少女の身体は少年と比べ、完成されていると考えられているものの、女性も「精液の授受（若い夫とのオーラルセックス）」によって母乳を授かると信じられている（Herdt 1997＝2002：138）。こうした前提のもとで、若い男性は18歳で結婚するまで、1人前の男性になるために成人男性との間でのオーラルセックスをおこない、精液を身体のなかに取り込む必要があると考えられているのだ。とはいえ、この行為は、女性と結婚するまでのものであり、結婚してからは女性とのみ性行為をすることが想定されている。少年もいずれは結婚し子どもを持つとみなされていたのである。男性間の性関係は、婚姻制度を補完する形で存続してきたといえよう。

メキシコ　メキシコを含む、中部および南部アメリカではセクシュアリティを同性愛、異性愛という観点から考えるのではなく、男性性、女性性というジェンダーの観点から捉える傾向にある。メキシコにおけるセクシュアリティを理解するうえで重要なのが、伝統的なメキシコ文化では処女性が尊重されているため、結婚前に男女間で性的関係を持つことが容易ではなかったという点である。そのため、性のはけ口のない未婚の男性は同性間で性関係を持とうとする（Herdt 1997＝2002：217-221）。

　メキシコにおいて、性行動で重視されるのは能動的な役割、すなわち「男性」的役割である挿入する役割なのか、それとも受動的な役割、すなわち「女性」的役割である挿入される役割なのか、である。それゆえに、仮に男性が相手でも、その男性に対して能動的、すなわち挿入役割をする場合、その男性は男性的な行為をしているとみなされ、名誉を失うことはない。その一方で、挿入される男性は女性的と見なされ、軽蔑の対象となる。

　以上からわかるように、メキシコでは、男どうしの関係であっても、挿入する側である限り、男性性は損なわれることはない。しかし受身役の男性はジェンダー役割のヒエラルキーを乱す存在であるがゆえに、自らの男性性を放棄したとして非難されることになる。そして、このような文化がもつ潜在的なメッセージは、男性が女性的な行動を模倣するのは不名誉で恥ずかしいことである、というものだろう。こうした態度はメキシコ社会の一般的傾向を反映して

おり、一般的に女性は男性よりも劣っているとみなされているがゆえに、女性のまねをする男性は嘲笑されるのである。

まとめ——比較　以上をふまえ、古代ギリシャ、サンビア族、そしてメキシコと、近代西欧のセクシュアリティの影響を受けている現在の日本における男性間の性愛関係の比較をしてみたい。なお、以下の分析は、限られた資料や情報に基づいているため、すべての観点においてこの4つの文化の比較はできないこと、また女性間については比較するに足る資料やデータが少ないため、男性間の分析となっている。

（i）**受容／非受容の境界**　まず、男性間の関係における受容／非受容の境界がどこに引かれているのかを見てみよう。古代ギリシャとサンビア族では年齢に基づいた役割が重視されていたことからもわかるように、その境界は、年齢差が維持されていることに加え、年長＝能動／年少＝受動という二分法が維持されているところにあった。また、将来的には、結婚し子どもを持つことも重視されていた。結婚もせず、子どもを持たない男性は強く非難されたのである。古代ギリシャ、そしてサンビアでは、男性どうしの関係は、年齢差と役割におけるルールを守り、結婚して子孫を残すことで受容されていたといえよう。

つぎにメキシコでは、性行為の役割が重視されている。男性は挿入する能動的な役割であると考えられているため、性行為の相手が異性であろうが同性であろうが、能動的役割を行いさえすれば非難されない一方で、受動的な役割をする男性は男性役割を放棄しているとして非難されたのである。以上から、メキシコでは、性行為における役割が重視されていたことがわかる。

他方で、日本社会におけるセクシュアリティを考える場合、重視されることの1つは、性的パートナーの性別である。そこでは、相手が異性か同性かによって評価が異なる。メキシコのように受動的な役割をする男性への非難は、能動的な役割をする男性より強いかもしれないが、日本社会で能動的役割をしていても、性行為の相手が同性である場合には、非難し、病理化してきた歴史を持っている。つまり、恋愛や性的に欲望する対象の相手が同性というだけで、その人物の社会的地位を低下させてきたのが日本社会の特徴といえよう。

（ii）**ジェンダーとの関係**　男性間の性行為とジェンダーの関係も異なっている。日本社会では、男性同性愛者は「男らしさ」が欠如しているというステ

レオタイプが存在する。また男性と性行為することはその人物の男性性（男性ジェンダー）に疑いを抱かせることにもなる。一方、サンビアでは男性どうしの性行為が屈強な戦士になるためには不可欠と考えられているように、男性間の性行為は男性性を強化すると考えられている。メキシコでは男性間の性行為における役割によって、男性ジェンダーに対する意味づけが異なる。能動的な役割を行っている人物は男性性が強化され、受動的な役割をする男性は男性性が欠如しているとみなされる。

(iii) **セクシュアリティにおけるカテゴリー**　文化・社会によるセクシュアリティによるカテゴリー分けの有無も存在している。日本社会では相手が同性か異性かによって同性愛、異性愛という性的指向によるカテゴリー分けが行われ、さらにはそれに基づき同性愛者、異性愛者といったアイデンティティが構築されている。古代ギリシャでは、同性愛や異性愛を意味する言葉は存在していなかった。ギリシャ人は社会階層や男女の区別なく、同じ性の人間に惹かれるということに基づいてセクシュアリティを括るカテゴリーを持っていなかったのである。サンビア族においても、男性間の性行為は存在していても、同性間の関係性を基盤としたアイデンティティは存在していない。ギリシャやサンビアには、同性間の性行為はあっても、そのような行為が生涯を通じて維持されるという考え方や、その行為をアイデンティティや生活スタイルを築く基礎と見なす考えは存在していないのである。

　ここまで、古代ギリシャ、サンビア、そしてメキシコにおける同性間のセクシュアリティのありようと日本社会との比較を行ってきた。日本の社会・文化と同様に、この3つの文化において、同性間の性行為が存在していることから、これらの時代や文化に「同性愛」は存在していた（る）と思った人もいることだろう。だが、これらのセクシュアリティのあり方は、すでに述べたように私たちの文化における同性愛とは、大きく異なったものである。にもかかわらず、どの時代、どの文化にも同性愛は存在するとみなすことは、「自分のレンズを通して他者の行動や習慣を解釈する」行為であり、エスノセントリズム（自文化中心主義）と呼ばれる（Herdt 1997 = 2002 : 70）。あらゆる性習慣は文化的な集団や文脈に呼応するかたちで存在するのであり、単に異なるからといって「異常」という臨床的診断を下すことには慎重にならなければならない。さら

にいえば、近代西欧の多大な影響を受けている、日本の文化におけるセクシュアリティについての思考枠組は、異性愛に価値を与え、それ以外の性的指向の価値を剥奪する文化的なバイアスを有しているといえるだろう。

3 異性愛の歴史

漠然とした異性愛のイメージ　同性愛の性的指向や同性間のセクシュアリティをここまでとりあげてきたが、ここからは異性愛に焦点を当ててみたい。さっそくだが、みなさんは異性愛と聞いて何が思い浮かぶだろうか。イメージが漠然としているという人も多いのではないだろうか。それは、同性愛に関連した言葉は見聞きすることは多いが、異性愛に関連した言葉を見聞きすることがほとんどないためかもしれない。ここでは、異性愛は「正常」「自然」とみなされる一方で、存在そのものが漠然としているのはなぜか、そしてそもそも性的指向の中に「正常」「異常」といった序列はいつ、どのようにして生み出されたのかをとりあげてみたい。

まず、異性愛という性のあり方が語られてこなかった理由と、それと対比する形で同性愛が頻繁に語られている理由を考えるために、国語辞典の『広辞苑』における「同性愛」と「異性愛」の項目をとりあげたい。『広辞苑』の初版が出された1955年以来、現在出版されている第6版に至るまで、同性愛の項目はつねに掲載されている。その内容は、初版では「性的対象として同性の者を選ぶこと。また、その愛情」とニュートラルに書かれていたが、第2版（1969年）から第4版が出版される1992年まで「同性を愛し、同性に性欲を感ずる異常性欲の一種」として記されていた。1991年に同性愛者団体から抗議されたこともあり、第4版より「同性の者を性的欲望の対象とすること」と再び、価値判断を入れない記述になっている。

一方、項目としての異性愛が登場したのは、第6版（2008年）になってからであり、「異性愛」は「異性の者を性的欲望の対象とすること」と記されている。第6版まで掲載されてこなかったことからわかるのは、異性愛は日本社会では概念として定着しておらず、日常的に用いられることもほとんどなかったということだろう。では、男女間の恋愛自体は日々目にし耳にしているのに、「異性愛」という言葉が日常で用いられないのはなぜだろうか。その理由を考え

ために「恋愛」の項目を調べてみると、そこには、初版から第6版まで、「男女間の恋い慕う感情」「男女が互いに相手を恋い慕うこと」のように、一貫して「恋愛」が「男女」間のものとして説明されていることがわかる。ここから、異性愛という項が長い間立てられなかった理由がわかるかもしれない。つまり、男女間の性的欲望や恋愛感情は、異性愛と呼ばれずに、「恋愛」感情とされてきたのだ。

　それでは、同性間でも互いに相手を恋い慕っていれば「恋愛」といいうるにもかかわらず、恋愛が「男女」に限定されるのはなぜだろうか。異性愛が常識とされるとともに、異性に惹かれるべきであるという異性愛規範（ヘテロノーマティヴィティ）が存在しているためだろう。すなわち、異性に向かうものと定義されることにより、恋愛感情は異性間のものになり、それ以外の「恋い慕う」感情は1992年までの『広辞苑』における同性愛の記述に示されるように、「異常性欲」とされてきたのである。その結果、異性愛は「異常」ではない、「正常」なものになっていく。こうして性的指向の中で、異性愛と同性愛の間に序列が生み出される。異性愛という項目がつくられた第6版においては、同性愛と異性愛は一見すると同等に扱われているように思えるが、恋愛が男女間の「恋い慕う」感情と定義されていることからもわかるように、同性愛と異性愛の関係性は、依然として普通―特殊という関係にとどまっている。

　異常な異性愛？　次に、異性愛が「正常」とみなされるようになったのはいつのことかを明らかにするため、「異性愛の歴史」に目を向けたい。ここで、「異性愛の歴史」と聞いて違和感を持つ人もいるかもしれない。人類は異性に惹かれ、異性と性行為をしてきたから、現在でも存続している。ゆえに、人類の歩みそのものを「異性愛の歴史」と呼ぶことに意味があるのか、と。だが、前の節でみてきたように、同性と性行為をしている人や同性に惹かれる人を単純に同性愛者と名づけることができないのと同じように、異性と性行為をしている人や異性に惹かれる人がいることをもって、異性愛がつねに存在してきたとは単純に言うことはできないのだ。

　「異性愛の歴史」をたどるにあたり、アメリカにおけるその歴史を研究したジョナサン・カッツによって著された『異性愛の発明 (the invention of heterosexuality)』における議論を紹介したい。カッツによれば、アメリカで異性愛 (heterosexuality)

という言葉が最初に使用されたのは、1892年5月に発表された、ジェームズ・キールナンの論文である。その論文の中でキールナンは異性愛を「異常な性欲の現れ」と論じている。「異性愛者は性欲を誤って満足させる傾向、すなわち種の再生産から切り離して快楽を得ている」というのがその理由であった。キールナンを含む多くの人が性的本能を生殖につながるものと考えていた時代において、異性との性行為そのものを目的とし、性欲を満たす、異性愛という性のあり方は人間の本能に反する異常な性のあり方であり、倒錯と考えられていたのである (Katz 1995)。

だが、キールナンの論文が出版された翌年、アメリカで異性愛を正常と見なす書物が出版された。ドイツの精神科医、リヒャルト・フォン・クラフト=エビングの『性の精神病理』の英語版である。これは性的病理を論じた書物として、この当時多大な影響力を持っていたが、そのなかでクラフト=エビングは異性愛を「異性間の性欲の高まりにおいて、男と女はつねに子どもを作ることを考えているわけではない」が、生殖を潜在的に含んでいるがゆえに正常であると擁護したのである (Katz 1995)。ここでクラフト=エビングは、生殖を男女間の性行為における当然の前提とすることによって、異性愛を性的本能、正常な行為とみなした。そしてこの思考は、同性愛はつねに生殖につながらないがゆえに異常とみなす思考につながっている。

キールナンとクラフト=エビングは生殖を重視している点で共通しているが、異性愛を異常とみるか、正常とみるかで対立していた。ここから、19世紀末のアメリカは、生殖を人間の本能とみなす考えと、異性愛を本能と見なす考えが同時に存在しつつも、徐々に生殖を含むという理由で異性愛を規範としていく、時代の端境期であったといえるだろう。

脆い土台

現代に暮らす私たちとって異性愛を「正常」とする思考はなじみ深いものだが、それはクラフト=エビングの時代に作り出されたものなのだ。だが、異性愛を「正常」とみなす思考自体がかなり脆い土台の上に乗っていることも、「異性愛の歴史」は明らかにしている。というのも、同性愛を「異常」とし、異性愛を「正常」とする根拠は、彼によれば生殖を含むか、含まないかという点に求められている。だが避妊して行われる性行為が生殖から切り離された性行為であるように、異性間の性行為には生殖を目的とし

ない性行為がかなりの割合を占めているからだ。もし生殖を目的とするか否かが正常と異常を区分するのであれば、大部分の異性愛行為と、同性愛行為は、ともに性的本能から「逸脱」した行為ということになるだろう。生殖を目的としない、肉体的な快楽を異常視するのであれば、非難される対象は、同性愛だけではないはずなのだ。

　以上から分かるのは、19世紀末のアメリカ社会では、現代とは異なる形で「正常」と「異常」の境界線を引く者がいたということであり、異性愛を正常とする思考がこの時期の欧米で誕生したということだ。ここから、正常と異常の境界は絶対的なものではなく、またその境界自体が揺れ動くものであることが分かる。このように考えるとき、私たちは、異性愛に「正常」を、同性愛に「異常」を割り振る現代の性規範を相対化する地点に辿り着いたといえる。生殖は人類にとって重要な行為であるが、人びとの性のあり方を判断するさいに、生殖目的かどうかを重視することは、適切だろうか。人びとにとって性の持つ価値——愛情、コミュニケーション、快楽等々——は多様であるならば、生殖にのみ価値を一元化していくことは、私たちにとっての性を豊かにするものだろうか。そして、異性愛は本能である、性は生殖のためにある。一見するとうなずいてしまいそうなこのような考えは、同性愛者だけでなく、異性愛者にとっても重荷になっているとは言えないだろうか。

【おすすめ文献・資料】
　風間孝・河口和也, 2010, 『同性愛と異性愛』岩波書店.
　ギルバート・ハート, 2002, 『同性愛のカルチャー研究』現代書館.
　牧村朝子, 2013, 『百合のリアル』星海社.

4章　恋愛と親密性

はじめに

「体だけが目的」という表現がある。ある相手とセックスすることだけを目的として関係をもつという意味あいで使われる。多くの場合、女性がそのような関係を求めてくる／そのような関係にあると思われる男性を非難したり（「体だけが目的なんでしょ？」）、あるいは男性がそのような関係にある女性のことを貶めたり（「あいつは体だけが目的の女だ」）する際に使われているようである。陳腐なドラマのセリフのように思われる言葉だが、そこには近代日本における〈男女〉の姿というものが凝縮されていると考えられる。本章はこの言葉を手がかりとしながら、「恋愛」、さらには「親密性」というものについて考えていきたい。

1　近代における「恋愛」

理想化された恋愛

「体だけが目的」という言葉の背後には当然、「体だけが目的ではない」関係というものが想定されている。それは体だけでなく精神的なつながりがある関係と考えられる。すなわち、「体だけが目的」という言葉は、人間を精神と肉体に二分し、また前者（精神）を後者（肉体）よりも高く位置づける思考の上に成り立っている。さらに、人間とは精神と肉体の両方を兼ね備えた存在と考えられているのと同様に、恋愛についても、精神的つながりと肉体的つながりが統合されたものこそがあるべき姿であるとの考えが含まれている。つまり、「恋愛」という言葉には「体だけが目的」なのはよくないが、「体ぬき」の関係もまた望ましくないという価値観が織り込まれているのである。

人間を精神（「霊」）と肉体（「肉」）に二分し、前者を上位に位置づけるという考え方は、近代西洋的な人間観であり、特に日本に固有の考え方というわけでは

ない。明治時代の知識人たちはこのような「霊肉二元論」に基づいて、結婚や恋愛のあり方を変えようとした。そもそも「恋愛」という言葉自体が明治に造られた「新語」といわれている。英語のloveやフランス語のamourを翻訳する際、それまで男女の性愛を指すのに用いられてきた「色」や「恋」、「情」などの語に変わって、「愛」または「恋愛」という語が選ばれ／作られた。「愛」という語はそれまでにも日本語の中に存在していたが、「執着する」というような仏教用語としての否定的意味あいが強かった。しかしそれが、「愛」に肯定的な意味を付与している中国語での解釈を経由し、loveやamourの翻訳語となることで、肯定的な意味をもつ言葉へと転じたという（柳父2001）。

　この「愛」や「恋愛」という言葉の普及には、巖本善治や北村透谷ら『女学雑誌』(1885年7月～1904年2月)の執筆人が果たした役割が大きかったと言われている。『女学雑誌』はキリスト教に基づく女性啓蒙誌で、巖本が校長をしていた明治女学校とのかかわりが深い雑誌であり、東京婦人矯風会（のちの日本キリスト教婦人矯風会）の廃娼運動や一夫一婦制推進運動を支持していた。「廃娼運動」とは聞き慣れない言葉かもしれないが、当時の日本には売買春を国家が公認する「公娼制度」が存在しており、それをなくそうとする運動が廃娼運動である。また、一夫一婦制推進運動が行われていたということは、当時の日本は、一夫一婦制ではなかったことを意味している。当時の日本では男性が妻以外に「妾」と呼ばれる女性を置くことが珍しくなく、事実上の一夫多妻制であった。福沢諭吉や森有礼ら明治初期の男性知識人たちや日本キリスト教婦人矯風会などの団体は、そのような「娼妾」（娼妓と妾）を廃し、一夫一婦制をとることを主張した。つまり「恋愛」とは、当時の夫婦関係や男性と娼妾との関係とは対象的に、精神的つながりによって結ばれた一対の〈男女〉による対等で永続的な関係であり、そのような関係こそが「文明社会」をもたらすものと考えられたのである。

　明治女学校の教員でもあった透谷が執筆した「厭世詩家と女性」（『女学雑誌』1892年2月）の冒頭の言葉、「恋愛は人世の秘鑰〔＝秘密の鍵〕なり、恋愛ありて後人世あり、恋愛を抽き去りたらむには人生何の色味かあらむ」は、当時の若者たちに大きな衝撃を与えたといわれる。北村は恋愛を反社会的で革命的なものと捉え、「実世界」、すなわち世俗的な世界とは相容れないものと考えた。

一方、巌本は透谷とは対照的に、「愛」を「家庭（ホーム）」を作る夫婦の間に存在するものと考えていた。

佐伯順子は『「色」と「愛」の比較文化史』(1998) において、明治期に書かれた小説を題材としながら、「恋愛」という言葉およびそれに託された概念が、どのように日本文化の中に浸透していったかの解明、すなわち恋愛の心性史研究をおこなっている。そして、明治期以降、日本人の心性が「色」から「愛」へ変化したと述べた（佐伯 1998）。すなわち、性的関係と精神的つながりを分けない、そもそもそのような分類自体がない心性（メンタリティ）である「色」や「恋」「情」などから、性的関係と精神的つながりを分け、後者を高く評価する心性、すなわち「愛」へと変化していったという。

恋愛に対して憧れの感情はあるかもしれないが、より身近なものとして存在しているであろう現在から見ると、このような明治の知識人たちの恋愛観はいささか大げさに感じられるかもしれない。実際、理念としての恋愛と実践された恋愛の間には乖離も見られた。巌本の妻・若松賤子は『小公子』の訳者として評価が高かった女性で、2人の関係は理想的な愛の関係とみなされていたが、彼女の死後しばらくして、巌本が教え子である女学生と関係を持ったらしい様子は、明治女学校出身の作家、野上弥生子の自伝的小説『森』などからうかがうことができる。

恋愛をめぐる困難　佐伯によれば、「明治の日本男性の心理の中には、女性を男性と対等の存在とみなさず、単に性欲処理の道具として利用するのに何ら罪悪感を覚えない女性観が往々にして見られた」ため、「愛」の条件には「"相手に対する尊敬"の念が不可欠な要素として含まれていた」という（佐伯 1998：16）。こうして明治初期の女性解放論では、男女平等を実現するには「女性を男性の性的欲望処理の道具として『器械』視する元凶となる肉体関係を排除するのが有効」と考えられた結果、遊女と芸者が批判の槍玉にあがることになる（佐伯 1998：17-8）。

読者の中には、恋愛の話で遊女や芸者（合わせて「芸娼妓」と呼ばれる）が出てくることを不思議に思う人もいるかもしれない。だが彼女たちこそが近世の「『色』の世界における文学の代表的ヒロイン」（佐伯 1998：18）だったのである。よって、『当世書生気質』（坪内逍遥、明治18年）のような明治初期の小説では、芸

娼妓批判をしつつも芸娼妓を主要人物とするという矛盾が見られた。「玄人女性」である芸娼妓ではない「素人女性」との恋愛というものが、そもそもイメージすらできなかったことがわかる。やがて、物語における恋愛対象が玄人女性から素人女性に変わっていくときに、その象徴として現れたのが「女学生」であり、女学生を主人公とした小説『魔風恋風』(小杉天外、明治36年) などが生まれる。

　ここでもうひとつ、素人女性との恋愛に伴う困難について触れておきたい。明治の男子学生の中には「軟派」と「硬派」という分類があった。古川誠によると、軟派とは「芝居や遊廓を好むグループ」であり、硬派とは「いわゆるバンカラ風で粗暴な振る舞いをし、女性との接触を惰弱だとして避けるグループ」で、この硬派の特徴のひとつに男色好みがあったという (古川 1994：32)。男色とは男性どうしの性的関係を指す言葉だが、前近代においては僧侶や芸能者、武士たちの間で広く実践されており、武士の理念とも強く結びついていた。そして江戸の武士階級の男色文化を受け継いだ学生文化の中で優勢だったのは、「硬派」の方だったのである。東京でそのような男色が流行するのは、日清日露戦争の間の時期 (1884-1905) で、「白袴隊」などと呼ばれる不良学生集団が白昼堂々と美少年を襲ったり、「稚児争い」と言われる美少年の争奪戦を繰り広げたりしていたという (古川 1994：41)。つまり、当時の社会では、素人女性のみならず、女性全般を恋愛の対象として捉えることの困難が、少なくとも一部の男性たちの間にあったといえる。

「新しい女」たちの恋愛観　このような恋愛をめぐる困難はどのような形で乗り越えられたのだろうか。素人女性を相手とする軟派が現実社会で優勢になっていったのだろうか。おそらくそうではなく、恋愛が「女性の問題」となることで、男性は恋愛の主体から客体へと退いていったのである。そうした主体として、新たな恋愛観を発信していったのが与謝野晶子や平塚らいてうたち、いわゆる「新しい女」と呼ばれた女性たちである。彼女たちが恋愛を自らの上に引き受け、考え、実践した歴史を振り返ると、現在につらなる恋愛の連続性が見えてくるかもしれない。

　牟田和恵は、明治半ば以降、女性自らが女性を二分し、新しく厳格な性の秩序を作り上げていったこと、すなわち「娼婦を表舞台から隠匿し売娼や娼婦を

罪深いものとして一般の家庭や『まっとうな』婦人とは隔離され峻別される裏面の存在とすることで新しい性の秩序を作り上げる機能」(牟田 1992：135) に果たした役割を指摘している。さらに大正期になると、女性が「自覚的に自らのセクシュアリティに厳しい枷をはめていく事態」が見られたことを、「新しい女」たちの言説をもとに論じている。つまり「処女性を崇拝し『処女』を特殊に有意味化」し、「処女・貞操は、女性の自我全体を意味するもの、旧慣や因習にとらわれない愛の理想の象徴」となった結果、「あたかも女性の外部にあって女性の運命を決し、女性の生全体を支配するものとなってしまっ」たと指摘する (牟田 1992：138-43)。「処女」とはもともと単に未婚の娘を指す言葉であったのが、しだいに性交経験のないこと、また性交経験のない女性を意味する言葉に変わっていった。

　日本で初めて女性たちが中心になって発行した雑誌、『青鞜』(1911-1916) の編集責任者であり、また「新しい女」の代表ともみなされた平塚らいてうは、当時としては珍しい、籍を入れない結婚 (共同生活) をした。彼女は独身時代、森田草平という小説家と心中未遂事件を起こしたり、『青鞜』初期の頃には尾竹紅吉という年下の女性と恋人関係になったりしたが、やがてスウェーデンの思想家エレン・ケイの女性解放思想に共鳴し、母性主義へと傾倒していく。ケイが自身の女性解放論の中心においたのが「恋愛」であり、らいてうが特に惹かれ、彼女の思想の核となっていくのは以下の部分であるが、そこでは女性と男性の恋愛のあり方が根本的に異なるものと認識されている。

> 女子にあって恋愛は通常霊性から官能に進む、そして時にそこまで達しないこともある。これに反し男子にあってはそれが通常官能から霊性に進み、時にその旅程を終らないことがある——これが両者にとって男女間に現存する差別の最も痛ましいものである。(ケイ 1914)

　ここで使われている「霊性」とは精神性のことであり、「官能」とは性的欲望を指すと考えるとよいだろう。「恋愛」とはこのように、男性と女性を互いに異なる存在とみなし、だからこそそれらは相補的な、一対の〈男女〉となるべき存在と規定し、またそのような〈男女〉を生み出す装置だったといえる。もちろんこの装置においては、男性と女性以外の性別や同性に向かう欲望、対を

作らずシングルでいることなどは想定されていない。

　この「女性は霊性から官能へ、男性は官能から霊性へ進む」というケイの恋愛観は以後のらいてうのジェンダー、セクシュアリティ観の中心になっていく。

> 男子の多くは［……］女子の性愛をすぐ春的なものだと誤り信じて、その愛情が女子にあってまだそこまで発達していないにも拘わらず、早くも春的欲望の満足を恋人に求めようとします。この時、恋人はどういう態度に出るでしょうか、それは屹度拒絶です。この拒絶は処女は重んじなければならぬとか、貞操は女の全生命であるとかいうような所謂道徳の支配や考案を容れる余地もないほど自然に本能的に出るもので、それは丁度他日その恋愛がもっと発達した時、そして男子の要求を受け容れても差し支ないまでに総て準備せられた時、処女を捨てるのが自然で、本能であると同じだろうと思います。(平塚 1915)

　恋愛がじゅうぶんに「発達」したら、女性は「処女を捨てる」もので、しかもそれは、「自然で、本能」なのだ、という言葉には、処女は軽々しく捨ててはいけないが、いざという時に捨てないのも問題であるという主張が潜んでいる。ここには、先に触れた近代の理想的恋愛観──精神的つながりと肉体的つながりが統合されたものこそが恋愛のあるべき姿であるとの考え──を見てとることができる。

　さらにらいてうは「処女を捨て」た先に可能性として存在する妊娠もまた、女性が受け入れるべき当然の帰結とみなしている。

> 一たび愛の生活を肯定し、そして自から選んでこの共同生活にはいった自分が［……］その愛の創造であり、解答である子供のみをどうして否定し得よう、それはあまりに矛盾した、不徹底な行為である、もし子供を拒もうとならば、愛の生活全体をまず拒むべきであると。(平塚 1915)

　当時の日本には堕胎罪があり（今もある）、子どもを勝手に堕ろすことはもちろん、避妊も禁止されていた。『青鞜』は堕胎を扱った小説を掲載したことで発行禁止の処分を受けたこともある。それでも堕胎や処女性（貞操）について、誌上で、また『青鞜』以外の雑誌も巻き込んでの論争が起きた。ということは、必ずしも上で紹介したらいてうのような考え方が一般的だったわけではなく、むしろ当時としてはかなり先進的な考え方だったといえる。それがやがて

大正期以降、広く社会の支持を受ける考え方になっていく。

「新しい女」たちの恋愛／結婚観においては、親どうしが決めるような愛のない結婚が批判されると同時に、愛があるのに性的関係をもつことをためらうような恋愛も批判された。そして、しかるべき時に「処女を捨てる」ことを「本能」とまでもみなした。さらには、結婚や生殖をそのような恋愛とは切り離すことのできない一連のプロセスと考えた。

らいてうが「本能」という生物学的な用語を使ったのは、おそらく偶然ではなく、このような恋愛が「種の進化」をももたらすと考えたからだ。つまり、恋愛とは誰もが実践できるものというわけではなく、精神的つながりを作れるだけの知性を備えた人間どうしの関係であり、そのような関係だからこそ優れた子孫が生まれると考えられたのである。このような近代的な恋愛観と優生思想の結びつきについては、加藤秀一『〈恋愛結婚〉は何をもたらしたか』(2004)を参照してほしい。

2 近代的恋愛は乗り越えられたのか

ロマンティック・ラブ・イデオロギー批判　前節で論じたような、愛と性（セックス・生殖）と結婚を一体化させるべきという考え方はのちに「ロマンティック・ラブ・イデオロギー」と呼ばれ、批判されるようになる。ロマンティック・ラブ・イデオロギーで理想化された関係においては、1人の相手のみを愛と性の対象とし、そのような相手と結婚し、一生添い遂げることが前提となっているが、当然、こうした規範は女性だけに作用するものである。なぜなら先に述べたように、男性の場合は妾を置くことや遊廓に行くことが当然視されていたからである。結果として女性にのみ強く求められた性と愛の一致、および結婚と生殖をその帰結とするような考え方は、のちに第二波フェミニズムの中で批判されることになる。

フェミニズムとは女性解放思想や女性解放運動を意味する言葉である。これまで大きく分けて2度のフェミニズムの高まりがあった。最初は19世紀半ばから20世紀前半の時期に見られた第一波フェミニズム、次は1960年代から1970年代にかけて起きた第二波フェミニズムである。第一波フェミニズムでは主に、参政権の獲得に代表されるような、男性と平等な法的・社会的権利の獲得が目指

された。第二波フェミニズムでは、そのような法的・社会的権利の平等が達成されてもなお残る男女間の不平等が問題化された。特に私的領域における不平等、すなわち、家事や育児が女性の仕事とみなされていること(しかも不払い労働であること)、女性にのみ性的貞節が求められることなどが批判された。まずは草の根から起きた動きはウィメンズ・リベレーション(日本では「(ウーマン)リブ」)と呼ばれ、それまでの男女関係のあり方の見直しや、男性中心の社会の中で分断されてきた女性どうしの連帯(「シスターフッド」)が模索された。

日本のウーマンリブの代表的存在と目されていた田中美津は、リブの宣言文となる「便所からの解放」という文章の中で、女性は、男性にとって貞淑な妻・母になる純潔な女と性欲処理のための「便所としての女」に分断されていることを指摘する。

　女が女であることによって、抑圧され、女であることによって支配の体制の加担者としてあるその構造とはどのようなものなのか?

　それは又、男と女が性を通じてどのように体制に組み込まれているかを明らかにすることでもある。端的に云ってそれは、男の意識を媒介に女の性を抑圧することによって男の性を管理していくという構造としてある。

　媒介とされる男の意識とは、やさしさと、やさしさの肉体的表現としてのSEXの両方をあわせもつ、総体の〈女〉として、女をとらえない意識である。男にとって女とは、母性のやさしさ＝母か、性欲処理機＝便所か、という2つのイメージに分かれる存在としてある。(ぐるーぷ・闘うおんな [1970] 2009：57)

ウーマンリブに端を発する第二波フェミニズムでは、このような性のダブルスタンダード(二重基準)、すなわち男性には大幅な性的自由が認められる一方、女性には貞節が求められることが批判され、女性の性的自由を訴えることで、男性にとって都合よく一体化させられてきた性・愛・結婚の三位一体規範であるロマンティック・ラブ・イデオロギーが問題化された。そして、明治以降、女性を「まっとうな婦人(主婦)」と「娼婦」に二分しつつ作り上げられていった性の秩序が問い直された。その意義は強調してもしきれない。

ただ、現在から振り返って見た場合、ここで問い直された性とは、あくまでも近代的な枠組みの中での性だったのではないかと考えられる。つまり、近代的な霊肉二元論を前提とした後者(肉)の復権であり、その上でさらにそれらを

統合させるという近代的な恋愛の理想形は依然として維持されている(「やさしさと、やさしさの肉体的表現としてのSEXの両方を合わせもつ、総体としての〈女〉」)。結局のところ、性愛を一致させるべきという主張も、それを批判する主張も同じ「近代的恋愛」という同じ土俵の上でなされていたと言えるかもしれない。

さらに、男性と女性の間の性のダブルスタンダードを批判しつつも、そこから逃れられない自分こそ「本音の自分」と規定してしまうことで、異性愛は自然なもの、本能的なものという考え方も強化してしまっているように見える。

> 「リブってなんですか」と聞いてくる男に、ともすればわかってもらいたいと思う気持がわいてくるからこそ、顔をそむけざるをえないあたしがいるのだ。男に評価されることが、一番の誇りになってしまっている女のその歴史性が、口を開こうとするあたしの中に視えて、思わず絶句してしまうのだ。そこに、己れ1人だけ蜜をなめたいあたしが視えるからこそ、一度男に背を向けたところから出発せざるをえないあたしがいるのだ。顔をそむけ、絶句するあたしのその〈とり乱し〉こそ、あたしの現在であり、あたしの〈本音〉なのだ。
> [……]
> 　本音の自分と出会いたい想いとは、女から女たちへと己れを求めていきたい想いであり、「女」として、オスではない「男」に出会っていきたい想いである。(田中 [1972] 2009：93-4)

田中美津の文章からは、痛々しいまでの男女の非対称性とそれにもがく(「とり乱す」)女性の姿が伝わってくるのだが、ただここでも、『青鞜』の新しい女たちと同様、従来の男女関係を変革することは模索されても、男女関係自体を拒否することは選択肢として想定されていない。考えてみれば、このような「男性と恋愛するのが当然」、さらには「男性との恋愛の成否が女性の幸せを左右する」という考えこそ、新しい女の登場以降、長きにわたって女性の生き方を縛り続けてきたものなのではないだろうか。

〔ヘテロ〕セクシズムという拘束

性のダブルスタンダードが存在する中で、「男性と恋愛するのが当然」と社会も自分自身も考えた場合、その恋愛のあり方は当然、いびつなものにならざるを得ない。つまり、女性は男性から評価され、選ばれることを目指し、競い合わねばならないのである。ウーマンリブは、女性が「母」と「便所」(「主婦」と「娼婦」)に分断されながら、

それでもなお男性によって選ばれる存在でなければならないという、女性にとって圧倒的に不利な男女関係を明るみに出しつつも、それ以外の選択肢をじゅうぶんには示すことができなかった。その背後には強い異性愛主義がある。

竹村和子は、「近代の抑圧的な異性愛主義」を「〔ヘテロ〕セクシズム」と名付けた。〔ヘテロ〕セクシズムとは「性差別と異性愛主義という2つの言語をもつ抑圧形態」であり、近代市民社会において「ただ1つの『正しいセクシュアリティ』を再生産するメカニズム」(竹村 2002:37-40)である。そして、この規範として再生産される「正しいセクシュアリティ」とは、「終身的な単婚(モノガミー)を前提として、社会でヘゲモニーを得ている階級を再生産する家庭内のセクシュアリティである」と述べる(竹村 2002:37-8)。この「正しいセクシュアリティ」こそが、近代的恋愛において理想化されたセクシュアリティであり、リブにおいてはその抑圧性が明るみに出されつつも、それを生み出す〔ヘテロ〕セクシズムそのものへの批判へとは至らなかったではないだろうか。

田中は、女性が便所なら男性は「汚物」と述べたが、女性が「母」と「便所」に分断されてきたように、男性も分断されてきた(「父」と「汚物」に?)とまでは言えないだろう。結局のところ、「体だけが目的」という言葉は、女性にのみ関わる言葉であり、それは男性が一部の女性たちを「便所」として貶めること、そして女性にとっては自分が「便所」の側に貶められる可能性があることを意味している。女性はそうならないよう、「正しい相手」を注意深く選び、「処女を捧げる」べきという規範に拘束されてきた。自分の意思であれ、あるいは性的な被害を受けることによってであれ、このような規範に合致しない経験をした女性たちは「傷もの」というスティグマを負わされた。女性の身体は自分自身のものでありながら、その「使い方」が間違っていないかの判断は他者によって行われてきたといえる。

現代では、結婚前の性関係を意味する「婚前交渉」というような言葉がもはや死語となるほど、結婚前に、あるいは結婚を前提としないでセックスすることは一般的なこととなっている。また「セフレ」(セックスフレンド)というような言葉からは、セックスが「愛」とも切り離され、非常にカジュアルなものとなっている様子もうかがえる。それでも、たとえば女性が初めて男性とセックスをする時、女性は、なにか自分の非常に大事なものを差し出すという感覚か

ら本当に自由になれたのだろうか。

3 親密な関係性

>「純粋な関係性」

ここまで、「恋愛」が近代日本に登場した言葉であり、そこでは肉体関係が必須とされつつも、精神的つながりよりは低く位置付けられたこと、このような恋愛観のもと、女性は「母」と「便所」あるいは「主婦」と「娼婦」に分断されてきたことを見てきた。つまり肉体関係だけを連想させる後者はそもそも、恋愛の担い手や対象とはみなされていなかったといえよう。恋愛が実は万人に開かれたものではなく、近代市民社会における中産階級的規範であり、異性愛主義を内包し、またそれを再生産するような仕組みであったことが確認できたところで、本節ではそのような「恋愛」を相対化するため、「親密な関係性」という概念を導入したい。

「親密な関係性」という概念は、恋愛だけでなく、強い友情も、さらにはさしあたり適当な名前が見つからないような深い絆も含む言葉として考えてもらいたい。関係の相手は異性とは限らないし、永続的ではなく短期間で終わる関係もある。また必ずしも二者間の関係性とは限らない。ただし、親子関係のように所与のものとしてある関係や立場的に非対称な関係ではなく、関係に関与する者どうしが主体的に作っていく比較的対等な関係を指すこととしたい。

イギリスの社会学者、アンソニー・ギデンズは『親密性の変容』において、親密な関係性を「対等な人間どうしによる人格的きずなの交流」(Giddens 1992＝1995：14) とみなし、近代社会におけるその変容を論じている。ギデンズは、18世紀後半以降、まず中産階級に、その後他の階層にも広まった心性を「ロマンティック・ラブ」と呼び、それは「本質的に女性化された愛情であった」と述べる。夫婦の「活動領域の分化にともない、愛情を育くむことはもっぱら女性の任務となっていった」からである (Giddens 1992＝1995：69-70)。しかし、ロマンティック・ラブは、女性を家庭に押し込めると同時に、純粋な関係性、すなわち「性的にも感情的にも対等な関係」を構築するための先駆けともなってきたという (Giddens 1992＝1995：12)。ギデンズは純粋な関係性について次のように説明している。

純粋な関係性とは、社会関係を結ぶというそれだけの目的のために、つまり、互いに相手との結びつきを保つことから得られるもののために社会関係を結び、さらに互いに相手との結びつきを続けたいと思う十分な満足感を互いの関係が生みだしていると見なす限りにおいて関係を続けていく、そうした状況を指している。かつて愛情は、ほとんどの性的に「正常な」人びとにとって、婚姻を介してセクシュアリティと結びついていた。しかし、今日、愛情とセクシュアリティは、純粋な関係性を介してより一層強く結びついている。(Giddens 1992=1995：90)

さらに、純粋な関係性に必然的に含まれる束縛からの解放にも不可欠なものとして、「自由に塑型できるセクシュアリティ」の出現を挙げる。自由に塑型できるセクシュアリティとは「分散化したセクシュアリティ、つまり生殖という必要性から解放されたセクシュアリティ」であり、それは「セクシュアリティを、勃起した男根による支配から、つまり、男性の性的経験の傲慢なまでの重要視から解放していく」という (Giddens 1992=1995：13)。すなわち、生殖を目的とした膣・ペニス性交はもちろんのこと、性器的接触を特権化しないセクシュアリティと言えよう。

〈同性愛者〉と親密性

ギデンズは、「伝統的に確立された婚姻という枠組みをもたずに、相対的に対等な立場で相手と『折り合って暮らして』いかなければならなかった」同性愛者は、ほとんどの異性愛者に先行していたと指摘している (Giddens 1992=1995：31)。

5章で述べるように、現在では、同性どうしでも婚姻可能な国が増えつつあり、同性どうしの親密な関係を取り巻く状況は変化しつつある。ただ、このように〈同性愛者〉たちは純粋な関係性を先行して経験することで、その関係性の利点だけでなく、それが孕む困難も先んじて経験してきたといえるかもしれない。

純粋な関係性は、相手にたいする自己投入(コミットメント)を中心に展開するため、［……］構造的矛盾を内包している。自己投入を生みだし、共有の歴史をつくり出すためには、一人ひとりが相手のために尽くしていく必要がある。［……］しかしながら、今日の関係性は、かつて婚姻関係がそうであったように、ある極端な状況を除けば、関係の持続が当然視できる「おのずと生じていく状態」ではない。純粋な関係性の示す特徴のひとつは、いつの時点においてもいずれか一方のほぼ思うままに関係を終わらすことができる点にある。関係性を十分長続きさせるために

は、自己投入が必要である。しかしながら、無条件で相手に自己投入していく人は誰でもみな、かりに万一関係が解消した場合に、将来きわめて大きな精神的打撃というリスクを冒すことになるのである。(Giddens 1992＝1995：204-5)

　残念ながら、ギデンズはこの「きわめて大きな精神的打撃」からどのように立ち直ることができるのかは記していない。そしてこれは愛と結婚の結びつきが弱まっている現代においては、〈同性愛者〉に限らず、親密な関係性を経験する誰もが遭遇しうることかもしれない。
　同性どうしの恋愛であっても、嫉妬や「捨てられる」ことの不安、失恋の痛みと無縁なわけではない（資料4-1参照）。それは、恋愛が「人格」と結びついているからといえる。つまり、恋愛は相手を互いに特別でかけがえのない存在とみなすという前提の上に成り立っているが、そのことは関係が破綻したときにもたらされる苦痛の源ともなる。
　つまり、捨てられたりふられたりした（と感じた）側の人間は、自分の存在そのものを否定されたかのように感じてしまうからである。そのような経験を「乗り越える」ことは、思った以上にたいへんな作業であるかもしれない。場合によっては、乗り越えることはもちろん、別れを受け入れることすらできず、相手をさらに強く束縛しようとしたり、さらにはストーカーのようになってしまうケースもある。それらもまた恋愛という関係性が孕む問題であるといえよう。
　親密な関係性においてはそのような問題は起きないとは言えないものの、関係性をより流動性の高いものとして捉え、関係性を作る相手を異性には限らず、また必ずしも二者間とは限らないという点で、恋愛よりは開かれた関係性となる可能性がある。たとえば、本気で（＝不倫や浮気ではなく）複数の人を愛する「ポリアモリー」のようなライフスタイルもある（深海 2015）。

アイデンティティ、セクシュアリティのゆらぎ　同性に惹かれるか、異性に惹かれるか、あるいは同性にも異性にも惹かれるかで（＝性的指向によって）「同性愛（者）」「異性愛（者）」「両性愛（者）」などと分類するが、実際には人生のどこかの段階でそれが変わったり、ゆらいだりすることもある。また、自身を「異性愛者」と思っていても、同性と性関係をもつ場合もある。強制的

4章　恋愛と親密性

資料 4-1　マンガに描かれたレズビアン・カップルの別れの場面

竹内佐千子、2007『ハニー＆ハニー デラックス――女の子どうしのラブ・カップル』メディアファクトリー

　異性愛社会では、自身を同性愛者と認識しつつも、周囲からのプレッシャーなどから結婚する場合もある。「異性とつきあっている／結婚している＝異性愛者」とは限らないし、「同性とセックスしている＝同性愛者」というわけでもない。

　同性どうしで性行為を行う人や同性に対して恋愛感情や性的欲望をもつ人たち、あるいは異性のような装いやふるまいをする人たちを異常視・病理化し、「普通ではない人々」としてカテゴライズするような認識枠組みの形成と普及には、19世紀後半に西欧で誕生した性科学が大きな役割を果たした。だが、このような認識枠組みが広まる前は、同性どうしの親密な関係を大っぴらに、また素晴らしいものとして表現することもしばしば見られた。リリアン・フェダマンは、アメリカ合衆国における「女性愛」の歴史をたどった著書、『レズビアンの歴史』において、19世紀後半頃に見られた若い女性どうしの愛情関係を「ロ

83

マンティックな友情」と呼び、それが当時、社会制度としても尊重されていたことを明らかにしている（Faderman 1991＝1996）。アメリカでこのような「ロマンティックな友愛」が花開いたのは19世紀後半だが、ヨーロッパではルネッサンスまで遡る数百年の歴史があるという（Faderman 1991＝1996：12）。

　「友情」は、「恋愛」よりも弱い関係性のように思われるかもしれないが、必ずしもそうとは言えない。日本でも大正〜昭和期に、作家・吉屋信子が女性や少女を主人公に描いた「友情」物語が人気を博した。また吉屋自身、その半生を女性のパートナーとともに暮らした。「友情」は、同性愛嫌悪（ホモフォビア）が向けられる「同性愛」というラベリングを回避しつつ、恋愛には必ずしも分類しきれない親密な関係性を指す際に使われる名称でもあったといえよう。

　恋愛には嫉妬の感情や束縛の問題がつきまとう。ドメスティック・バイオレンス（DV）はもちろん、それと地続きである「相手を強く束縛すること」を批判し、それは本当の恋愛ではないという時、では恋愛はどのようなものと説明できるのだろうか。たとえば**図表4-1**のような例を考えてみてほしい。

　恋愛において相手を束縛しない関係のあり方としてAのような例が挙げられるが、Aの状態を放置していると、Bになる可能性がある。Bのような状態ではそもそも相手との関係自体が成り立っていない可能性がある。と考えると、望ましい（束縛しない）恋愛とはこの両極の間のどこかに位置付けられるようなものであり、なかなかあやういバランスの上に成り立つものといえる。そして、そのバランスはささいなことで崩れてしまうかもしれない。

　また何を「恋愛」と捉えるかは個人差もある。かつては恋愛も非常にマニュアル化して考えられることがあった。A（キス）→B（ペッティング）→C（セックス）と進むものだ、などというように。ただ現在では、恋愛の進展がそこまで図式化されて考えられてはいないだろうし、そもそも恋愛をするか／しないかを含め、選択の自由はより広がっている。

　恋愛とは何か、友情とどう違うのか、そもそもそれらは違っていないといけないのか、どのような相手に愛情を感じたり、どのような相手と／どのような時にセックスしたくなるか、自分が心地よさを感じるのはどのような状態の時かなど、1人ひとりがみずからに問いかけ、答えを探すなかから、自分にとって大切な親密な関係が見つかるかもしれない。

図表 4-1 恋愛の不安定さ

A		B
相手の不在をなじらない	⇒	相手がどこにいるかまったくわからない
電話やLINEで返事がなくても気にしない	⇒	相手とコミュニケーションが取れない
相手の自分以外の人との付き合いを尊重する	⇒	自分と会う時間はほとんどない

　ただ、どのような場合であれ、ひとつではなく複数の（親密な）関係性やネットワーク（＝社会とのつながり）をもつことが重要ではないかと考えられる。それらは、大切に思っていた関係が破綻したときの代わりにはならないにしても、「保険」にはなるかもしれない。

おわりに

　本章では、近代における恋愛観を振り返ることで、精神的つながりと肉体的つながりを分けつつも、それらが融合された状態を真の「恋愛」として理想化してきた歴史や、女性に恋愛やセックスが重くのしかかることになった歴史を概観してきた。現在のように、「恋愛をしなければ」、「セックスをしなければ」、しかも「いい」恋愛／「いい」セックスをしなければ、という考え方が作られてきた歴史を振り返ることで、そのような考え方を相対化することが可能になるのではないだろうか。相手との恋愛やセックスが楽しいうちはいいかもしれないが、それらが負担に感じられたり、何かにあおられている（させられている）ように感じられたとき、恋愛やセックスは「別にしなくてもいいもの」と考える選択肢を自分の中にもっておくことは大切だと思う。

　女性は特に、男性との恋愛を通して「成長」すること、あるいは「よいセックス」をしてきれいになることなど、男性とは異なる恋愛や性的関係の意味づけや動機づけにさらされてきた。恋愛や性的関係は楽しいことやうれしいこと、心地よいことばかりではない。大好きになって付き合い始めた相手が、やがて自分を傷つけたり、暴力をふるったり、場合によっては生命を脅かしたりすることすらある。

　それは同性どうしであっても起こりうる問題である。人と人が親密になることは実は非常に難しいバランスの上に成り立っている。うまくバランスが取れていなかったり、大きくバランスが崩れていたりするケースも多々あるのだ。

そのようにバランスが悪くても，2人の関係が最終的に結婚や家族という制度を志向し，とりあえずはその枠の中に収まっているように見えれば内実はあまり問われなかった時代に対し，現在は家族の形も多様化し，親密な関係と結婚との間にはもっと距離がある．それは制度に守られていない個人と個人が生身で向き合うということでもあり，親密な関係を形成する難易度はより高まっているといえるかもしれない．

　「それでも恋愛やセックスを経験するのは大事」とアドバイスするのが近代であったとすれば，あえて今は「必ずしも経験する必要はない」し，「そこから逃げてもよいのだ」とアドバイスしたい．恋愛やセックス，特に異性とのそれらを，何か人生を大きく変えるミラクルのように過大評価する時代はもはや終わったのだから．

　もしかしたら近代は恋愛に取り憑かれた時代だったといえるかもしれない．親密性（intimacy）とは本来，「恋愛」という枠には収まりきらないはずである．1人ひとりが多様な親密な関係性を経験することで，恋愛に対する特別視は消えていくかもしれない．

【おすすめ文献・資料】
　石井桃子，2015，『幻の朱い実（上・下）』岩波書店．
　中山可穂，2001，『白い薔薇の淵まで』集英社．
　ロウ・イエ監督，2011，『スプリング・フィーバー』（DVD）．

5章　パートナーシップと生の多様性

はじめに

「パートナーシップ」という言葉から、何をイメージするだろうか。具体的な何かが思い浮かばなかったとしても、この言葉自体、これまでまったく見聞きしたことがないと思ったり、新語のように感じたりする人は少ないのではないだろうか。つまり、「パートナーシップ」はカタカナ語としては日本語の中にある程度とけ込んでいる言葉といえる。ためしに今、主要な辞書をいくつか引いてみると、「パートナーシップ」は見出語として掲載されており、たいていは「協力関係」や「提携」という説明がなされている。

近年、この「パートナーシップ」という語に、「同性間の結婚に準ずる／結婚に相当する関係」という新たな意味が付与されつつある。ヒントとなるのは「パートナーシップ」が由来する「パートナー」という言葉であろう。同じく「パートナー」を辞書で引いてみると、この言葉には「配偶者」という意味も含まれていることがわかる。本章では、この新しい意味を帯びた「パートナーシップ」という関係性について見ていくことで、セクシュアリティが私たちの生活や人生にどのようにかかわってくるかを考えたい。

1　パートナーシップという関係性

同性どうしの関係とパートナーシップ制度

日本ではテレビアニメ『ムーミン』の原作者として有名なトーベ・ヤンソンには、トゥーリッキ・ピエティラという同性のパートナーがいた。2人の生活は、『島暮らしの記録』というエッセイやドキュメンタリー映画『Haru』などからその一部をうかがい知ることができる。2人がモデルと考えられる初老の女性、ヨンナとマリが主人公のヤンソンの小説『フェアプレイ』では、その暮らしぶりが以下のように記されている。

ヨンナとマリは港に近い大きなアパートの両端の角部屋に住んでいる。互いのアトリエのあいだに横たわる屋根裏は、天井の高い通路の両側に施錠された厚板の扉がずらりと並ぶ、そっけない無人地帯(ノーマンズランド)である。マリは屋根裏を歩きまわるのが好きだ。二人の領分に不可欠な中立地帯をつくるダッシュのような細長い空間に立ちどまって、トタン屋根をうつ雨音に耳をすませたり、ひとつまたひとつと灯をともしていく街なみを眺めたり、またはただのんびりと暇つぶしを愉しんだりする。
　今日は仕事がはかどったかなどと相手に訊いたりはしない。二、三十年前ならいざしらず、おいおい訊かずにすますようになった。尊重すべき空白がある。
（ヤンソン 1997：12）

　長年連れ添った相手とのほどよい距離感を描いたこのような場面は、男女のカップルではそれほど珍しくはないかもしれない。しかしながら、同性どうしのカップルの描写としては貴重なものといえるだろう。
　トーベ・ヤンソンが生まれ、また人生の大半を過ごしたフィンランドでは、2017年から同性どうしが正式に結婚できるようになった。しかしトーベとトゥーリッキが出会ったとされる1950年代、フィンランドでは同性愛は違法であった。1889年に制定された刑法において、性別を明記しない同性愛取締りの条文が作られ、女性も男性と同じく同性愛を理由に起訴、処罰された。1971年に刑法が改正され、同性愛は合法化されるが、同性愛を公に奨励することは処罰の対象とされ、また性的接触の相手が異性か同性かで合法とされる年齢に差があった。これら、同性愛に対して差別的な法が完全に撤廃されるのは1999年のことであり、北欧諸国では最後だった（Rydström and Kati 2007：36）。その後まもない2002年からは登録パートナーシップ制度（registered partnership）が始まっている。2人のパートナーシップを登録することで、なんらかの社会的保障が得られる制度である。世界で初めてこのような制度を導入したのは、フィンランドと同じ北欧諸国のひとつ、デンマークで、1989年のことである。
　トーベとトゥーリッキが自分たちの関係をどのように認識し、また呼んでいたかは定かではない。ただ、2人の関係は周知の事実であり、大統領官邸で行われる独立記念の祝賀会にはそろって出席していた。公式に招待されたカップルとしては、フィンランド史上初の同性愛カップルだったという（Karjalainen

2013＝2014：332）。

　このエピソードはトーベが晩年にさしかかった頃のものであるが、彼女がそのように常に同性の相手との関係をオープンにしていられたわけではない。『たのしいムーミン一家』(1948) 執筆当時、トーベの恋人だったヴィヴェカ・バンドレルの手紙には「あの危険な言葉、"愛してる"は使わないほうがいい」と書かれていたという（Karjalainen 2013＝2014：130）。身の安全を考え、愛を伝えあうための秘密の言葉を使っていた2人は、『たのしいムーミン一家』に登場するトフスランとヴィフスランのモデルでもある。物語の中でトフスランとヴィフスランは2人にしか通じない言葉で話をしている。

　このようにフィンランドでは19世紀から20世紀を経て今世紀にかけて、同性愛は犯罪扱いから合法的な関係として、さらには異性間と同様に結婚ができる関係とみなされるまで大きな変化をたどった。これはまた、フィンランドに特殊の事情ではない。同性愛の犯罪化・病理化から脱犯罪化・脱病理化を経て、「婚姻の平等」へ、というプロセスは、他の北欧・西欧諸国や北米などでも見られる。性的マイノリティを「市民」として人びとが認識する大きなきっかけとなったのが、パートナーシップ制度、さらには同性どうしが正式に結婚できる制度の導入である。日本でも2015年から地方自治体レベルでパートナーシップ制度の導入が始まっている。

日本のパートナーシップ制度　「パートナーシップ」という、カタカナ語としてはそれほど目新しくはない言葉に、「同性間の結婚に準ずる／結婚に相当する関係」という新たな意味が含まれるようになったのは、日本では比較的最近のことであろう。東京都渋谷区の「渋谷区男女平等及び多様性を尊重する社会を推進する条例」が「パートナーシップ条例」と一般に呼ばれているのが象徴的な例かもしれない。この条例では「男女の婚姻関係と異ならない程度の実質を備える戸籍上の性別が同一である二者間の社会生活関係」を「パートナーシップ」として定義し、区長がパートナーシップに関する証明（パートナーシップ証明）を行うことが規定されている。2015年4月より条例が施行され、同年11月5日からパートナーシップ証明書の交付が始まった。同じく東京都の世田谷区では、同年8月に区長によって「世田谷区パートナーシップの宣誓の取扱いに関する要綱」が発表され、渋谷区と同じ11月5日から同性

パートナーシップ宣誓書受領証の交付が始まった。その後、三重県伊賀市、兵庫県宝塚市、沖縄県那覇市、北海道札幌市でもパートナーシップ証明の制度が始まっている (2018年4月現在)。

筆者が住んでいる福岡市でも2018年4月から「パートナーシップ宣誓制度」が始まった。そこではパートナーシップについて以下のように定義されている。

> 互いを人生のパートナーとし、相互の協力により、継続的な共同生活を行っている、又は継続的な共同生活を行うことを約した、一方又は双方が性的マイノリティ (典型的とされていない性自認や性的指向を持つ者をいう。) である2人の者の関係
> (福岡市パートナーシップの宣誓の取扱いに関する要綱　第2条第1号)

現在、日本の地方自治体のパートナーシップ制度には、渋谷区のような「条例」で定められたものと、世田谷区のように「要綱」で定められているものとがあり、福岡市も後者である。条例は地方自治体が議会の議決によって制定する法令である。一方、要綱は事務手続きのマニュアルのようなもので、地方自治体の長の裁量で策定できる (エスムラルダ・KIRA 2015)。議会を通さなくてもよいぶん導入のハードルは低い。

渋谷区、世田谷区、伊賀市、宝塚市、那覇市では、制度を利用できるのは、「戸籍上の性別が同一である二者」、「性を同じくする2人」など、同性どうしのカップルとされているが、福岡市に先行して2017年6月から始まった札幌市のパートナーシップ宣誓制度以降、対象は同性カップルに限定しないものになっている。現在、「性同一性障害者の性別の取扱いの特例に関する法律」(特例法)(2章参照) により、一定の基準をみたしていれば性別変更が可能である。ただ、特例法の性別変更のハードルは高く、あるいはその他の事情によっても、生まれた時に割り振られた性別に違和があるものの戸籍上の性別は変えていないというケースもある。そのような場合、本人たちの自認や対外的には異性愛カップルであっても、戸籍上は同性どうしであるため、婚姻はできない。札幌市や福岡市の制度では、そのようなカップルも含め、一方もしくは双方が性的マイノリティである異性愛カップルも対象となっている。

5章　パートナーシップと生の多様性

「パートナーシップ」という呼び方　同性どうしのカップルが自分たちのことをどのように呼んでいるかは様々であろう。「夫夫(ふうふ)」というような表記も見かける（南和行，2015，『同性婚——私たち弁護士夫夫(ふうふ)です』など）。ただし法的・社会制度的には、今のところ「パートナーシップ」という呼び方が一般的であるようだ。結婚に準ずる／相当する関係といっても、正式な「婚姻」関係ではなく、また同性どうしなので「夫婦」と呼ぶのも適当でないと判断されているのではなかろうか。この場合、パートナーシップ関係の相手は「パートナー」ということになる。そして最近では、男女のカップルであっても相手をパートナーと呼ぶ場面を見聞きすることも少なくない。これまで使われてきたような、「（ご）主人」「旦那（さん）」というような上下関係をほうふつとさせる呼び方や、「配偶者」のような正式な婚姻を前提とした呼び方でもなく、さらには「嫁（さん）」というイエ制度や直系家族のもとでの呼び方とも異なり、とりあえずはカップルである二者間で、相手を対等な存在としてみなしたときに選択する呼び方として好まれているようである。ここからはまた、「パートナーシップ」が従来の「結婚」と重なりつつも、ポジティブな意味で結婚とは微妙に異なる関係として受けとめられている可能性もうかがえる。

2　結婚とパートナーシップ

法律婚と事実婚　ここまで読んで、「自分は異性が好きだし、将来は正式に籍を入れる結婚をしたいし、パートナーシップなんて関係ないなあ」と思っている人もいるだろう。では、そもそも、結婚って何なのだろうか。好きな人とずっと一緒にいること、結婚式を挙げること、家族を作るためにするもの、深く考えたことはないがするのが当たり前だと思っているものなど、人によって様々かもしれない。「愛」や「セックス」と結びつけて結婚をイメージしている人も多いかもしれないが、「愛」のない夫婦やセックスレスの夫婦もたくさんいる。夫から暴力を振るわれ続けながらも、「子どものために」と結婚生活を続ける妻もいる。

　ここではまず結婚が「社会制度」であることを認識しておいてもらいたい。社会制度とは簡単に言うと、社会を成り立たせ存続させるための仕組みである。このような制度は個々人の意思からはある程度独立して存在しており、ま

たその社会にいる限り個々人はその制度に拘束される。拘束されるのはその制度を利用している人に限らない。たとえば結婚に関していえば、その社会では「結婚して1人前」と考えられていたり、結婚している人たちだけが利用できるサービスがあったりする場合、結婚していない人もその制度に縛られたり、制度の影響を受けたりしているといえる。

　憲法24条1項には、「婚姻は、両性の合意のみに基いて成立し、夫婦が同等の権利を有することを基本として、相互の協力により、維持されなければならない」となっている。日本は届出婚主義を採用しており、戸籍法の規定にそった届出をしてはじめて婚姻に伴う権利義務が発生する。婚姻当事者に生じる権利義務には以下のようなものがある。夫婦同氏、婚姻関係より生まれてくる子が嫡出子となること、離婚の際には財産分与を請求できること、配偶者死亡の際には生存配偶者は常に第一順位で相続人となり、死亡配偶者の財産の2分の1を相続すること、夫婦は互いに同居・協力・扶助義務を負うこと、婚姻から生じる費用を分担すること、互いに貞操義務を負うこと、などである（小泉2010：98-9）。

　このような結婚（法律婚）に対し、婚姻届を出さないため法律上の婚姻とは言えないものの、事実上、婚姻関係と同様の共同生活を送っている「事実婚」もある。事実婚カップルは、法律婚に準ずる関係として、一定の保護が与えられてきた。たとえば、カップルの一方が事故で死亡した場合、他方から加害者に対する損害賠償請求が認められる、事実婚関係が一方的に解消された場合、慰謝料請求が認められたりする、などである。また社会保障に関する法的保護については、事実婚カップルにも適用されることが法律に明記されているため、扶養手当や健康保険、遺族年金の受給権などが認められている（杉浦・野宮・大江 2007＝2016：56-7）。

　事実婚カップルが婚姻届を出さない理由としては、夫婦別姓を通すためや戸籍制度に反対、などが挙げられる。なお、事実婚に近い関係を指す言葉として「内縁」もあるが、「内縁は、法律婚ができないやむを得ない事情を想像させる言葉」であるのに対し、「事実婚は、自らの主義主張にしたがって意図的に届けを出さない人々の関係や生活を表す言葉」（杉浦・野宮・大江 2007＝2016：53）として使われているようである。

同性カップルと結婚

このように、戸籍上異性のカップルの場合には、法律婚をするかどうかという選択肢があるが、ここで問題になってくるのは、法律婚をしたくてもできない人たちがいるということである。現在、日本では、戸籍上同性どうしのカップルは法律婚をすることはできない。また、同性カップルは事実上、婚姻関係同様の生活を営んでいても、事実婚カップルが受けているような保護や社会保障は受けられないことが多い。

もしここで、「同性どうしで結婚できないなんて当たり前のことなんじゃない？」と思う人がいたら、ぜひ認識を改めてもらいたい。世界には同性どうしが正式に結婚できる国があり、またその数は徐々に増えてきている。一方、「愛している人どうしが結婚できないなんておかしいよね」と思う人も、少し注意が必要だ。結婚の動機は人それぞれであるが、「愛しているからする」、だけではない。法律上、結婚できない同性カップルが直面する困難を見てみると、結婚という制度によって可能となっていることが逆に、はっきりと見えてくる。

同性どうしのカップルの場合、家族向けの賃貸物件に入居できない、共同で家やマンションを購入できない、一方がなくなった場合、自動的には遺産相続できないなど、様々な困難が存在する。4章でも触れたが、親密な関係は楽しくて幸せな時間ばかりではない。非常に密な人間関係であるがゆえに生じる問題もある。関係がうまくいかなくなってしまった場合、当人どうしでは解決できないような場合もある。法的に認められている結婚には、それを解消する（離婚する）ときの手続きや財産分与のしかたについても定められている。同性どうしの場合、このような「別れる」ための手続きがあるわけでもない。また、パートナーからDVを受けても、同性カップルの場合は保護命令が発令されない可能性があることも指摘されている（同性婚人権救済弁護団編 2016：112-4）。

このように、同性どうしの結婚というトピックは、現在の結婚という制度がそもそも何を人びとに可能としているか、社会でどのような機能を持っているかを明らかにしてくれる。とはいえ、法的な結婚のできる／できないが、同性カップルの生活や2人の人生をなにもかも決めているわけではない。法律によって縛られていない部分は、少しずつ変化してきていたりもする。たとえば、携帯電話会社の家族割引が同性のパートナーにも適用できたり、保険の受

取人に同性のパートナーを指定できたりするサービスも始まっている。同性カップルが里親として認められているケースもある。男女間に限らず、DVを受けた場合に相談できる窓口やシェルターもある（LGBT支援法律家ネットワーク出版プロジェクト編著 2016）。

　2010年代以降の、日本の同性カップルをめぐる動きはめまぐるしく、今後、法律で決められている部分以外でどのような動きがあるのか目が離せないところである。とはいえ、2018年現在の日本社会では、同性どうしが正式に結婚できるように法律を変えようという動きが一気に加速しているわけでもない。社会の中で「いない」ことにされ、不可視化されている性的マイノリティが、たしかに「いる」こと、またそれらの人びとがどのような困難に直面しているかが周知されつつある段階と考えられる。

「婚姻の平等」　日本でパートナーシップ制度が始まったのは近年のことで、また国単位ではなく地方自治体レベルでの導入であるが、世界的に見れば、本章の最初のほうで触れたように1989年のデンマークから始まり、2017年現在、28の国や地域で認められている（ILGA 2017）。パートナーシップ制度には、同性カップルのみを対象としているものと、同性カップルでも異性カップルでも利用できるものがある。後者の1つであるフランスのパックス（PACS〔民事連帯契約〕）は、異性または同性の成人2人が共同生活を営むために結ばれる契約である。異性カップルの約4割は法律婚ではなくパックスを選択しており、また同性カップルより異性カップルが多く利用している（杉浦・野宮・大江 2007＝2016：219）。日本の場合、法律上の婚姻関係にはない男女から生まれた非嫡出子に対する差別が根強く、また一方で事実婚のカップルに対する法的保護が比較的手厚いため、結婚以外の、異性カップルも同性カップルもともに利用できるようなパートナーシップ制度を求める声は異性カップルからはあまり出てきてはいないようである。

　2001年にはオランダで、同性どうしのカップルが異性のカップルと同じように結婚できるようになった。その後、ベルギー、スペイン、カナダ、南アフリカ共和国、ノルウェー、スウェーデン、ポルトガル、アイスランド、アルゼンチン、デンマーク、ブラジル、フランス、ウルグアイ、ニュージーランド、イギリス、ルクセンブルク、アメリカ合衆国、アイルランド、コロンビア、メキ

シコ、グリーンランド、フィンランド、マルタ、ドイツ、オーストラリアで同性どうしの結婚が認められている(2017年現在)。2017年5月には、台湾の司法院大法官会議が同性どうしの結婚を認めない民法は憲法に反するとの判断を下し、2年以内に法改正などを図るよう促した。これにより、台湾ではアジアで初めて同性どうしの結婚が認められる可能性が高まった。

現在、世界的には、パートナーシップ制度ではなく、正式な結婚を求める動きが強くなっている。同性どうしの結婚は「同性婚」(same-sex marriage, gay marriage) と呼ばれている。ただし、この語は、異性間の結婚とは別の、同性どうしだけが利用する結婚の制度を想起させる場合もあるため、運動のスローガンなどでは「婚姻の平等」(marriage equality) という表現が使われることが多い。つまり、同性愛者であれ異性愛者であれ、誰もが平等に結婚できるようになること、異性だけしか使えない結婚制度を同性どうしでも使えるようにすること、という主張をより明確にするのが「婚姻の平等」という表現である。

パートナーシップ制度を経て、同性婚を認めている国の中には、すでに前者は役割を終えたとして、新たなパートナーシップ登録を受け付けていない国もある。一方、フランスのように、2013年に同性婚が認められてからも、パートナーシップ制度(パックス)と婚姻が並存している国もある。同性カップルも異性カップル同様、婚姻とパックスをそれぞれのライフスタイルに合わせ、自由に選択していると考えられる(杉浦・野宮・大江 2007＝2016：221)。ここからは、パートナーシップやライフスタイルを「作る」という主体性・積極性がうかがえる。

先に述べた通り、日本では同性どうしで正式に結婚することはできない。2015年7月には、同性婚が認められていないことは人権侵害にあたるとして、人権救済の申し立てもなされている(同性婚人権救済弁護団編 2016)。同性どうしのパートナーシップを公的に承認することの意義は、「同性カップルの存在を可視化することであり、その公的承認を通じて、同性愛を始め性的マイノリティへの偏見や差別を取り除くこと」と指摘されている(二宮 2017：24)。パートナーシップを公に認める制度の存在は、個々のカップルだけでなく、当該社会における性的マイノリティの受け止め方にも大きく影響する。

一方で、結婚を考えるとわかるように、制度はまた、自分たちの関係性の

「確からしさ」を確認させてくれる装置でもある。つまり、すでにある関係性を「追認」するだけでなく、制度そのものが関係性を作るといえる。ただし、公的で正式な制度だけが関係性を作ったり維持したりしているわけではない。次節ではまずパートナーシップを含む親密性を「空間」という視点から捉え直すことで、制度以外に関係性を形づくる要素や、さらには関係性やライフスタイルの多様性について考えたい。

3　生の多様性

親密性と空間　男女間の結婚を想像してみるとわかりやすいかもしれないが、結婚はある種の均質化された生活様式を生み出している。結婚したら同居し、カップルによってはどこかの段階で家やマンションを購入したりすることも多い。夫婦は子どもをもち、その子どもを保育園や幼稚園、小学校、中学校、さらには高校や大学などへ通わせる。そのような子どもの成長を予期した人生設計や日々のスケジュールを考え、それらに従って生活する（もちろん、何もかもが計画通りに進むわけではない）。今の日本では結婚や妊娠、出産を契機に仕事を辞める女性もまだたくさんいる。そのような場合、女性（妻）が専業主婦として家事・育児を中心的に担い、男性（夫）が一家の生活費を稼ぐ。子どもがある程度大きくなったら「パート」などの家計補助的な労働を始める女性も多い。家事・育児以外にも、自分や配偶者の親などの介護を行うケースも出てくる。子どもが成長し、自分たちが年を取ったら、今度は子どもが親の面倒を見たり介護したりする。

　もちろん中には子どもをもたない／子どもがほしくてもできないカップルもいる。しかし周囲の人たちから「子どもはまだなのか」「なぜもたないのか」と尋ねられたりすることが決して少なくはないことを考えても、結婚した夫婦には子どもがいて当然という考えは依然として根強いといえよう。

　先に述べたように結婚は社会制度であるが、制度は「画一化」を求める。家族社会学では一時期、家族の「ライフサイクル」がさかんに研究されていた。ライフサイクルは一般的な家族が経験すると考えられていた周期を指す。夫婦と未婚の子から成る核家族をモデルとし、周期は夫婦の結婚にはじまり、新婚期、育児期、子どもが成長し家を出たあとの夫婦2人の時期を経て、夫婦どち

らかの死をもってその円環は閉じられる。それと重なり合う形で、子ども世代の周期が開始され、核家族が再生され連続していくと考えられた。

　日本でこのような家族の形が増えたのは高度経済成長期のことである。正式に結婚している夫婦に子どもが2、3人という家族の形（「近代家族」と呼ばれる）が奨励された時代、家やマンションなどの「住まい」もその家族の形に合わせた画一的なものになっていった。1970年代以降、夫婦と子ども2人を想定した3LDKのマンションの間取りが主流となっていく。

　あるいは結婚に至る前から、すでに画一化は始まっているかもしれない。現在では「お見合い」ではなく、恋愛から結婚に至るのが一般的と考えられている。その恋愛の進展も画一化されていたことは4章で触れた通りであるが、ここでは恋愛にかかわる「空間」に目を向けてみたい。

　結婚相手や交際相手がいない人が、「出会いの場がない」と漏らすことがある。この場合の「場」には「きっかけ」というようなニュアンスも含まれているが、文字通り「場所」を意味している場合もある。この会話が異性との恋愛や結婚が想定されているのなら、たとえば職場が同性ばかりであったり、あるいは仕事以外でも適当な異性と出会う機会がなかったり、というような状況を指して使われる。誰かと親密になったり、関係を深めたりする際、「時間」が関わっているというのはなんとなくイメージしやすいかもしれないが、親密性には実は時間だけではなく空間も関係している。出会いの場、デートの場、セックスの場、ともに暮らす家など、これらの空間抜きに親密な関係が成り立つとは考えられない。場所が親密性を作るとも言える。しかしながら、公共空間はもちろんのこと、家族と暮らしている性的マイノリティにとっては家庭も、異性愛が規範とされる場であり、時に非常に抑圧的な空間となる。ただし、空間の制限や異なる経験のしかたはまた、空間の創造的な利用のしかたを生み出してきた。たとえば、昼間は子どもたちが遊ぶ公園が夜には同性どうしの出会いやセックスの場になるように。

多様な関係の可能性

　先に紹介したトーベ・ヤンソンの『フェアプレイ』の一節について、男女のカップルだったらそれほど珍しくはないかもしれないと述べたが、果たして本当にそうだろうか。たとえば、2人が同居していないことを「なぜ？」と思う人もいるかもしれない。先

に触れたように、現在の日本では法律婚カップルには同居の義務があるとされている。また事実婚カップルの場合も法的に内縁関係と認められるためには、共同生活を送っていることが要件として求められる（今井ほか 2015）。2015年以降導入されているパートナーシップ制度でも、共同生活を送っていることや送る予定であることを制度利用の要件にしているケースが多い。ただ、同居や共同生活が自動的に関係の強度をもたらすわけではない。互いにとってその時々で1番よい暮らし方を考え、選択していくことで、関係が維持されたり、作り直されたりすることもあるだろう。

『フェアプレイ』の最後のエピソードは次のようなものである。マリはヨンナの様子が何かおかしいと気づくが、ヨンナにはその理由を語る気配はない。思案したすえにマリは、「できるだけやさしい口調で」、「自分にとってヨンナはとても大切な存在なので、彼女なしにひとりではとてもやっていけないだろう」と言うが、そのことが逆にヨンナを激怒させてしまい、その晩は気まずい気分のまま別れる。翌朝、悲しさに耐えきれなくなったマリがヨンナのアトリエに駆け込み問い詰めたところ、ヨンナは手紙を見せる。その内容から、ヨンナが1年間パリのアトリエを提供されるという名誉ある辞令を受けたことがわかる。ただしそのアトリエはヨンナしか使うことができない。

「驚いた」とマリは言う。「でも思ったほどひどい話じゃなかった」マリは坐りこみ、動揺を必死に抑えようとする。
「わかった？」とヨンナ。「途方に暮れているのよ。断わるのがいちばんかな」
実行可能と不可能を問わず、ありとあらゆる計画がマリの脳裏を猛然と駆けめぐる――ヨンナのアトリエに隠れ住む、近所に部屋を借りる、[……]――そのときマリはヨンナを見て、ふいに理解した。ヨンナは自由になって仕事をしたいのだ、まる1年、興が乗っているいまこそ。（ヤンソン 1997：116）

同性間であれ異性間であれ、パートナーシップは時間とともに変化していくものである。「サイクル」を生み出すような子どもがいない場合、その関係性は思った以上に不安定であるかもしれない。ただそのことは必ずしもマイナスの要素となるとは限らない。同性どうしの関係性を見ていくと、そこからは、「誰と」だけでなく、「どのように」暮らすかという選択肢も実は無数にあることがわかる。もちろん、それを可能性としてポジティブに捉えられるには、き

たるべき大きな生活上の変化を、「自分らしい孤独を生きる好機」として捉えられるマリのようにパートナーシップに埋没しない自己が必要となる。

生の様式　『フェアプレイ』のマリとアンナは、年中、同じアパートの、しかし互いに離れた部屋に暮らしているわけではない。春から夏の間は小さい島にある小屋でともに過ごしている。夏に湖のほとりなどにある小屋でしばらく過ごすことはフィンランドでは珍しいことではないが、マリとアンナのように長い期間というのは珍しいかもしれない。そこには2人が芸術家であるという事情もあるだろう。また2人は長期に渡る海外旅行にも行っている。

セクシュアリティというと、誰と恋愛やセックスをするか、という問題としてのみ捉えられがちであるが、実は「生の様式」を形作るものでもある。ミシェル・フーコーは、同性愛について「私は何者なのか？　私の欲望の秘密は何なのか？」と問うのではなく、「どのような関係が、同性愛を通じて成立され、増殖され、調整されうるのか？」と問いかけることをすすめる（フーコー 1987：9）。そして、「同性愛という問題の数々の展開が向かうのは、友情という問題」（フーコー 1987：10）であり、「『ゲイ』であるとは、私が思うに、同性愛者の心理的特徴や、目につく外見に自己同一化することではなく、ある生の様式を求め、展開することなのです」と述べる（フーコー 1987：15）。

子どもの成長と循環的な世代交代を想定しない生活のあり方からは、画一化されない、多様なライフスタイルの可能性が見えてくる。もちろん、同性カップルの中には、生殖補助医療や養子縁組によって子どもをもつカップルや、パートナーの連れ子をともに育てているカップルもいる。パートナーシップ制度や同性婚の制度においては、二者間の関係であること、ある程度持続的であること、メンバーが変わらないことなどが想定されているが、性的マイノリティが作る関係を生の様式――「多数の強度、可変的な色彩、見えにくい動き、移り易い形態を持ったこうした関係」（フーコー 1987：12）――という観点から考えた場合、これらは必須の要件ではないかもしれない。子育てについても、子どもを親だけでなく、それ以外の人もかかわりながら、ときに流動的な関係性の中で育てるというようなことも可能性として考えられる。

ここで強調しておきたいのは、同性どうしでパートナーシップを築く人びと

は同性婚などの制度ができる以前から、どのような時代や場所であっても存在していたということである。たとえば、作家の宮本百合子とロシア文学者の湯浅芳子は20代後半から30代にかけての頃、ともに生活していた時期があった。ときに「Y・Y・カンパニー」と名付け、「名前のない愛」の生活を送っていた様子は、『百合子、ダスヴィダーニヤ』(沢部 1996) や『往復書簡 宮本百合子と湯浅芳子』(黒澤 2008) でうかがい知ることができる。

　あるいは、日本では、法律婚ができない同性カップルは養子縁組の制度を利用し、家族になる場合もある。もちろん、養子縁組と婚姻は異なる制度であるが、同性どうしの「結婚」はパートナーシップ制度や同性婚の制度だけが作るわけではない。先進国を中心に、婚姻の平等を求める運動が盛り上がる中で、これまでに実践されてきた性的マイノリティの生の様式の痕跡を消さないようにしたい。

　マリとヨンナ──トーベとトゥーリッキ──のように、季節によって住む場所も暮らし方も大きく変えたり、頻繁に旅を、しかも時には世界旅行のような旅をしたりするというのは、もちろん誰しもができることではない。ただ、そこから見えてくるのは、今現在、あるいは将来の姿として思い描いているかもしれない生活の背後にある無数の可能性である。それらはまた、誰と、どのような関係性を築くのかという主体性をも問うている。

　法律婚を「選びたくても選べない」性的マイノリティに対する人権侵害が問われるとき、では果たして結婚している／しようとしている人びとは結婚を本当に「選んだ」といえるのかどうか考えてみてほしい。「みんながするからなんとなく」という消極的理由以外にも、特に女性の場合、ほかに生活していくすべがないから、という経済的理由から結婚したり、結婚を継続したりするケースも少なからずある。結婚であれパートナーシップであれ、またそれが同性間のものであれ異性間のものであれ、そのような関係性を選んだり作ったりする自由は、本当にあらゆる人に保障されているのだろうか。

おわりに

　本章では、「同性間の結婚に準ずる／結婚に相当する関係」であるパートナーシップから、「生の様式」としての関係のあり方まで見てきた。結婚や

パートナーシップは「好きだからする」以上のものであり、当人たちの意思や愛情だけでなく、一見、それらとは直接関係なさそうな、呼び方や制度、場所などによっても形作られる。また「異性愛(者)」「同性愛(者)」などと、何か互いに異なるもののようにカテゴライズされていても、私たちは同じ社会の中で暮らしてる以上、相互に影響を及ぼし合う側面もある。

　一方、先進国を中心に婚姻の平等を求める運動が盛り上がり、結婚できない同性カップルの困難や悲劇が可視化されつつある中で、シングルで生きる人の困難は不可視化されがちである。本人の性自認や性的指向がなんであれ、特定のパートナーのいない、シングルで生活している人たちもたくさんいる。本来は、パートナーの有無によって不利益を被るようなことがないのが「平等」といえよう。

　そしてパートナーシップ制度や同性婚が正式に認められる前から、同性どうしのカップルは存在していたし、今後、制度が始まったとしてもすべての人がその制度を利用するとは限らない。「多様性」をスローガンに性的マイノリティの社会的包摂が進められるとき、逆に消去され、不可視化されてしまう関係性はないか、パートナーシップ／生の様式には、過去においても、また未来においても様々な形があることを忘れないでおきたい。

　親密な関係は必ずそれ以外の他者との出会いの場があるものだ。当事者としてだけではなく、自分が身近な他者となったときどんなふうにかかわったり、あるいはサポートしたりできるのかということもぜひ考えてみてほしい。日常生活は具体的な行為の繰り返しや積み重ねであると同時に、不測の事態によって大きな影響を受けることもある。「こうであらねば」という思考から離れて、「自分はどうしたいのか」という基準で考えたとき、思った以上にいろいろな可能性があることに気付くだろうし、ほかの人がそのような可能性を追求することも受け入れやすくなるのではないだろうか。

【おすすめ文献・資料】
　大塚隆史, 2009, 『二人で生きる技術——幸せになるためのパートナーシップ』ポット出版.
　トレイシー・チョイ監督, 2016, 『姉妹関係』.
　カネルヴァ・セーデルストロム／リーッカ・タンネル監督, 2004, 『Tove and Tooti in Europe ～トーベとトゥーティの欧州旅行』(DVD).

6章　性と暴力

はじめに

　性は暴力と結びつくことがある。暴力とは、被害者に恐怖を与え、自由を奪うことによって、相手をコントロールしようとすることを指す。暴力は身体的な攻撃だけではなく、様々な形態をとる。暴力の中でも、性と結びついた暴力は、特有の難しさをはらんでいる。現在の社会において、性は人格や親密性と深くかかわるものである一方、恥ずかしい隠すべきものともされているために、性と結びついた暴力は、他の暴力よりも深く人を傷つけたり、被害を訴えにくかったりしてしまうのである。

　性的な暴力は、男性も女性も被害者にも加害者にもなりうるが、現在の社会では女性が被害者になることが多い。たとえば、内閣府による2017年 (平成29年) の『人権擁護に関する調査』によると、女性に関し、現在、どのような人権問題が起きていると思うか聞いたところ、「職場において差別待遇を受けること」を挙げた者の割合が50.5％と最も高かったが、これに次いで「セクシュアル・ハラスメント (性的嫌がらせ)」(42.9％)、「ドメスティック・バイオレンス (配偶者やパートナーからの暴力)」(35.6％) が挙がった。女性がセクシュアル・ハラスメントやドメスティック・バイオレンスの被害者になっていることが大きな問題であると社会全体で認識されていることがわかる。本章では、性的な暴力の構造を考察すると同時に、なぜ、これらの暴力が女性に対して向けられることが多いのかについても考えてみたい。

　性が関係する暴力を加害者との関係性ごとにみると、セクシュアル・ハラスメント (以下、セクハラ) とドメスティック・バイオレンス (以下、DV)、ちかん (痴漢) がある。DVは夫婦や恋人どうしといった私的な関係の中で生じる暴力をさす。他方、街中や職場といった公的な場で生じるのが痴漢とセクハラである。痴漢とセクハラの違いは、セクハラは継続的な人間関係のある場所で生じ

るということだ。セクハラには、まったく見知らぬ人ではない間柄で起きるがゆえの抜け出しにくさがある。まずは、セクシュアル・ハラスメントの構造をくわしくみていこう。

1　セクシュアル・ハラスメント

セクハラの定義　セクシュアル・ハラスメント（以下セクハラ）には様々な定義がみられるが、本章では「①職場や教育の場などにおける、②相手を不快にさせる③性的な言動によって生じた④権利侵害」と定義したい。

　まず、①「職場や教育の場などにおける」という部分について説明しよう。特に強調したいのが「など」という部分である。セクハラは、職場だけでなく、学校、施設、病院、サークル、地域活動の場など、継続的な人間関係が生じる公的な場ならどこでも起こりうるからである。

　アメリカから伝わったセクハラという言葉が、流行語として受賞したのは1989年のことである。この語が最初に世間に広まり始めたとき、セクハラとは、職場で、男性上司から女性の部下に対してなされるもの、というイメージが強かった。2000年前後のことだっただろうか、筆者がある短大でセクハラについて講義していた時に、1人の学生が急に大きな声をあげたことがある。「中学校の時のあれはセクハラだったんだ！」と。もしも当時、それらの体験をセクハラだと認識できていたなら、親や他の先生に言って、あの教師を処分してもらったのに……と悔しそうにみんなに話してくれたことが今でも忘れられない。現在では、スクール・セクハラやキャンパス・セクハラなどという言葉もよく聞かれるようになり、学校でもセクハラが起きることは十分に知られてきた。自分の直面している問題が典型的なセクハラのイメージから外れているから、そうではないと思ってしまうことがないように、セクハラは様々な場面で生じうることを今一度強調しておきたい。

　つぎに、定義の②「相手を不快にさせる」という点について考えてみよう。セクハラという概念は、行為者本人の意図ではなく、被害を受けた側に判断基準を置いている。そのつもりがなくても相手を不快にさせることがあるというだけではなく、何が不快な体験になるかは、人によって異なるし、おかれた文

脈の影響も大きいからである。たとえば、友人どうしで「結婚」を話題にすることはあっても、上司によって繰り返し「結婚しないの？」と聞かれたら、「はやく結婚して仕事をやめてほしい」と言われたと思って不快に感じる女性は少なくないだろう。また、同性のパートナーがいる人にとってみると、法的な結婚ができない日本社会で、「結婚は？」という言葉にどう答えればよいというのだろうか。「結婚は？」という同じ言葉が、相手との関係性や、本人がおかれた状況によって、問われた側に異なる形で受け止められるのである。もちろんこのような言動がすべてセクハラになるというわけではない。後で不利益を被ることはないと確信できたうえで、嫌なことに対して対等に嫌だと言うことができるならば、問題にならない性的言動もありうるだろう。その場で力を持つ人が行うことに「NO」が言えない状況が作り上げられているときに、問題は深刻になるのである。逆に言うと、様々なことに対して、誰もが率直に意見を言うことができる環境を整えていくことが、セクハラを生じにくくさせるための良い対策になる。

　セクハラに限らず、性暴力は被害者の視点に立って考えることが何よりも重要であると加藤秀一は述べる（加藤 2017）。ただし、この点を「誰かが被害に遭ったと訴えれば、たとえ訴えられた側が実際には何もしていなくても、犯罪者にされてしまう」と解釈するのは誤解である。何らかの被害の訴えがあったとき、その事件が本当に起こったかどうかをきちんと調べる必要があることは言うまでもない。たとえば、痴漢については、冤罪の問題がメディアなどでもよく取り上げられているが、悪いのは痴漢を行った本当の加害者と、冤罪を生じさせてしまう警察や裁判所にあることを忘れないようにしたい。

　セクハラが人間関係や文脈にも依存することを踏まえると、どのような行為がセクハラなのか、その内容を具体的に定義してしまうことは難しい。定義③「性的な言動」のように、幅広い内容を含む形で定義される必要があることがわかる。

　実際、セクハラには、性暴力や体を触るといった直接的な身体接触から、言葉によるもの、視線によるもの、そして性役割の押しつけまで、様々な被害がある。たとえば、2015年に一橋大学法科大学院でおきたアウティング（同性愛者であることを暴露すること）事件は、言葉によるセクハラが被害者を死に至ら

しめた事件ということもできるだろう。行為内容の側面からみても、セクハラは幅広く定義しておく必要がある。

　セクハラに含まれる言動のうち、「性役割の押しつけ」については説明が必要だろう。牟田和恵は、性役割の押し付けから生まれる差別（ジェンダー・ハラスメント）と性的要素を含む嫌がらせと脅かし（セクシュアル・ハラスメント）を完全に分けて考えることはできないと述べる（牟田 2001）。女性を「職場の花」や「マスコット」扱いしたり、逆に「おばさん」扱いしたりすることは、女性を一人前として扱わない態度であり、女性への軽視と差別意識からきている。そのような位置に置かれた女性が、お茶くみなど、男性社員のサービス係を引き受けさせられていることは、彼女の「女性性」を際立たせ、性的な圧力を受けやすくする。ジェンダー・ハラスメントは、セクシュアル・ハラスメントの温床なのである。

　セクハラの定義において最も重要なポイントが、定義④の「権利侵害」という点である。牟田は、セクシュアル・ハラスメントという概念が確立されたことの画期的意味は、望まない性的言動によって生ずる被害だけでなく、職業上の（学校であれば教育を受ける上での）不利益とつながった被害として捉える点にあると述べる（牟田 2001）。職場や学校でセクハラの被害にあったとき、その職場や学校で安心して働いたり勉強したりすることが難しくなる。被害の深刻度によっては、その場に行けなくなったりすることさえある。性的言動によって個人の尊厳が侵害されるだけでなく、働く権利や教育を受ける権利も侵害されてしまうのだ。また、労働や教育の権利の侵害として捉えることは、被害者―加害者の個人的事件ではなく、管理者である会社や学校を責任の主体として登場させることができるという意味でも重要である。このような権利侵害は、構造的な権力関係のもとで生じる。対等な人間関係ならば言えるはずの「NO」が言えないのは、典型的には上司や教師といったように、その場で力を持っている相手だからである。なぜ、上司や教師が力を持つかといえば、それは会社や学校がそれぞれの目的を遂行するために、人を雇用し、権限を与えているからにすぎない。会社や学校が作り出した権力関係が介在して被害は生じているのである。被害者の労働や教育の権利が侵害されているという点に加えて、権力関係が介在しているという点からみても、会社や学校がセクハラに関する責任

を負わねばならないのである。

　男女雇用機会均等法は、事業主に対し、職場のセクハラ問題に関する措置を講ずるよう定めている（男女雇用機会均等法11条1項）。このため、会社側は、セクハラ被害が起きないような対策と、セクハラが生じたならば、事実関係を確認した上で、加害者に対する措置（配置転換や懲戒処分など）を適正に行っていく必要がある。企業だけでなく、たとえば大学においても、ハラスメント防止ガイドラインや啓発リーフレットの作成、ハラスメント相談室や、ハラスメント防止対策や被害調査を扱う委員会の設置など、様々な取り組みがすすめられている。

　また、セクハラの定義にとってもう1つ重要なのが、「女性が被害者、男性が加害者」と決めつけているわけではないという点である。実際、セクハラは、女性が加害者で男性が被害者になる場合も、同性間で問題が生じる場合もある。2006年に改正された現行の均等法では、セクハラは男女を問わないものとして規定されている。さらに、2016年には、均等法のもとで厚生労働省が定める「セクハラ指針」に、LGBTなどの性的マイノリティに対するセクハラも対象として明示された（これまでももちろん対象であったが、そのことが周知徹底されていなかったためである）。性的指向や性自認にかかわらず、誰もが被害者にも加害者にもなる可能性があるのがセクハラなのである。

なぜセクハラは女性が被害者になりやすいのか

　男性も女性も、被害者にも加害者にもなりうるのがセクハラであるのに、なぜ女性が被害者、男性が加害者のケースが圧倒的に多いのだろうか。それは、なによりもまず、現在の社会では、男性が上位、女性が下位におかれていることが圧倒的に多いためである。企業の役職者に占める割合は男性が圧倒的に高いことや、逆に、多くの女性たちが非正規雇用といった不安定な地位に置かれていることなど、公的な場における男女の地位の格差はあらためて指摘するまでもない。権力を濫用することができる位置にいる男性が多いから、男性が加害者になるケースが多いのである。

　第2に、性をめぐっては、男女にギャップが存在していることも、女性が被害者になりやすい構造の背景にあることを忘れてはならない。現在に至っても、男女の性のダブルスタンダード（1章参照）は解消していない。そのような

社会においては、性的な攻撃を受けた場合の傷つきやすさは、男女で異なってしまう。望まない性的体験があったとき、女性のほうが「傷」や「恥」といった感覚とつながりやすいのも、性のダブルスタンダードに起因している。また、若者の性に関する意識調査をみても、男子学生よりも女子学生のほうが性に対して否定的な感情を抱いている人の割合が多い（日本性教育協会編 2013）。性に対する意識の違いが、女性が不快に思っていることに男性が気づいていないという事態を引き起こしやすくしているのである。

また、性に関する意識だけでなく、男女で「NO」に対する意識が異なっているという牟田の指摘も興味深い。男性のメンツをつぶさずに相手の誘いを断るため、女性はしばしば「今日は都合が悪いので」といった婉曲な表現を使うことがある。しかし、この表現を、男性側は「今日でなければOKということなのだな」と受けとり、誘いを繰り返してしまっていたという事例がみられたそうだ。私たちは、まず、男女にこうした意識のズレがあることを認識する必要があること、そして、女性はもっと自己主張を学ぶこと、男性は自分の行動や言葉が圧力を含んで相手を脅かす可能性があることを知る必要があることを牟田は主張している（牟田 2001）。

つまり、男性から女性へのセクハラを生じやすくさせているのは、男女の社会的不平等と性のダブルスタンダードのためなのである。セクハラを生じにくくするためにも、男女平等が目指される必要があるといえるだろう。

2　ドメスティック・バイオレンス (DV)

DVとは何か　ドメスティック・バイオレンス（以下DV）とは、配偶者や恋人（「元」も含める）からの暴力を指す。この「暴力」には、身体的暴行だけではなく、精神的暴力、経済的暴力、性暴力など、多様な形態が含まれている。翻訳せずにこの言葉が用いられるのは、子どもが親に対してふるう暴力を指して使われてきた「家庭内暴力」という言葉や、親等から子どもへの暴力である児童虐待と区別して考察される必要があるからだろう。

DVに関連する法律としては、DV防止法（2001年施行・2013年改正、正式名称「配偶者からの暴力の防止及び被害者の保護等に関する法律」）がある。この法律における「配偶者」とは、法律上の婚姻関係にある者だけでなく、「事実上婚姻関係

と同様の状態にある者」や、離婚した相手も含まれている。さらに、同性カップルにもDV防止法が適用され、地裁が保護命令を出したケースもある（日本経済新聞夕刊2010年8月31日）。ただし、この法律は同居していない恋人間の暴力には対応していない。

　以下、本節では、DV防止法に定義されるものをだけをさす場合には「配偶者間暴力」、恋人間の暴力については「デートDV」、両者を含む場合は「DV」と呼び分けて考察していきたい。

　DVは単なる「ケンカ」ではない。ニュースで見かけることも多いように、生命に危害を及ぼす事態に至るケースもあることを忘れてはいけない。内閣府『男女間における暴力に関する調査報告書』(2015年3月)によると、DV被害を受けた女性の約9人に1人が命の危険を感じた経験があると答えている。DVはエスカレートしていく場合もあるのだ。

DVはなぜ起きるのか

親密な関係性であったはずの夫婦や恋人の間に、なぜこのような暴力が生まれてしまうのだろうか。それは、ひとえに加害者側の問題といえよう。相手に恐怖と不安を与えることによって自分の思い通りにしようとする「力と支配（パワーとコントロール）」がDVの本質である。そもそも二者間には、身体的、心理的、知的、経済的力や、社会における地位、友人や親族等の支援など、様々な「力」の格差が存在しうる。DVとは、加害者側が自分の何かしらの「力」の優位性を悪用し、相手を支配しようとする行為といえるだろう。

　暴力をふるわれても、被害者はしばしば関係を継続してしまう。内閣府の調査をみても、交際相手と別れたのは、DV被害を受けた男性の約4割、女性の約6割にすぎない。別れなかった理由として、約半数が「相手が変わってくれるかもしれないと思ったから」と答えている。

　しかし、DVが繰り返されるような関係に陥ったとき、被害者側には関係を変えることは難しい状態にあることがほとんどだ。加害者にとってみると、相手は支配の対象でしかなく、自分の意思を受け入れるのが当然の存在になってしまっているからである。特に加害者側に罪の意識がない場合には、被害者にとってできることは、物理的な距離をとることだけかもしれない。各地のDV相談支援センターやDV防止法（同居していない恋人どうしの場合には、ストーカー

規制法など）を活用し、一時保護や接近禁止などの措置をとることで身の安全を守ることが必要だ。

　なのに、なぜDV被害者は関係を継続しようとしてしまうのだろうか。DVによる心理的影響を論じているレノア・ウォーカーの議論を参照してみたい（Walker 1980＝1997）。第1に、暴力が一定の規則に従っておきていることである。DVは「緊張期」⇒「暴力暴発期」⇒「ハネムーン期」の3つの時期が繰り返される「暴力のサイクル」の中で生じることが知られている。「緊張期」においては、加害者側の緊張が高まり、被害者は暴力が生じるのを食い止めようと、必死で加害者の機嫌をとろうとする。しかし、その努力は無駄に終わり、「暴力暴発期」に加害者は最も大きな暴力行為におよぶ。その後、暴力が収まると「ハネムーン期」を迎える。この時期の加害者は、暴力を反省し、被害者の気持ちを慰めるような行為を行う。この行為のために、被害者は関係にとどまり、加害者が本当は変わることができる人だと信じ込もうとする。ただし、実態はサイクルが繰り返されるたびに、暴力は深刻さを増していくのである。

　第2に、被害者がもたされてしまう学習性無力感の影響がある。パートナーからの暴力が繰り返されるなかで、DV被害者は何をしても無駄だという無力感を学習し、他の選択肢を考えることができなくなる。さらに、無力感は、自己評価感や、自己価値感、自信なども失わせていく。自己評価感の低下に後押しされ、「こんな私でも必要としてくれている」という思いが、より強化されていくという（Deaton & Hertica 2001＝2005）。私たちはまず、暴力が被害者をこのような状態に陥らせることがあることを知っておく必要があるだろう。

　DVもまた、セクハラと同様、女性が被害者、男性が加害者であるケースが多い。その理由もこの社会における様々な「力」が、男性に圧倒的に多く配分されているためである。体の平均的な男女格差だけでなく、男性のほうが子どもの頃から体を鍛えるように奨励されているし、格闘技やけんかなどで実際に他人に身体的な力をふるったことがある人も多いことも身体的力の不均衡を増幅させているだろう。経済力もまた、「男は仕事、女は家庭」という性別役割分業のもとで、圧倒的に男性に配分されてきた。結婚カップルの場合には、妻の側に収入がなかったり、少なかったりすることが、「離婚したら子どもを育てていけない」という思いにつながり、配偶者間暴力から逃げられない構造を

強化してしまうだろう。実際、被害者が加害者と距離をとろうとするとき、多くの場合、被害者が自宅から出ることを強いられる。その結果、生活苦や、人間関係や労働環境の変化という負担を抱えざるをえないことは大きな問題である。そのほかにも、社会的影響力など、男性は様々な「力」を社会の中で与えられてきた。「力」の不均衡に加えて、男性優位の社会慣習がいまだ残存していることも見逃すことはできない。「妻は夫に従うべき」「女性は男性を気遣うもの」「母親は子どものために我慢すべき」といった規範や、「力と支配」を男らしさとみなす風潮が、男性から女性へのDVを横行させる社会を下支えしているのである。男性から女性へのDVが生じやすい理由も、男女の社会的不平等や性別役割分業へのとらわれに関係しているといえるだろう。

3　性暴力をめぐる社会の変化と課題

　セクハラもDVも、これらの言葉が流通する以前から、こうした行為や関係は存在していた。ただこれらを「問題」としてとらえる視点がなかったのである。たとえば、かつては夫が妻を従わせるために暴力をふるうのはありうることだと思われていたし、夫婦間の事柄に他人が口出しすることもよしとはされていなかった。夫から妻へのレイプですら、長い間、法律上の強姦罪にはあたらないとされてきた（ただし、残念ながらまだこの問題については社会の理解は定まっていない）。「セクハラ」や「DV」といった概念の一般化によって、暴力はなくすべき「問題」であるという捉え方が少しずつ広がってきたのである。その背景には、「女性に対する暴力」に関する国際的な意識の高まりがある。1993年国連総会での「女性に対する暴力撤廃宣言」の採択をはじめとして、日本でも、男女共同参画社会基本法に基づく施策の中で「女性に対する暴力をなくす運動」が実施されるなど、様々な取り組みがすすめられてきた。

　ここで1つ、興味深い取り組みを紹介したい。男性が主体となって、女性に対する暴力をなくすことに取り組む、ホワイトリボンキャンペーンという世界的な運動である（多賀・伊藤・安藤 2015）。1991年にカナダ・モントリオールで起きた女性たちに対する憎悪殺人事件を受けて、マイケル・カウフマンらが、男性たちに女性への暴力反対の意思表明として白いリボンを身に付けるよう呼びかけた。この運動が世界的に広がりを見せ、日本でも様々な取り組みが進め

られている。この運動のユニークな点は、ほとんどの男性は女性に暴力をふるわないということに着目したところである。「女性に対する暴力」を、「男性VS女性」の問題とみなすのではなく、「暴力をふるう人VS暴力に反対する人」という視点でとらえ、暴力をふるわない多数派の男性の運動によって、「暴力は絶対に許さない」とする文化を創り出していこうとしているのだ。

レイプに関する法律の改正と残された問題

セクハラやDVに関する法律が整備され、「女性に対する暴力」への取り組みが進む中で、明治40年に制定されて以来、変化のなかった性犯罪を定める刑法も、2017年に大幅に改正された。今回の見直しの中で注目に値することの1つが、レイプに関する性差の解消である。これまでの刑法は男性による女性への性器の挿入行為を「強姦罪」として定めてきた。被害者を女性のみと定めた「強姦罪」から、被害者の性別を特定しない「強制性交等罪」に変更されたのである。

まず、性犯罪に関する法律上の性差の解消は、女性だけはなく、男性や、様々な性自認の人が性的な暴力の被害経験をもつという現実に即しているという点で評価できる。たとえば、「青少年の性行動全国調査」(日本性教育協会編 2013)によると、「無理やり性的な行為をさせられた」被害経験をもつ女子は中学生1.9%、高校生4.9%、大学生6.1%であったが、男子も中学生0.4%、高校生0.6%、大学生2.3%が被害経験ありと答えている。

また、レイプがなぜ罪であるのかを考えると、法律上の性差の解消は必然でもあった。そもそも明治40年に成立した強姦罪は、女性を男性の財産とみなし、女性の「貞操」が奪われることを社会の秩序を脅かす問題と捉えていた(角田 2001)。だからこそ、強姦罪は女性だけを被害者と定義してきたし、裁判の過程の中では被害者女性の「貞操」の価値を推し量るために、被害者の経歴(性経験や職歴)が問われてきた。言うまでもないことであるが、女性の性は夫のためにあるものではないし、どのような性経験をもつ人であろうとも、同意していない性的行為が無理強いされてはならない。レイプが罪であるのは、被害者の意思が無視されることによって、性的自己決定権が侵害され、人格が毀損されてしまうからである。このように考えると、どのような性自認をもつ人であっても同様に、性的自己決定権や性的人格権が侵害されるがゆえに、レイプは問題なのである。

しかし、刑法をめぐっては残された課題も多い。最も大きな問題は、性犯罪を規定する「強制性交等罪」と「強制わいせつ罪」の項目に「暴行や脅迫を用いて」という言葉が残ってしまったことである。これまでの裁判において、被害者が「抵抗」を示さなかった場合には、「暴行や脅迫の程度が弱い」＝「合意の性行為である」と判断されてしまうことが多かった。加藤秀一は、このような判決を下す裁判官たちには、突然他人から襲われたり脅迫されたりした人間はパニックに陥ったり身がすくんで動けなくなったりするということや、あるいは命の危険から逃れるために加害者の言う通りにしたり、ときには積極的に加害者の機嫌をとるような行動をせざるをえないといった、人間心理への基本的な洞察が欠けているのではないかと批判する（加藤 2017）。加藤は、こうした判決は、〈被害者〉ではなく、〈加害者〉の視点に立ち、その結果として暴力を追認するものだと言わざるをえないとも述べている。国連の『女性に対する暴力に関する立法ハンドブック』(2009) は、性犯罪の定義として、「性暴力は強制力や暴力を用いてなされる」という要件をなくすべきとしている。そして、立証にあたっては、加害者に対して、被害者から同意を得るための段階を踏んだのかどうかについての証明を求めるべきであるとする。日本も、司法に携わる人びとが性暴力の被害実態を正確に理解することと、国際水準に合わせた法律のさらなる改正が必要である。また、相手の自発的な同意なしには性的行為を行ってはいけないという当たり前のことを社会の共通理解にしていくことも必要だ（薬物やアルコールで意識をなくさせ、抵抗できない状態にして、性的行為を行うことも刑法の処罰の対象となりうることもつけ加えておきたい）。

法律以外にも課題は残っている。その中でも重要なのは、セクハラやDVやレイプの被害者が相談や告発をしにくいという問題がある。その理由の1つは、相談や告発をする過程で、被害者が二次被害を受けることがあるからである。二次被害とは、性暴力そのものによってすでに深く傷つけられている被害者が、警察や裁判関係者、周囲の人びと、そして、マスメディアや世間からのあらぬ対応によって、精神的に傷つけられてしまうことを指す。二次被害を心配して告発を躊躇する被害者も少なくない。また、性暴力の被害を届け出るとき、様々な場所で何度も被害について話さなくてはいけない場合が多いことも、被害者にとってつらいものである。被害者の心身の負担を軽減し、健康の

回復を図るために、被害者への様々な支援（産婦人科医療や心理的支援、捜査関連支援、法的支援）を1か所で提供する「性暴力被害者のためのワンストップ支援センター」を作る試みが進められている（性暴力救援センター・大阪SACHICO 2017）。被害者に二次被害への不安を抱かせないですむような、さらなる様々なシステムの構築が急がれる。

　相談や告発を躊躇させてしまうもう1つの理由は、性暴力をめぐっては、間違ったイメージが蔓延しているからである。このような性暴力に対する誤解に基づく信念を「レイプ神話」と呼ぶ。たとえば、レイプは、性欲をもてあました男性が衝動的に女性を襲うというイメージがあるが、実際のレイプの多くが被害者と面識のある者による計画的な犯行であり、加害の大半は「性的欲求によるというよりは、攻撃、支配、優越、男性性の誇示、接触、依存などのさまざまな欲求を、性という手段、行動を通じて自己中心的に充足させようとする」（藤岡 2006）ものであるという。レイプ神話によって性暴力のイメージが歪められ、そのイメージに合わない事件が見逃されてはいないか気を付ける必要があるだろう。

　レイプ神話の中でも、加害者の責任を棚上げし、被害者に責任を負わせるような社会通念が、被害者の相談や告発を躊躇させている。たとえば、被害にあった女性に対し、「遅い時間に出歩いていたから」「派手な格好をしていたから」と被害者の落ち度を責めるような議論に出くわすことがあるが、これらもまたレイプ神話である（事実として、被害に遭うのは時間帯を問わないし、服装によるものでもない）。そして、私たちが忘れてはいけないのは、悪いのは加害者のほうであるというその一点だ。なぜ、女性であるというだけで、自由に夜を楽しんだり、好きな服を着たりする自由を奪われなければいけないのか。ただし、女性たちの中にも、女性被害者の自己責任を声高に主張する人も少なくない。なぜ女性もまた女性の非を責めてしまいやすいのだろうか。この点について、心理学者の村本邦子が興味深い分析をしている（村本 2001）。被害を聞いた女性たちにとってみれば、被害者に何ら非がないのなら、その被害は自分自身の身にも起こり得ることになってしまう。でも被害者に非があるなら、自分はその過ちを犯さない限り、犯罪を避けることができる。そう考えるほうが楽だから、女性たちも被害者に非があったと考えてしまいやすいのだと。しかし、

このような考え方は、何よりも被害者を責めることになってしまうし、被害者自身も被害にあった自分を許すことができなくなることを忘れてはならない。

被害にあうと、人は「私がこんな目に遭ったのは何かわけがあったはずだ」とか「私はこんな目に遭っても当然の人間だ」などと、自分を責めてしまいがちになる。だから、被害者が暴力被害から脱出するためには、悪かったのは自分ではなく、加害者であることをはっきりと認識することが必要である。被害者が回復に向かうためには、自分で自分を貶める意識から抜け出し、自分が被害者であることを受け入れ、その被害を生き延びる「サバイバー（生存者）」である自分に誇りをもつこと（エンパワメント）が重要であると村本は述べている（村本 2001）。

被害者の多様性に対応できる社会へ

男性もまた性被害の訴えにくさを抱えている。この章では、性的な暴力はなぜ「女性に対する暴力」として生じやすいかという点に着目して議論を進めてきたが、セクハラもDVもレイプも、男性が被害者になる場合ももちろん存在している。男性被害者は、女性とは異なる意味で、相談・告発しにくいという深刻な問題を抱えている。現在の社会では、男性がこれらの被害者になることがあまり想定されていないからである。被害者男性自身も自分の直面している問題が性暴力であると把握することが難しかったり、被害を訴えようにも男性の被害に対応してくれる場所が少なかったり、相談しても女性が受ける被害よりも軽く扱われたりすることがあるという。また、自分の「男らしさ」を損なうように思えて、被害を受けたと自分で認められない人もいる。私たちはまず、セクハラやDVやレイプは、男性も女性も被害者にも加害者にもなりうるということを理解する必要がある。

また、性的マイノリティも訴えにくさを抱えている。同性間DVやトランスジェンダーに関わるDVについて論じた森あいは、それらのDVがなぜ支援につながりにくいのかについて分析している（森 2017）。なかでも、警察やカウンセラーなどの支援者の側に、性的マイノリティに対する偏見があるかもしれないのではないかという不安から、相談が難しくなる場合があるという指摘は重要である。たとえば、行政のDV相談で「被害者が男性でも女性でも、また同性間での相談であってもお受けすることができます」（東京都世田谷区）と明示しているところはいまだ少数である。このように書かれていない場合には、対

応してくれるどうかがわからない。こういったことの積み重ねによって、性的マイノリティが支援にアクセスすることが妨げられているのである。

　支援にアクセスすることが難しい一方で、性暴力の被害経験をもつ性的マイノリティは少なくないという問題がある。たとえば、「いのちリスペクト、ホワイトリボンキャンペーン」による「LGBTの学校生活に関する実態調査」(2013) をみると、「LGBTをネタとした」「不快な冗談やからかいを受けた」ことがある人や、「性的な暴力（服を脱がされる・恥ずかしいことを強制）」を受けたことがあると答えた人は、「性別違和のある男子」(この調査では、MtF、MtXなどを指す) ではそれぞれ42％、23％にものぼるなど、被害経験が非常に多いという深刻な状況が明らかになっている。性的マイノリティの人権が尊重される社会にしていくこと、そして、性的マイノリティを含め、すべての性暴力被害者に対応できる支援システムの構築が早急に必要とされている。

　性的な暴力に関しては、性自認や性的指向を問わず、私たちの誰もが被害者や加害者になりうる。そして、それよりもっと可能性が高いのが、被害を受けた人（あるいは加害を疑われた人）に相談されることだろう。相談を受けたときには、まずは相手の話を信じて受けとめること、そして、相手を決して責めないことを忘れないでほしい。

おわりに

　本章では、性と結びついた暴力の構造と、なぜ性的な暴力は女性に対してふるわれることが多いのかを考察してきた。「女性に対する暴力」に抵抗していくためには男女の対等な関係づくりが重要である。そして、性自認や性的指向を問わず、様々な人が性的な暴力の被害をうけないためには、すべての人の性的自己決定権や性的人格権が尊重される社会を作り上げていく必要がある。

　そして、私たちの社会にとってもう１つの大事なことは、「暴力は絶対に許さない」とする文化を創造していくことである。最大の暴力である戦争の際には、性暴力が多発する。第二次世界大戦の際に日本軍兵士が戦地で多数のレイプ被害を発生させたことをはじめとして、現在にいたっても、戦争や紛争の中で生み出される相手への憎悪が性暴力に転嫁されてきた歴史の事実を見のがすことはできない。暴力を否定する価値観を根付かせていくことが私たちの社会

の最も大きな課題といえるだろう。

【おすすめ文献・資料】
角田由紀子, 2013, 『性と法律——変わったこと、変えたいこと』岩波書店.
牟田和恵, 2001, 『実践するフェミニズム』岩波書店.
谷口洋幸・綾部六郎・池田弘乃編, 2017, 『セクシュアリティと法——身体・社会・言説との交錯』法律文化社.

少子化対策とリプロダクティブ・ヘルス＆ライツ

　2015年、高校保健の副教材で「妊娠のしやすさと年齢」として提示されたデータが改ざんされていたことが研究者たちの追及によって明らかになるという事件が起きた。女性の年齢ごとの「妊娠しやすさ」を示すグラフが、22歳をピークに急激に低下する形に数値を変更されていたのである（改ざん前のグラフも、歴史学的・人口学的な手法で掘り起こしたデータに基づくもので、女性の身体機能についての生物学的・医学的知見をベースにしているわけではないことに注意が必要だ。過去の女性たちと現代の女性たちとでは、結婚年齢も栄養状態も異なっているのだから）。西山・柘植編（2017）は、この事件の背景に、教育の場を産ませるために利用し、全国の高校生に若い年齢での妊娠・出産へと圧力をかけようとする、少子化対策の暴走があると分析している。

　そもそも政府が出生率の低下を政策課題と捉えたのは1990年代のことである。この時点でとりまとめられた『少子化に関する基本的考え方について』（厚生労働省人口問題審議会 1997）には、下記のように、少子化対策は個人の生き方の多様性を侵害してはならないという理念が明確に示されていた。

　「戦前・戦中の人口増加政策を意図するものでは毛頭なく、妊娠、出産に関する個人の自己決定権を制約してはならないことはもとより、男女を問わず、個人の生き方の多様性を損ねるような対応はとられるべきではない、ということが基本的な前提である。」

　また、少子化対策をすすめるうえで、「子どもをもつ意志のない者、子どもを産みたくても産めない者を心理的に追いつめるようなことがあってはならないこと」「女性は当然家庭にいるべき存在といった認識にたたないこと」「優生学的見地に立って人口を論じてはならないこと」なども留意事項として明記していた。このような理念に基づき、少子化対策としては、「個人が望む結婚や出産を妨げる要因を取り除く」ために、保育所・地域子育て支援センターの整備や、子ども手当、高等教育の無償化などが打ち出されてきた。

　「優生学的見地」については説明が必要かもしれない。「優生学的見地＝優生思想」とは、遺伝的とされる性質に着目し、人口を質と量から管理しようとする考え方である。典型的には、ナチスドイツが自民族には出産を奨励し、ユダヤ人やロマ族などの他民族や、障害者、同性愛者を大量殺戮したことや、ナチスの政策を参考に作られた日本の「産めよ殖やせよ」政策などを指摘できる。ただし、優生思想は第二次世界大戦時にとどまるものではない。日本では、1996年まで優生思想に基づき「不良な子孫の出生を防止」することを目的とし

た優生保護法（1948年施行）が存在していた（現在は母体保護法に改正）。この法律は、遺伝性疾患や知的障害、ハンセン病患者への不妊手術（優生手術）や人工妊娠中絶を認めていた。また、医師が必要と判断すれば、本人の同意なしに手術すること（強制不妊手術）も可能であった。優生保護法のもとでの強制不妊手術は1万6500件といわれており、戦前・戦中よりもむしろ戦後に集中的に行われていたこと、手術された人の約7割が女性であったことが明らかになっている（柘植・市野川・加藤 1996; 利光 2016）。2018年には初めて強制不妊手術を受けた女性が「個人の尊厳や自己決定権を保障する憲法に違反する」として国に謝罪と補償を求めて提訴している。また、「同意」で行われた不妊手術についても注意が必要だ。障害者福祉施設を利用していた女性障害者からは、月経時のケアができないといった理由で、施設から子宮摘出を勧められ、「同意」せざるをえなかったことも報告されている。子宮摘出や、卵巣や精巣への放射線照射（周辺臓器にも悪影響を及ぼすことが現在ではわかっている）などという当時の優生保護法も認めていない手術も行われていたのである。このように、優生思想のもとで、時の政府の都合にあわせて、個々人の意思にかまわず、子作りが奨励されたり、子どもをもつ自由が奪われたりしてきた。『少子化に関する基本的考え方について』は、このような見地に立つことを明確に批判していることを忘れてはならない。

　妊娠・出産については、政府の都合などではなく、リプロダクティブ・ヘルス／ライツの視点が何よりも重視されなければならない。リプロダクティブ・ライツ（性と生殖に関する権利）とは、「すべてのカップルと個人が自分たちの子どもの数、出産間隔、ならびに出産する時期を責任をもって自由に決定でき、そのための情報と手段を得ることができるという基本的権利」であり、「差別、強制、暴力を受けることなく、生殖に関する決定を行える権利」である。本当に必要なのは、政府の都合に合わせて改ざんされた情報ではもちろんなく、自由な決定を可能にする多角的視点を含んだ情報である。高校保健副教材の改ざん事件の背景には、女性に若いうちに"良い子ども"を産んでほしいという、政府の優生学的な願望の押しつけがみえる。今後も、少子化対策が暴走してはいないか、目を光らせておく必要がある。　　　　　　　　　　　　（守　如子）

7章　性の商品化

はじめに

　朝日新聞デジタル版にAV（アダルトビデオ）女優の紗倉まなさんのインタビュー記事「AVは演出、勘違いしないで」が掲載された（2017年11月21日）。紗倉さんはAVをセックスの参考にしてはいけないと述べる。AVは視聴者が見て楽しめるように演出されたものであって、目の前の相手との実際のセックス（性交）とは別と心得ておくべきことを、具体例をあげながら丁寧に説明している。このような記事が書かれる背景には、AVの弊害を感じている人が少なくないことがあるのかもしれない。そして、AVに出演したり関わったりしている人びと自身によってこうした情報が発信されていくこともまた、大きな意義をもつのではないか。

　AVをはじめとしたポルノグラフィックなメディアや、性風俗や買売春など、この社会には様々な性に関わる商品やサービスが流通している。このような「性の商品化」は長らく問題視されてきた。「性の商品化」は、その多くが女性の性を商品として流通させており、女性の体やその一部を人格と切り離して性の対象物としてみることを促す現象になっている。女性を性的側面のみで捉えるような風潮こそが、性暴力（6章参照）の温床になっているのではないかと批判されてきた。その一方で、インターネット社会の発展にも後押しされ、「性の商品化」はますます勢いを増しているようにも見える。この章では、ポルノグラフィをはじめとした性表現や、性風俗や買売春などを中心に、性の商品化を見つめなおしてみたい。

1　若者の性の情報源としての性的なメディア

若者の性の情報源に向けられた批判　紗倉さんは「AVをセックスの参考にしてはいけない」と述べていたが、実際のところ私たちはどのよ

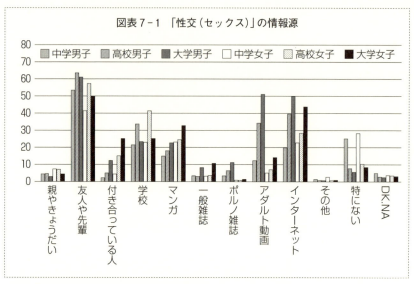

日本性教育協会「『青少年の性行動』第8回調査報告」(2018年8月)

うな情報に基づいて、セックスに向きあっているのだろうか。

　若者の性に対するイメージや知識を形成する「性の情報源」について具体的に分析した調査がある。日本性教育協会（JASE）によって行われている「青少年の性行動全国調査」である。この調査は、1974年からほぼ6年間隔で行われているもので、全国の中学・高校・大学生の、性行動や性意識、性知識とその情報源などを明らかにすることを目的としており、毎回の結果は『「若者の性」白書』（小学館）として出版されている。この調査の「性交（セックス）」について、「どこから知識や情報を得ていますか」と尋ねた項目（2017年度調査）の結果をみると、中・高・大学生ともに、「学校」よりも「友人」から情報を得ているという人の割合が目立って高いほかに、「インターネット」や「マンガ」、高校・大学生男子については「アダルト動画（DVDやネットなど）」などのメディアを情報源としている人も少なくないことがわかる（図表7-1）。

　性的な表現を含んだメディアが若者に悪影響を与えているのではないかという懸念はよく聞かれるものだ。若者向けの性表現がもつ「問題」をいち早く具体的に分析したのがNPO法人SEANによる報告書『マンガ・雑誌の『性』情報

と子どもたち』(遠矢ほか 2008)である。この報告書は、中学生の男女がよく読む少年マンガ誌や少女マンガ誌などの「性」の描き方を批判的に検討している。少女マンガでは、所有関係や束縛を肯定する恋愛観や、男子がリードし女子が従うという恋愛関係、デートDVやデートレイプといえる性関係が見られることが明らかにされている。また、少年マンガは、対戦や暴力行為を繰り返し描くことによって、読者に「暴力容認感覚」を与え、「勝ち負けや優劣を伴う人間関係」を構築している可能性があると述べられている。これらの情報を無批判に「恋人とのつき合い方」の参考にしてしまうと、デートDVのような関係性に陥りやすくなるのではないかという懸念が示された。

また、『性の貧困と希望としての性教育』(浅井編 2009)は、AVや若年女性向けポルノコミックなどの表現内容の特徴を指摘している。第1に、男女平等の観点はほとんど見られず、男性による激しい一方的なセックスを描き、時にレイプなどの性暴力さえセックスであるというメッセージを流していること。第2に、避妊や性感染症予防に関する情報はまずないことである。この本は、このような「マスコミの発信するポルノ情報」が若者の「性の貧困」を促進する要因の1つになっていると批判している。

この2つの研究書は、ともに男性向けの性表現やポルノグラフィだけではなく、女性向けのものにも批判の視線を向けている。男性向けほど存在が知られてはいないが、日本には女性向けの様々な性表現やポルノグラフィが存在しているからである。

女性向けのポルノグラフィは、男性向けのものと比べて市場規模は小さいし、出現の時期もかなり遅い。そもそも日本でポルノグラフィが一般的なものになったのは1970年代のことである。それ以前にも、春画や小説をはじめ、「性欲学雑誌」や「ブルーフイルム」「カストリ雑誌」など多様な形で性的な表現は存在していた。ただしこれらは芸術やルポルタージュ、医学、教育といった主題を名目にしているか、アンダーグラウンドでの流通にとどまっていた。70年代になって初めて、読者の性欲を喚起することを主たる目的とした様々なジャンルの商業ポルノ――ポルノ映画やポルノ雑誌、ポルノコミックなど――が成立していったのである。さらに、80年代にはビデオ機器の普及に伴いAVが発展をとげる。そして、インターネットやスマートフォンの普及によって、

現在のポルノグラフィはネット上のものが主流になりつつある。他方、女性向けのポルノグラフィが商業ベースで流通するようになったのは、男性向けと比べて20年も遅い1990年代のことになる。女性向けのポルノグラフィは、マンガ雑誌というメディアで始まった。具体的には、「レディコミ（レディースコミックの略）」（その後、絵柄を若い層向けに変えた「TL（ティーンズラブ）」が主流化する）と呼ばれる男女の性愛を描くジャンルと、「BL（ボーイズラブ）」という男性同士の性愛を描くジャンルの一部がそれにあたる。現在では、マンガだけでなく、女性向けAVや官能小説、18禁ゲーム……そして女性向けの性表現を集めたアダルトサイトも見られるようになっている。

ポルノグラフィの問題とは何か

話を戻すなら、男性向け、女性向けを問わず、なぜ多くの性表現やポルノグラフィは批判を集めてしまうのだろうか。まず、ポルノグラフィに避妊や性感染症予防に関する情報がないことについて考えてみたい。ポルノグラフィの目的とは、読者や視聴者のマスターベーション（オナニー、自慰）に役立つことである。マスターベーションにとって必ずしも必要ではない情報は削られていく傾向がある。避妊や性感染症予防は、その意味で削られがちな情報であるといえるだろう。

ただし、このようなメディアに接触している人だからといって、避妊や性感染症予防に関する知識が低いというわけではない。中澤知惠は、先に述べた「青少年の性行動全国調査」から、高校生のセックスに関する情報源と性知識の正答率の関係について分析している（中澤 2013）。インターネットや一般雑誌、男子ではポルノ雑誌とAV、女子ではマンガに関して、それらをセックスの情報源としている人は、そうでない人に比べて性知識の正答率が高かった。ただし、中澤は、このような結果はメディア単体の効果というよりも、性的関心を持つようになったり、性的行為を経験したりするなど、性に対する当事者性が増すことによって、様々な性情報源にアクセスし、性知識を増す、という関係があることが推察されると述べている。若者が性的関心をもち、自ら積極的に様々な情報源にアクセスすることは、総体として考えると良い側面もあることを指摘しておきたい。

もう1つの大きな批判点である、性表現やポルノグラフィが、男性優位の性関係や性暴力を描いていることについて考えてみよう。このような表現が描か

> **資料7-1　ミニ○×問題**
>
> 「青少年の性行動全国調査」では、性知識を問うために、次の6つの項目を尋ねている。
>
> (a) 膣外射精（外出し）は、確実な避妊の方法である
> (b) 排卵は、いつも月経中におこる
> (c) 精液がたまりすぎると、身体に悪い影響がある
> (d) クラミジアや淋病などの性感染症を治療しないと、不妊症になる（赤ちゃんができなくなる）ことがある
> (e) 日本ではこの10年間、新たにHIVに感染する人とエイズ患者は減少し続けている
> (f) 経口避妊薬（低用量ピル）の避妊成功率は、きわめて高い。
>
> 正答はそれぞれ(a)×(b)×(c)×(d)○(e)×(f)○である。
> 過去の調査と比べてみると、全体的に知識が低下しており、そしてそれは大学生で顕著であった。
> あなたはどのくらい正答できただろうか？

れるのは、主に2つの理由が考えられる。

その1つは、恋愛を主題として描く際に、「過剰な愛情の発露」(溝口 2015)を表現するために暴力的な行為が使われることがあるためである。少女・女性マンガやBLなどでは、突然のキスや、衝動的に相手を押し倒してしまうという表現によって、愛する思いの高まりを示そうとすることがある。近年流行した「壁ドン」という少女マンガのシチュエーションもこの表現の類型として指摘することができるのではないか。「壁ドン」は、対象年齢の関係で、キスやセックスを描くことができない少女マンガが、好きな人への思いが暴発してしまったことをマンガ的に示すために多用されるようになった表現であろう。こういった行為がフィクションの中で描かれる場合には、読者は登場人物の思いを見通すことができ、これは相手を脅すためではなく愛情によるものであると理解することができる。しかし、これらの行為が現実の世界でなされたならば、単に恐怖心を感じさせる行為になってしまうことはいうまでもない。

2つ目の理由は、ポルノグラフィ表現にとって、二者間のセックスを描く際に、受動的な側と能動的な側に明確に役割分担させるほうが、読者や視聴者の快楽を引き出しやすいという側面があるからである（守 2010）。受動的な側に

立つ性的妄想を持つ読者は、受動的な側の登場人物の快楽に共感する読みを行う。他方、能動的な側に立つ性的妄想を持つ読者は、受動的な側の登場人物に生じた快楽を「見る」読みを行う。ただし、どちらの立場から読むにせよ、読者は登場人物の両者を俯瞰する視点に立つことができるため、ポルノグラフィの中で激しい行為が描かれたとしても、その行為から距離をとり、自分は恐怖心を覚えずにその表現を楽しむことができる。また、「受動的な側／能動的な側」とは、必ずしも「女性＝受動／男性＝能動」に決まっているわけではないことも重要である。確かに多くのポルノグラフィには、現状の性の規範に適合的な「女性＝受動／男性＝能動」という表現がみられる。しかし、たとえば、BLがセックスを描く時、「攻／受」と呼ばれる二者の男性どうしの関係を描くように、本来、その性別の組み合わせは多様であっていいはずだ。ファンタジーは時に自らの現実世界における性自認や性的指向を超えることもある。

性表現やポルノグラフィによって、私たちは様々な妄想（恋愛ファンタジーやマスターベーション・ファンタジー）にふけることができる。好き勝手な妄想にふけることは、もちろん個人の自由である。ただし、自分のファンタジーを、実際の他者との関係にむやみに持ち込んでしまうと、相手を不快にさせたり、尊厳や主体性を踏みにじったりしてしまうこともある。1つ事例をあげるならば、ポルノグラフィの登場人物はみないつでも性行為に満足しているように描かれるが、実際の私たちには、性行為をしたいときもしたくないときもあるし、気持ちがよくない性行為も、心の底から腹がたったり傷ついたりする行為（……これはもはやセックスではなく、暴力である）もある。紗倉さんも述べているように、性表現やポルノグラフィには様々な表現の偏りがある。そのことを理解できていない人がいるならば、早急に事実を学んでもらうメディアリテラシー教育が必要だ。

また、ポルノグラフィのもう1つの見逃がせない問題が、実写のポルノグラフィを制作する際に、出演している人たちに人権侵害が生じる場合があることだ。なかでも近年話題になっているのが、AV出演強要問題である。目的を偽った勧誘によってAVに出演させられてしまった事例や、不平等な契約、撮影中の人権侵害などの問題が指摘されている（伊藤 2017）。2017年にはAV業界改革推進有識者委員会から、AVの適正化にむけた提案も出されているが、望

まない人が出演させられることがないようにするためにも、出演する人びととの人権が守られるようにするためにも、さらなる対策が必要とされている。

ポルノグラフィにも意義がある？　ここまで性表現やポルノグラフィが抱える「問題」を見てきたが、ポルノグラフィを単純に問題ばかりの「悪文化」と決めつけることはできない。ポルノグラフィが性的な欲望の存在を肯定してきた側面があったことと、その意義について考えてみたい。

　マスターベーションに関する言説を歴史的に分析した赤川学は、それまで広く流通していた「オナニーは精神・身体に悪影響を与える」とする「オナニー有害論」が1970年代には衰退していったことを指摘している（赤川 1999）。これは、先に述べた、男性向けポルノグラフィが大衆的に流通していった時期と合致している。しかし、「オナニー有害論」が衰退した以降であっても、自らのマスターベーションを肯定的に捉えることができないでいる女性は多い（守 2013）。これは、「セックスに関連する行動規範は性別によって異なり、男性にとってはなんでもないことが女性にとってはスティグマになるという状態」、つまり性のダブルスタンダードが残存していることの証といえる（加藤 2017）。1990年代に登場した女性向けポルノグラフィは、雑誌という匿名の空間を提供することによって、女性たちの性についての率直な思いを共有する場になったとともに、他の女性が性に関心をもったりマスターベーションをしたりしていることを知ることができる場にもなった（守 2010）。同様に、前川直哉（2017）は、ゲイ雑誌が、ポルノグラフィを通じて「同性に性的魅力を感じる人間」であることを読者に引き受けさせていったこと、そして、「周囲に打ち明けられない」といった悩みや「相手探し」の困難を誌面上で解決していったことを指摘している。また、レズビアン雑誌の中にも同様の機能をもつものもあった。つまり、ポルノグラフィを含んだメディアが、単なる性的な楽しみとしてだけでなく、性的欲望やアイデンティティが肯定され、性の悩みを共有できる場としての意義をもってきたのである。

　スウェーデンで行われた調査によると、多くの大人が性的目的でインターネットを利用しているが、性的好奇心やオンラインの性的活動（ポルノグラフィ消費や恋人探し）のためばかりではなく、「身体についての知識を得たい」や「セックスのしかたについての知識を得たい」といった理由も多くみられると

いう (Daneback ほか 2012)。性教育が日本より進んだ北欧であっても、人びとの性情報に対するニーズはつきないことがわかる。

ポルノグラフィは「悪いもの」と考えられている一方で、たくさんのポルノグラフィが流通している。ポルノグラフィを批判してただ切り捨ててしまうのではなく、人びとが性表現や性情報をなぜ必要としているのかという視点を忘れずに、考察していくことが必要とされているのではないか。

2 フェミニズム運動、性表現の自由

ポルノグラフィをめぐっては、フェミニズム運動の中で考察が深められてきたことも忘れてはならない。欧米では、「ポルノは理論であり、レイプは実践である」というスローガンが、レイプ神話（6章参照）を告発する運動の中で使われてきた。このような運動の中で、ポルノグラフィが女性への性暴力や性的抑圧を再生産しているとする理論が形成されていく。ポルノグラフィ批判理論を牽引したキャサリン・マッキノンは、性差別の核心にポルノグラフィがあるとし、ポルノグラフィを規制する法律の制定を働きかけた（マッキノン 1987＝1993 など）。しかし、フェミニストの中には、自由や権利の侵害につながるとして、ポルノグラフィの法規制に反対するものも多かった（カリフィア 1994＝1998、バトラー 1997＝2004 など）。

日本でフェミニズムの視点から長きにわたって精力的にポルノグラフィ批判運動を展開したのが「行動する女たちの会（以下、行動する会と略）」(1975～1996) である（行動する会編 1990・1999、守 2015）。ただし、行動する会の運動は、マッキノンを理論の柱に据えた欧米の運動とはかなり異なるものであった。

第1に、主要な批判対象が、読者の性的欲望を喚起するための性表現である「ポルノグラフィ」そのもの（たとえば、ポルノ雑誌やAVなど）よりも、ポルノグラフィックな表現が社会に氾濫していること（たとえば、広告の中の性表現）にあった点である。行動する会の運動の中でも有名なのが、1980年代後半の「アンチポルノ・ステッカー」運動である。当時、街角やオフィスにもヌードや水着の女性のポスターが溢れかえっていた。行動する会は「怒・女たちのアンチ・ポルノ・キャンペーン」と書かれたステッカーを配布し、個々人が問題だと感じたポスターにそのステッカーを貼っていくという活動を展開した。広告

などのマスメディアが、至るところで女性を過剰に性的に表現することによって、性差別的な性意識を再生産していることを問題化したのである。このような抗議活動は、制作者に問題意識を届けるための「表現」活動であった。

第2の特徴は、行動する会が性差別的な性表現を批判しながらも、表現の自由を重視するという立場から、法的規制にはむしろ反対していた点である。1990年代初頭、青少年向けコミックにおける性表現の法的規制を要求する「有害コミック規制運動」が全国的に展開された。行動する会は、この動向に対する批判を表明するため、「異議あり！有害コミック規制集会」を開催した。規制強化は何が性差別であるかを論じる自由を損なう危険があると捉えていたためである。

実際、刑法の「わいせつ」規定や条令によって性表現が規制されるとき、その矛先が、ジェンダーやセクシュアリティを主題とする作品に向けられることも少なくない。歴史を振り返ってみても、D.H.ロレンス作（伊藤整訳）の『チャタレイ夫人の恋人』(1950、小山書店) や、大島渚監督の映画『愛のコリーダ』の書籍化 (1976、三一書房) など、女性の性的主体性を描こうとした表現がわいせつ裁判の対象にされてきたという経緯がある（守 2015）。記憶に新しいものとして、2008年に大阪府堺市の市立図書館でおきたBL小説撤去事件がある。「市民」と名乗る人物からの抗議をうけ、図書館は約5500冊ものBL小説を撤去した。BL小説の撤去を要求した人物は、BL小説を楽しむ女性たちを「真っ当」ではないと表現した。堀あきこは、ここには二重の差別があると指摘する（堀 2015）。女でありながら性的なものを好む者への嫌悪と、同性愛への嫌悪である。また、2014年には、愛知県美術館で展示された写真家・鷹野隆大の男性ヌード写真や、漫画家・ろくでなし子の女性器をかたどった3Dデータ作品もわいせつであるとして検挙されている。

このような状況の中で、性表現に関する「表現の自由」は、性に関して差別されてきた女性や性的マイノリティにとって特に重要であるといえる。BLを事例にあげてみよう。たとえば、金田淳子は、BLには女性を性的対象としてみるまなざしが存在しないために、女性がまなざす主体＝自らの性的欲望を語る主体になれることを指摘している（金田 2007）。また、溝口彰子は、BLが自らのレズビアンとしてのアイデンティティを確立する支えになったこと、そし

て近年のBL作品が性の多様性の実現とジェンダー格差の解消に向かうヒントを与えてくれていることを論じている（溝口 2015）。BLにとどまらず、性表現は自己のアイデンティティを模索する若者にとって意義をもつ場合がある。ドゥルシラ・コーネル（2006）は「イマジナリーな領域」の保護が、自由の可能性それ自体にとって決定的な意味をもつことを主張している。自分は誰であり、何になろうとするのかという想像力を更新するためには、「表現の自由」が保障された空間が必要なのである。性表現に対する取り締まりが私たちの「イマジナリーな領域」を侵害してはいないか、私たちは十分意識的でなければならない。

　刑法の「わいせつ」規定は、わいせつな表現を見たくない人の感情侵害を考慮すると、憲法上正当であるとみなされている。ただし、それならばその表現を取り締まるのではなく、見たくない人が見ないですむように、ゾーニング（限られた場所でのみ販売できるようにすること）を徹底するなど、表現の時・場所・方法を規制すればよいはずだ（表現内容中立規制）。確かに、性表現を見たいと思っていない人が、性表現を目にしてしまったとき、嫌悪感を覚えさせられてしまうことは多い。先に紹介した報告書『マンガ・雑誌の『性』情報と子どもたち』(2008) は、少年マンガや少年向け雑誌の性表現のもう１つの「問題」を論じている。これらの雑誌には、ヒロインの胸やお尻を強調するなど、「女性性」を商品化した描写が脈絡なく挿入されている。報告書は、中学生へのヒアリングもあわせて、このような描写が性に「いやらしい」「恥ずかしい」といったマイナスイメージを付与し、「性」について積極的に話しにくい意識・環境をつくっているのではないかと警告している。もちろん中学生の中にも性的な表現を見たいと思っている人も存在しているだろう。ただ、まだ見たいと思っていない人に、不必要な表現を見せると性に対するマイナスのイメージを増幅させるという指摘は一考に値する。性表現や性情報は、必要としている人にアクセスを保障していくことと同様に、性表現をみたくない人が過度な表現に不必要にさらされないようにすることも重要だろう。

3　セックスワーク、風俗営業

　本章の冒頭で紹介した紗倉さんのインタビューのように、近年、セックスに

かかわる仕事に従事する当事者自身からの情報発信が増えている。なかでも世界的に広がりをみせる「セックスワーク」運動が1番目立った動きであると言えるだろう。

　セックスワークという概念は、当事者あるいは支援者の立場から、これが「労働」であることを強調するところから生み出されてきた。この言葉が日本で定着したのは、1993年に『セックスワーク──性産業に携わる女性たちの声』(1987＝1993，パンドラ出版) が出版されたことがきっかけである。セックスワーカーは、差別から生じる搾取や暴力やスティグマにさらされている。この仕事を「売春」という言葉や犯罪という枠組みでとらえるのではなく、他の様々な仕事と同様に1つの労働として認めることによって、労働の場での搾取や性暴力をなくし、職場の安全とワーカーの健康を守ろうとしているのである。

　ただし、まず確認しておかねばならないことは、現在の日本社会では、1956年に制定された売春防止法によって、売春が禁止されているという点である。この法律において禁止されている「売春」とは、女性が「代償を受け不特定の相手方と性交をすること」とされている。売春防止法の施行によって、国内の売春施設(当時は「赤線」と呼ばれた)はいったんすべて閉鎖されたものの、現在でも、「性交」以外の性的サービスを提供する業態(「ヘルス」「デリヘル」など)や、隠れて「性交」も行う業態(「ソープランド」など)、そしてアンダーグラウンドの買売春など多様な業態が存在している。現在の性産業は合法な部分と不法な部分が混在している状況であると言えるだろう。

　セックスワーカーが直面する搾取や暴力やスティグマにはどのようなものがあるだろうか。日本におけるセックスワーカーとそのサポーターで構成された活動グループの1つに、SWASH (Sex Work and Sexual Health) がある。SWASHは、セックスワーカーとして働く人たちが安全・健康に働けることを目指して活動を展開している。SWASHの要友紀子は、セックスワーカーの仕事の一覧と、その被害リスクを表に示している。その中から、いくつか紹介してみよう。たとえば、客からうける被害としては、コンドームを拒否されたり勝手にコンドームをとられたりすることや、したくないサービスを要求されること、ホテルの密室空間での暴力・殺人等の被害やその心配、盗撮、ストーカー、脅迫、そして、財布を盗まれるといった問題まで、様々な問題が生じている。被害を受

けても、こういった仕事に対する人びとの差別や偏見によって、我慢やさらなる被害を強いられ、問題を抱え込みやすくさせられているという。SWASHは、セックスワーカー自身が何に困っているのか、そしてそういった問題にどう対処しているのかについて情報収集と情報発信を行っている (http://swashweb.sakura.ne.jp/)。

　セックスワーカーとして働く人には、多様性がある。セックスワーカーには女性ばかりでなく、男性客を相手にする男性セックスワーカーやトランスジェンダーのセックスワーカー、そして、女性客を相手にする男性セックスワーカーや女性セックスワーカーもいる。日本人ばかりでなく、外国人のセックスワーカーもいる（青山 2007）。外国人セックスワーカーは日本人セックスワーカーよりも搾取や暴力に合いやすいという問題があるように、セックスワーカーはそれぞれ固有の問題に直面している。日本でいち早くワーカーの立場から行われた調査である『風俗嬢意識調査』（要・水島 2005）からは、接客業の1つとして、この仕事にやりがいを感じ、誇りをもって仕事をしている人や、「自分のペースで仕事ができる」といったように自分のライフスタイルに合わせやすいところをこの仕事の良い点と受け止めている人も少なくないことがわかる。他方で、賃金不払いや客や経営者からの暴力を日常的に受けたり、性感染症予防がままならない状況に置かれたりしている人や、それでもこの仕事を辞められない人も存在しているだろう。後者のような状況は、この仕事そのものの問題というよりは、セックスワーカーへの差別と偏見が引き起こしている。だから現場を改善し、差別と偏見をなくしていこうとするのがこの運動なのである。

　セックスワークという捉え方は、これまでの議論と何が違っているのだろうか。買売春によって生じる人権侵害を批判的に捉える議論は、日本でも近代社会の成立とともにはじまっている。たとえば、廃娼運動（4章参照）を担った矢島楫子は、貧しい家庭の娘が売買され、売春業を強いられていることを人権侵害として批判した。戦後になって売春防止法が制定されたものの、様々な形態の売春が存在し続けていた。そういった中で、「買春」という言葉が生みだされた。「売春」という言葉では、売る側ばかりを問題視することになるが、実際の問題は買う側にあるのではないかという思いがこの言葉の背景にはある。

このような流れの中で、1998年に児童買春・児童ポルノ処罰法が制定された。この法律の制定の背景には、特に東南アジアでの日本人による児童買春が国際的に批判されたことがある。つまり、これまでの議論は、買売春によって生じる人権侵害を、売春防止法や児童買春処罰法などを制定し、買売春の根絶をおしすすめることによって解決しようとしてきたのである。

　要友紀子は、既存の議論とセックスワークの考え方の違いを次のように説明している（要 2018）。これまでは、買売春を女性への性暴力と捉え、そこで生じる人権侵害をなくすために、女性たちが性産業で働かなくてもすむような社会をつくることを目指して活動が進められてきた（「婦人保護」を目指す言論・活動）。他方、セックスワークという枠組みは、労働の現場でワーカーが性の健康と権利を侵害されていることを問題化し、労働の場での搾取や性暴力をなくすことを目指して活動がすすめられている。既存の議論は、救済的な視点に立ち、性産業で働かないで済むような「未来」に注目するのに対し、セックスワーク論は、当事者ベースの視点から働いている「今」の問題に注目しているところが大きな違いなのである。

　セックスワークという考え方そのものを否定する動きも存在している。たとえば、近年、スウェーデンなどヨーロッパのいくつかの国で、買春した人を処罰する制度が導入されてきた。買春の処罰化によって、人身売買や買春行為そのものを減らそうとしたためである。他方、2015年に、国際人権団体アムネスティは、性産業を犯罪としての取締り対象から除外する措置を支持することを決議している。性産業が不法行為になっていることによって、セックスワーカーが人権侵害を受ける危険性が高くなっていると考えるためである。このように、現在もなお、性産業をめぐっては、人権を重視する人たちの間でも意見が大きく分裂していると言ってもいいだろう。

　それにしても、なぜセックスワーカーはスティグマにさらされてしまうのだろうか。それは、私たちの社会が買売春を否定的に捉えるような規範をもっているからに他ならない。とりわけ女性のセックスワーカーを否定的に捉える眼差しの背後には、男性には買春を許容するのに、女性には「貞操」を求めるような性のダブルスタンダードがある。性を汚いものとみなし、その汚さを「娼婦」・「売春婦」に押し付けるような考え方そのものを批判したフェミニストも

少なくない（大正期のフェミニスト伊藤野枝や、70年代ウーマンリブ運動の田中美津の名前をあげておこう）。性に対するネガティブな感情を、そのままセックスワーカーとして働く女性たちに転嫁してはいないか、私たちは十分意識的である必要がある。

　また、パートナー以外との性的な関係そのものに否定的な感情をもち、その結果セックスワークを否定的にみている人もいるかもしれない。確かに、恋愛や結婚において、一対一の関係（モノガミー）を重視するこの社会において、自分のパートナーが自分以外の相手と性的関係をもったり、性風俗に行ったりすることを快く思わない人は多い。ただし、パートナーがいない人や、カップルの両者がオープンな関係を承諾しあっている場合にはどう考えたらよいだろうか。

　現在の日本社会においては、性愛に関わる様々な商業的サービスが存在している。現在の法律（風俗営業適正化法）のもとでは、接待する人がいる飲食業（キャバレー・ホストクラブ・バーなど）とパチンコなどの遊技場営業を合わせて「風俗営業」、ソープランド・ラブホテル・デリヘルなどを「性風俗関連特殊営業」と定めて、一定の条件を定めたうえで営業活動を容認している。「風俗営業」のうち一般的には「水商売」とも呼ばれるキャバクラ・ホストクラブ・バーにおいては、客の中にはスタッフ（あるいは他の客）との恋愛的なコミュニケーションを期待していく人もいるだろう。性風俗においても、お客のニーズの実態は、性的サービスそのものというより、精神的なくつろぎなどのコミュニケーションにあるという（要・水島 2005）。また、近年では、出会い系サイトやマッチングアプリ、出会いをセッティングする飲食店など、性的関係や恋人を得るためのサービスも発展を遂げている。性愛コミュニケーションが身近な関係の中で得られないとき、これらを利用することは、どこまでが「問題」と言えるのだろうか。

　特に、日常生活の場の中で恋人やパートナーを見つけることが難しい状態にある人で、それらをほしいと思っている人にとって、出会いの場を提供する商業的サービスの意味は大きい。結婚相手との出会いに関する調査をみても、近年インターネットが急速にその割合を増やしている（永井 2010）。また、歴史的にみると、性的マイノリティのコミュニティが盛り場の中に作られてきたこと

も忘れてはならない。たとえば、三橋順子は、盛り場の中で男性同性愛者の世界と女装者の世界が混然一体となっていた時代から、それぞれのコミュニティが徐々に成立していった歴史や、新宿女装コミュニティの内実を明らかにしている（三橋 2008）。また、砂川秀樹は新宿二丁目のゲイメンズバーが、出会いを求める場としてのみならず、自分が自分のままで仲間として承認されるコミュニティになっていることを丁寧に描き出している（砂川 2015）。盛り場やネットを介した出会いは、性自認や性的指向を問わず、セックスに限らない多様なコミュニケーションの基盤にもなっているのである。

おわりに

　性の商品化に対する批判の多くは、そこで起こる「問題」に対する批判、つまり、セックスワーカーに対する人権侵害やポルノグラフィの負の影響が、女性に対する差別や偏見として機能してきたことへの批判であったと位置づけることができるだろう。性の商品化が女性に対する差別や偏見につながったのは、これまでの性の商品化が、女性の性が商品化され、男性がそれを買うという構図が主であったからである。

　性の商品化と関連する形で女性に居心地の悪さを感じさせる機会は、日常生活の中にも存在している。たとえば、男性たちが性風俗の体験について意気揚々と話す空間に居合わせた女性の苛立ちの声を聞くことがある。ある人にとってみると、彼らのふるまいが自分を含めた女性を性的存在としてしかみなしていない態度にうつるから苛立つのかもしれない。あるいは、田房永子は学生時代を回想して次のように語っている。男子が性風俗について話している場面に出くわした時、女子は「性欲がない人間」として振る舞わなければならず、「母親のように呆れて笑う」と「処女のようにキョトンとする」以外の"取ってもいい行動"はなかったという（田房 2015）。女子の性欲はないことにされ不自由な行動を強いられる一方で、「自分たちの性欲が存在しているということをなんの遠慮もなく、むしろ「それを見守る女子」という最高のオーディエンスを従えて表現できる」男子たちに嫉妬していたと田房は述べる。「私だって、同じ人間なのに」。

　このような男女の大きな不均衡が残る一方で、性の商品化の構図に変化もみ

えつつある。たとえば、永井良和は、風営法が、「飲む・打つ・買う」という男性の遊びを規制するものから、ゲームセンターの登場をはじめ、遊びの主体が子どもや女性にも広がりつつあることに対応して発展してきたことを論じている（永井 2015）。また、前川直哉は、1990年代に男性アイドルの水着写真が掲載された雑誌やBL雑誌などが発行されるようになったことを「見られる男性」の出現と論じている（前川 2012）。男性もまた、女性たちによって性的な存在としてまなざされる対象になりつつあるのかもしれない。私たちはこのような変化をどのように捉えたらよいのだろうか。「性の商品化」の変化がもたらす新たな状況やその問題をこれからも丁寧にみつめていく必要があるだろう。

【おすすめ文献・資料】
要友紀子・水島希, 2005, 『風俗嬢意識調査――126人の職業意識』ポット出版.
田崎英明編著, 1997, 『売る身体／買う身体――セックスワーク論の射程』青弓社.
守如子, 2010, 『女はポルノを読む――女性の性欲とフェミニズム』青弓社（青弓社ライブラリー64）.

メディア表現への炎上

　メディアの表現に対して、ネット上で批判が吹き荒れることがある。いくつか事例をあげると、2014年の志摩市の公認キャラクター「碧志摩メグ」や、志布志市のPR動画「うな子」、そして2017年の宮城県のPR動画「涼・宮城の夏」などに対して、行政が女性の性的なイメージを利用してPRを行ったとして問題になった。また、2017年にフジテレビの番組が「保毛尾田保毛男」という青髭で派手なメイクを施したキャラクターを登場させ、同性愛をネタに共演者とやりとりをするシーンを放送し、同性愛者を揶揄する表現に視聴者からの大きな批判が相次いだ。「炎上」とも呼ばれるこのような事態を私たちはどのように捉えたらよいのだろうか。すべてを論じることは紙幅の関係から難しいので、ここではこの問題を考えるためのいくつかの視点を示してみよう。

　第1に指摘しておきたいのが、これらの「炎上」は、インターネットの発展に後押しされて、これまで意見を表明することが難しかった女性や性的マイノリティが声をあげることが可能になった結果起きたことであり、まずもって評価すべきことであるという点である。インターネットの普及以前には、メディア表現を見て不快に思ったとしても、個人で声をあげることは難しく、7章で紹介した「行動する女たちの会」のポルノ広告批判のように、社会運動の形で展開されるほかなかった。マイノリティである当事者自身がそのように表現されたくないと声をあげることができるようになったことには意義がある。

　第2に、その一方で、女性を過剰に性的に表現したり同性愛者を揶揄したりする表現を、あってもかまわないとする風潮が残存しているという問題がある。たとえば、「碧志摩メグ」は、海女をモチーフにしたキャラクターで、前裾がはだけており、乳首の形をうっすら描くなど、「性的な部分を過剰に強調している」ことが問題視された。海女たち(とその支援者)は「海女という職業をいやらしいイメージに誤解される」「私たちをバカにしている」「海女の信仰心や潜水技術など先人が築いてきた海女文化をねじ曲げ、後世に残したくない」と訴え、市にキャラクターの公認撤回を求めて署名と意見書を提出した。当初、市の反応は「『女性蔑視』などはあくまで個人的な感じ方の問題」(毎日新聞2015年8月14日)という冷ややかなものであったという。また、問題になった「涼・宮城の夏」に対して、宮城県の村井知事は「これは1つの作戦であり、戦略」で「そこに今回、私は賭けた」と述べている。堀あきこは、自治体や政府がこのような表現を発信することに対して、そこに「公共性」はあるのかと問いかけるとともに、ここには、女性の性的イメージを利用して、炎上まで狙っ

てもかまわないとするような、女性差別的な社会構造がみえると批判している（堀 2017）。知事の発言にもみられるように、女性を過剰に性的に描くことや、性的マイノリティを差別的に描くことは、あってもかまわないものとして見過ごされてきた。「炎上」はその意識こそを問うていると言えるだろう。

　第3に、表現の制作者側と表現に批判的見解をもつ人との間で対話を行っていくことは「表現の自由」にとって重要であるという点である。メディア表現に批判的な声をあげることが可能になる一方で、その声を批判する人たちも存在している。メディア表現を批判することは、表現行為を萎縮させ、「表現の自由」を侵害するのではないかという批判である。しかし、このような考え方は、「表現の自由」に対する無理解としか言いようがない。「表現の自由」にとって、社会の中の少数派からの異議申立てとの対話は重要な位置を占めているからである。法学者の奥平康弘は、チェヴィニーの「"対話"する権利」論を糸口に、「受け手にとっての表現の自由」の重要性について論じている（奥平 2017）。しばしば表現の自由は「各人が、自分のいいたいことをいう自由」というように、送り手の意欲の満足にのみ着目していると捉えられる。「"対話"する権利」論は、言語表現が受け手とのあいだに成立する社会関係であることに着目し、「対話」を保障することにこそ表現の自由があるとする。奥平は、従来の「表現の自由」論も、決して送り手が表現することのみに着目しているわけではなく、送り手と受け手とのメッセージの交換＝異説との出会いによる自己発展の契機を重視していたことを強調している。マイノリティが直面する「問題」について、議論を重ね、合意を生み出していくことが、よりよい社会に向けた変革にとって大変重要なのである。

　その一方で、「炎上」は、対話に結び付きにくいという問題を抱えているようにも思える。各人がネット上で自分の一方的な意見を述べるに終わってしまい、対話に発展しない場合も多く見受けられる。田中東子は、SNSが様々な発話や意見を公共化し流通させる大切な役割を果たしている一方で、瞬間的に上昇し、そのまま流れ去ってしまうという欠陥をも抱え込んでいることを指摘している（田中 2017）。田中は、時間をかけてゆっくり対話をし、理解を求めるための言論空間を構築していくことが課題であると述べる。

　上記のような「炎上」事件を、セクシュアリティに対する偏見を改革するための一歩につなげていくことが、今、必要とされている。　　　　（守　如子）

「性の商品化」と子どもの人権

　JK（女子高生）ビジネスや、1990年代に話題になった女子高生の「援助交際」など、18歳未満の子どもが性的なサービスを提供していることが社会的に問題視されてきた。JKビジネスにしろ、「援助交際」にしろ、その内実は食事やカラオケをする程度のものから買売春にあたるものまで多様性を含んではいるが、大人と子どもの間にある様々な格差によって、客からの被害（7章で論じたセックスワーカーの被害を参照のこと）を子どもはより一層受けやすいという問題をはらんでいる。

　孤立・困窮状態にある中高校生女子を支える活動を行う仁藤夢乃は、JKビジネスに対する社会の捉え方を強く批判している。2017年2月17日の朝日新聞は、JKビジネスで勤務経験がある少女たちへのアンケート（警視庁）において、見知らぬ客と性行為をすることについて「場合によってはやむを得ない」と回答した人が28％にのぼったことを、「抵抗感の希薄さが浮き彫りになった」と記事にした（仁藤 2018）。仁藤は、虐待や性暴力の被害者であったり、家族が問題を抱えていたりすることによって孤立・困窮状態に陥った少女たちが、支援の手が届く前にJKビジネスに取り込まれ、危険な目にあった事例に数多く接してきた。この記事のように子どもの抵抗感のなさを問題の原因にすることは、少女たちがそのように答えざるをえなかった背景を見逃していると批判するとともに、問題視されるべきは気軽に少女を買い暴力的な行為にまでおよぶ大人の側であると仁藤は述べている。

　1989年に国連で採択された「子どもの権利条約」をはじめとして、子どもの権利には特別な枠組みが存在している。憲法学者の木村草太は、子どもの権利には大人の権利とは異なる考慮が必要になることがあると述べる（木村 2017）。それは、第1に、子どもは自らの身を守り、生活を営む能力が低いため、子どもならではの「特別の保護」を受ける必要があること。第2に、子どもは生きる能力を身につける途上にある存在だから「成長する」主体として尊重されねばならないことである。「子どもの権利条約」は、34条で「あらゆる形態の性的搾取及び性的虐待から子どもを保護すること」を規定している。そして、締結国は「売春又は他の不法な性的な業務において子どもを搾取的に使用すること」などを防止するための措置をとることを定めている。子どもは大人からの被害を受けやすいため、売春などで性的搾取をされないための「特別な保護」が必要なのである。

　「まず問題視されるべきは大人の側」であり、子どもたちが性的に搾取され

ないための仕組みを作っていく必要性を踏まえたうえで、自らの意思でこのような仕事を選ぶ子どもたちにはどのように対応していくべきなのだろうか。

　長年にわたって性教育の必要性を提言してきた浅井春夫は、子どもの性に対する見方には、2つの大きな潮流があると述べている（浅井 2007）。その1つは、子どもの性を管理することを基本にすえた純潔教育・禁欲教育の方向である。もう1つは、子どもの性的発達を保障していくことを基本にした包括的性教育の方向である。前者は、子どもの性行動を問題行動とみなし、道徳主義的な教え込みと処罰によって性行動を抑制しようとする。他方、後者は、子どもの性的自己決定権を認め、性教育によって性的自己決定能力を高めることを重視し、対応は教育的援助を基本にすべきと考える。浅井は、道徳主義的な押しつけではなく、子どもたちが「人生の中で性の様々な場面に総合的に対応」することができるように、「科学と人権、自立と共生の視点」に基づいた包括的性教育が求められていると主張している。

　大人の目からは「問題」とみえる子どもたちの性行動——JKビジネスで働くことや、早すぎるようにみえる性行動など——に対しても、「子どもの人権」と「包括的性教育」の視点が重要である。道徳主義的な教え込みではなく、自己決定を可能にするための多角的な視点からの情報を提供すること。処罰ではなく、自己決定権を認めたうえで、失敗を乗り越え成長していくための支援を提供すること。そして、支援の中でも重要なのは、子どもたちに寄り添うことである。上間陽子は、困窮し孤立した家族のなかで育ち、若い頃からキャバクラや「援助交際」で生計をたててきた女性たちの生活史を長い時間をかけて聞き取っている（上間 2017）。少女たちが困難にみちた自分の人生を語る中で、生きのびてきた自己を受け入れていく過程が描かれている。寄り添うとは上間のように熱心に相手の話を聞き、受けとめることから始まるのだろう。

　木村は、子どもの声に耳を傾け、「そこに権利侵害はないか」「大人の責任を果たしているか」と問い続けなければならないと述べる（木村 2017）。セクシュアリティをめぐる問題についても、この姿勢を貫くことが重要である。

　　　　　　　　　　　　　　　　　　　　　　　　　　（守　如子）

8章　エイズという問題──その歴史と現在

はじめに

　この本を読んでくれている多くの読者にとって、エイズ問題とはどのようなものだろうか。おそらく、読者の多くが世界で、あるいは日本でも、エイズ問題が始まった1980年代以降に生まれた、あるいはエイズという病気をめぐる諸問題があまり社会の中で語られなくなって以降に生まれた人たちではないだろうか。1980年代から90年代、セクシュアリティをめぐる深刻な社会問題であった時代は過去のものとなり、エイズをめぐる現状は、ある種「忘れ去られている」といえるかもしれない。しかし、今もエイズの治療薬が開発されているわけではないし、また、感染者数については同性間性的接触を中心に高い数値で横ばいを続けている。さらに、HIV抗体検査を受けていないために、感染の状態を知らずにエイズを発症するという、いわゆる「いきなりエイズ」という症例も増えているという。本章では、主に日本において、セクシュアリティと関連する病気としてのエイズがたどってきた歴史を振り返り、現在、日本社会でエイズをめぐって生起している問題について考えていくことにしたい。

1　エイズが辿ってきた道

エイズの始まり　エイズ問題の始まりは、1980年代初頭までさかのぼる。1981年7月3日の「ニューヨーク・タイムズ」紙は「ニューヨークやカリフォルニア州で41人の同性愛者にめずらしい癌が見つかる」という内容の記事を報じた。(「ニューヨーク・ネイティヴ」というゲイの新聞では、1981年5月の段階ですでに、ゲイ男性のあいだに奇妙な病気が広がっていることを取り上げていた。)これがのちに「エイズ」と呼ばれる病気に関する初めての報道である。当初、この病気は男性同性愛者にのみ広がっているという憶測から、「ゲイの癌 (Gay Cancer)」とも呼ばれた。

1982年7月になり、アメリカのCDC（疾病対策センター）は、血友病患者がすでにこの病気で死亡していることを報告し、その後すぐに、この病気は正式に「エイズAIDS（後天性免疫不全症候群）」と名付けられた。1983年になり、ようやくこの病気がHIV（ヒト免疫不全ウイルス）というウイルスの感染により引き起こされることがわかったのである。

　医学的には、エイズとはHIVの感染が引き起こす体内の免疫システム崩壊により生じる一連の病気の総称である。つまり、免疫低下により日和見感染や悪性腫瘍などを発症する症候群を意味する。感染しても、すぐに発病するわけではなく、いわゆる無症候性キャリアの時期を経て、発病に至るのだ。感染経路としては、性行為、感染した血液への接触、注射針の共用、母子感染などがある。

　日本で最初にエイズの患者が認定されたのは、1985年3月のことだった。エイズの第1号患者は、アメリカ在住の日本人男性で日本に一時帰国中にエイズとわかりすぐに米国に帰国したことが報道された。当初、この報道では、この男性患者が同性愛者であることについては触れられておらず、アメリカ人男性と同居していたことが知らされた。しかし、このことは、米国在住の日本人男性が、同性愛者であることを暗示していた。

　日本でエイズの1号患者について報じられたあとでも、国内のエイズ問題は対岸の火事であった。というのも、厚生省エイズ調査検討委員会は、この男性が日本滞在中に性的関係をもっていないので、二次患者の発生はないと考えてよいとのコメントを出していたからだ。このようなコメントは、エイズが海外の問題であり、日本国内には存在しないかのような印象を人びとに与えることになった。

　このような出来事の裏側で、実は、「1号患者認定」報道の2日前に、朝日新聞は、「日本にも真性エイズ」という見出しで、血友病患者のなかにエイズで死亡している事例があることを報じていた。しかし、当時の厚生省は、先に述べた米国在住の男性同性愛者を「エイズ1号患者」として認定したのであった。

　血友病患者が1983年にすでにエイズとみられる症状により死亡したことが発表されたのは、1985年5月になってからだった。

8章　エイズという問題

　1980年代前半の日本におけるエイズをめぐる状況では、エイズは海外の問題であり、日本国内にはそれほど深刻なものとしては存在していなかった。海外在住の同性愛者、それもすでに死亡している人を1号患者とすることにより、エイズは、日本国内ではそれほど考える必要のない問題、そしてすぐに対策を取る必要のない問題としてとらえられた。そして、当時まだ問題にはなっていなかった血友病患者の血液行政における厚生省の「瑕疵」から人びとが目をそらすような役割をも果たさせられたのである。

　エイズが日本社会に脅威を感じさせた出来事は、1986年に入ってから起きた。11月に日本の風俗業で働いていたフィリピン人女性のなかにHIV感染者がいたということが報道された。その女性は、来日前にすでにHIV抗体検査を受け、陽性であったが、長野県松本市で50人ほどの客を取っていたと共同通信社マニラ支社は報じたのである。この感染者女性に関する報道により、松本市付近の温泉旅館でもエイズに対する恐怖心からキャンセルが相次いだり、松本ナンバーの車が名古屋や甲府のモーテルなどで利用を拒否されたりするような事態にもなった。いわゆる「松本事件」と呼ばれるエイズ・パニックの一例である。

　1987年になると、兵庫県神戸市で「エイズ・パニック」が起きた。1月に、厚生省は、日本で最初の日本人女性エイズ患者の確認を発表した。この女性は、神戸市内の風俗店で働いていたといわれた。それにより、保健所などへの問い合わせが殺到し、新聞、テレビ、週刊誌などの報道合戦が始まった。

　厚生省による発表後、すぐにこの女性は亡くなることになるが、週刊誌ではこの女性の実名が報道され、写真誌は葬儀の遺影を誌面に掲載した。もちろんこのような行為は、プライバシーを暴きたいという人びとの好奇心をくすぐるものであり、また死亡した女性やその関係者にとっては、人権侵害にあたるものである。しかし、報道機関は、ただ単に興味本位からだけでなく、この女性の遺影を公表することで、女性と性関係をもった男性たちに抗体検査に行くように働きかけるという「大義名分」を主張したのだ。この出来事は、日本のエイズの歴史では「神戸事件」として知られており、ジャーナリストの池田恵理子はその著書『エイズと生きる時代』のなかで「日本のエイズ史上でもっとも大きなパニック」と述べている。

これまで同性愛者や血友病患者のHIV感染は、それぞれ感染経路としては異なっているものの、「一般市民」に対して脅威を与えるものではなかった。しかし、この２つのパニック事例が示していることは、日本でも「一般市民」、それもこの場合には異性愛男性がHIVに感染するという可能性や危険性があるということだった。

　まさに、当時のエイズ対策専門家会議委員長の塩川優一が、「神戸事件」の年を「エイズ元年」と位置づけていることは象徴的である。それは、日本国内において今後十分なエイズ対策が必要であることを一般に伝えるための標語でもあったのだが、逆に言えば、それまで同性愛者や血友病患者がエイズであると認定されていながら、そのような人びとに対する対策が十分にとられていなかったことを暗に示してもいるのではないか。そこでは、守られるべき「健康な日本人（異性愛）男性」と、そうした人に感染させる「性産業従事者女性」という構図が暗に作り出されていたともいえる。

パニックへの反応　この時期の日本の社会に生じたエイズに対するパニック状況への対策として、厚生省は1988年に大規模な疫学調査を実施した。疫学調査とは、感染症が発生した時に、その状況・動向・原因などを調べる方法であり、感染源や感染経路などを特定するために感染者やその接触者に対して行われる調査である。当初、この疫学調査の対象となったのは、「エイズ１号患者」として認定された「同性愛者」集団や、神戸事件や松本事件の報道で取り上げられた日本人や外国人の「性産業従事者」集団であった。

　また、1988年12月には、日本で初めてのエイズに関する法律が成立した。「エイズ予防法（正式名称：後天性免疫不全症候群の予防に関する法律）」である。この法律は、その目的をエイズの予防としていたが、その方法は、エイズ患者やHIV感染者の管理や監視を通じたものであった。というのも、この法律は、医師がHIV感染者を確認したときには、その旨を都道府県知事に報告する義務を負うとしていたからである。当時、検査体制における匿名性の確保や感染していた場合のカウンセリング体制も不十分であったことを考えると、この法律は予防を促進するというよりは、むしろ感染者を潜伏させ、さらに、感染が発覚したときの人権擁護を難しくすることになった。

この法律の対象からは、血液製剤で感染した「血友病患者」が除外されたが、このことにより、感染者や患者のなかに「薬剤により害を被った感染者・患者」と「自己責任で感染した感染者・患者」という二分法が打ち立てられてしまった。問題は、「血友病患者」がこの法律に含まれなければならないということではなく、「性行為感染＝悪い感染（者）」と「薬害感染＝良い感染（者）」という区別の構図が生じたことだった。

HIV感染やエイズに対する監視や管理のまなざしは、国や地方自治体の行政やエイズ予防法のような法律制定を通じて、また当時のスキャンダラスな報道を通じて、社会に浸透していった。このような形で、人びとの行動を監視し、管理しても、ウイルス自体は目に見えないものであるために、感染していない人にとって感染の不安はつねにつきまとう。エイズをめぐって、感染者や患者に対して差別的な状況が存在し、排除的な対策が取られているようななかでは、感染者・患者はカミングアウトすることはできない。しかしながら、厚生省からは、感染者の数が漸増していることが報告されるので、人びとの不安はいっそう増すばかりとなる。1980年代後半は、エイズをめぐり、このような社会不安がはびこる時代であった。

見えないものへの恐怖

ウィリアム・フリードキン監督による映画『クルージング』は、1980年にアメリカで公開された映画であり、エイズが問題となる直前の作品であるが、奇妙にもエイズの到来を予兆するかのように、同性愛と死を関連づけながら、目に見えないものに対する恐怖を描き出している。舞台はニューヨークのマンハッタンの、SMやレザーを嗜好するゲイたちが集まるアンダーグラウンドなダンスパーティー。そこに出入りする客たちをターゲットにした連続殺人事件が起きる。そして、映画のなかでゲイが殺されるシーンでは、犯人の後ろ姿のみが映し出され、殺す前にひとこと「自業自得だyou make me do this」というセリフを吐く。俳優アル パチーノ扮するスティーヴ・バーンズという刑事が、この連続殺人事件の捜査を任され、ゲイの世界に潜入し、深入りしていくという筋書きである。結局、犯人が誰であるかは映画の結末に至っても明かされず、さらに刑事のスティーヴ・バーンズもゲイになったかと思わせるような終わり方となっている。ニューヨークの有名なゲイエリアであるクリストファー・ストリートの様子も

映画のなかでは描き出されている。原作は、作家ジェラルド・ウォーカーによる同名の小説である。

当時、映画のこうした同性愛嫌悪的な描き方に対しては、ゲイ・コミュニティから批判が巻き起こり、上映反対運動も展開された。アメリカでは、1970年代に同性愛解放運動が展開され、その結果、1980年代初頭にはゲイのコミュニティも社会の中で徐々に見える存在になりつつあった。しかしながら、そうした可視化していくゲイ・コミュニティのなかでも、SM愛好者や「レザー・ゲイ（皮革のコスチュームを着ることを愛好するゲイたち）」というある種の少数派の嗜好は奇妙なものとされ、マイノリティのなかのマイノリティとして位置づけられていた。さらに、同性愛者が目に見えるような存在になると、同性愛自体が異性愛者にうつるのではないかという恐怖ももたれるようになった。1977年に、歌手のアニタ・ブライアントがフロリダ州で先導した「子どもたちを救え　Save our children」という運動は、同性愛者の教師がいると子供たちを同性愛に引き入れたりするという懸念から始まったものである。つまり、同性愛はうつる、感染するものともみなされていたのである。

いずれにせよ、1970年代の後半から1980年代はじめにかけては、見えないものが存在し、それが人びとによる社会やその生活のなかに潜入してくるという恐怖、そしてセクシュアリティという目に見えないものは知らず知らずのうちに感染するのだという不安が存在していたことは間違いないだろう。そして、HIVという目には見えないウイルスの存在、その感染は、（当時の環境においては）死に直結するという恐怖、そうしたイメージは、誰が同性愛者か異性愛者か判別できず、そのセクシュアリティは感染するかもしれないという人びとの不安と重なることになる。

2　エイズをつうじたコミュニティ（形成）

エイズの問題が日本でも取り上げられるようになると、世界の他の地域と同じように、「エイズ＝ゲイ」という差別や偏見から逃れることはできなかった。しかし、他方で、こうしたエイズや同性愛に対する差別や偏見という状況がもたらしたのは、ネガティブなものばかりではなかった。

アメリカでは、1970年代はじめから解放主義的な運動をとおして、徐々にゲ

イ・コミュニティが、主に大都市を中心として形成されてきていた。ある意味で、そのような場所がエイズ問題の「中心」ともなったのだ。言いかえれば、すでにコミュニティが出来ていたところにエイズ問題が生起したともいえる。ところが、日本では、エイズ問題が生起する以前には、ゲイ男性のあいだでも「コミュニティ」と言えるようなものは作られておらず、むしろエイズ問題をとおして、ゲイ・コミュニティは作られ、また発展していったともいえる。さらに言えば、エイズ問題がゲイ男性を可視化する役割を果たしたのである。

　1980年代はじめには、エイズは日本ではまだ対岸の火事でしかなかった。80年代後半になり、徐々に日本の男性同性愛者のあいだでも感染数が増えてきた。けれども、行政では、疫学調査などは行うものの、有効な感染予防の施策を打ち出せないでいた。もちろん、そのような状況であるから、感染者や患者の行政によるケアやサポートなどはほとんどなされていなかった。このような危機的状況におかれることにより、ゲイ男性たちは自らの手でエイズに対処しなければならないという必要性を認識するようになったのである。このような問題意識から、ゲイ男性のなかから、少しずつエイズ予防啓発活動や感染者・患者のケア活動が組織化されるようになっていった。

　ゲイのなかには、エイズを通じて、社会が自分たちにどのようなまなざしを向けているのかを現実的に意識するようになった人たちも出てきた。かれらは、異性愛者であれば当然認められているような権利から自分たちが排除されていることを知り、そこで生じる問題に対しては集団で対処に当たるコミュニティの必要性を感じていたのだ。このように、エイズ・アクティヴィズムは、ゲイのコミュニティ形成にとって大きな役割を果たし、エイズ活動に参加する人びとのあいだでの交流をつうじて、自分とは何者かを意識し、考える場ともなったのではないだろうか。したがって、エイズ・アクティヴィズムは、ある意味でゲイによる運動とコミュニティ形成の触媒といってもよいだろう。「アクティヴィズム」という言葉は、単なる抵抗運動や反対運動とは異なり、様々な戦略や戦術を幅広く活用しながら、社会問題に対して介入を行い、最終的には変革につながる活動のことを意味するとすれば、まさにエイズにおける活動は「アクティヴィズム」という語で言い表すことがふさわしい事態であった。

　エイズ・アクティヴィズムのなかで、最も重要な実践の1つは、予防啓発活

動であった。当初、「セイファー・セックス」という考え方は、ゲイ・コミュニティによる発明品であるといわれていた。HIV感染を予防するためにコンドームの使用が奨励されていたが、それでも使い方によって、あるいはどのような環境のもとでセックスが行われるかにより、「絶対的に安全なセックス (safe sex)」はないものとされ、その代わりに、「比較的安全なセックス (safer sex)」がより実践的な予防行為であると考えられるようになったのだ。「セイファー・セックス」という考え方により、コミュニティでは、多種多様な性行為をひとつひとつ点検し、そのあいだでのリスクの違いを知り、そしてまたそれを他の人やセックスの相手に伝えていくということが行われたのである。

3 アイデンティティとリスク行動

　1980年代においては、厚生省からの感染経路別感染数は、「男性同性愛」と「異性間性的接触」により報告されていた。同性どうしの性的接触による感染は、「男性同性愛」というアイデンティティで表示され、異性間での性的接触による感染は行為で示されていたのだ。同性どうしの性行為を異性どうしの性行為と同等のものとしてとらえるならば、同性どうしの性行為も異性間性的接触にならって「同性間性的接触」と書かれるはずであるし、そうすべきである。しかし、そうはなっていないことを鑑みるに、ここには、異性間の性行為と同性間の性行為を、同じ性的行為と理解するのではなく、「男性同性愛」という「アイデンティティ」あるいは「性的欲望」を、HIVの感染源として捉えるような見方が垣間見える。また、当時支配的であった「リスクグループ」という見方が影響していたともいえる。本来「リスクグループ」としてみなされれば、その集団は感染のリスクにさらされる可能性の高いものとされ、したがって、「予防啓発」の対象になるはずである。しかし、この場合には、「リスク」が「危険」と同義語で解釈され、予防啓発が進められるというよりは、「感染をさせる危険な集団」としてみなされてしまった。

　実際の意味では、リスク集団とは「感染源」となるのではなく、単にリスク要因にさらされる可能性が高いということである。これにより、エイズ・アクティヴィズムは、厚生省に対して感染経路カテゴリーを「同性間性的接触」と「異性間性的接触」と、ともに「リスク行為」あるいは「性行為」に基づく形に

変更するように要請した。その結果として、それ以来、要請されたような形に変更されることとなった。

　HIV感染を、「リスクグループ」と強く結びつけるような社会の偏見や差別に対抗するためには、感染経路に関して「リスク行為」に焦点を当てようという試みは一定の意義を有していたといえる。しかし、感染経路を「同性間性的接触」と「異性間性的接触」とに、同性どうしの感染と異性どうしによる感染を同等にみなすようにカテゴリー化したところで、それがすぐさま感染予防につながるということにはならなかった。1990年代初頭には、実際に同性間の性的接触によるHIV感染は、異性間とそれほど大きな差はなかったものの、90年代以降、同性間性的接触によるHIV感染数は徐々に増えていったのである。そして、このことは、日本だけの現象ではなく、世界的にも同じような傾向を示していた。

　そのようななか、エイズの研究者たちにより提唱された概念が、MSMという考え方である。MSMとはMen who have Sex with Menの頭文字をとった用語であり、「男性とセックスをする男性」という意味になる。『日本の「ゲイ」とエイズ』の著者である新ケ江章友によれば、この用語を最初に使用したのは、アメリカの研究者であり、1988年のいくつかの学術論文でこの用語が見出されるという。日本で最初に使用したのは、95年から実施されたエイズ研究調査からであるとのことだ（新ケ江 2013：148）。

　MSMという概念は、「同性愛」や「ゲイ」というアイデンティティではなく、(男性の) 同性どうしのセックスという行為を示すものであり、HIV予防という文脈では、リスクの高い行為に焦点を当てて、それに基づき啓発活動を展開していこうという目的があった。そのなかでは、特にコンドームを用いないアナル・セックスが最もリスクの高い性行為とされ、それを行う「人」ではなく、「行為」そのものがクローズアップされ、いかにその行為を回避できるかが最大の課題とされた。また、世界の地域によっては、そこの性的文化の特徴から、「ゲイ」や「同性愛」というアイデンティティを持ちにくいところがあったり、またそうでなくとも、同性とセックスをしているにもかかわらず、自らを異性愛者であると位置づける男性が存在する場合もあったりする。そうした状況に対して、予防的な介入をするときには、「同性愛」や「ゲイ」というアイデ

ンティティに根差した考え方では、啓発活動が難しくなるのだ。ある意味で、同性愛の文化やコミュニティにアクセスが難しいような男性に対して、予防啓発を行う際には、MSMという考え方は一定の意義を有していたといえよう。

「ゲイ」から「MSM」へのシフトは、リスク集団からリスク行為へという視点の変容が象徴的に表れた出来事であり、「エイズ問題はゲイの問題である」という考え方から、「みんなの問題」であるという考え方への変化とも重なるものであった。

90年代に入ると、アメリカでは有名なプロバスケットボール選手のマジック・ジョンソンが、自らHIVに感染していることを公表した。ゲイではなく、異性愛者のバスケットボール選手がHIVに感染したという事実は、アメリカ国内のみならず、世界に浸透したのである。「健康であるはずの」1人の異性愛男性のスポーツ選手の感染は、驚きをもって知られることになったのだ。エイズは、ゲイだけの問題ではなく、異性愛者も含めたみんなの問題となったのである。

日本でも90年代初頭においては、同性間性的接触と異性間性的接触の感染件数にそれほど差がなかったことから、「エイズはゲイの病気である」という考え方は、しだいに「エイズはみんなの病気である」というふうに変化していくことになった。もちろん、すべてではないにせよ、この変化には、マジック・ジョンソンのHIV感染の公表も少なからず影響を及ぼしていたであろう。1991年にエイズ予防財団が作成したポスターは、パスポートで顔を隠した日本人ビジネスマンの写真に、「いってらっしゃい、エイズに気をつけて」というキャプションが付されたものだった。つまり、このころのエイズ予防のターゲットは、海外に出張する日本人ビジネスマンであった。エイズ問題が起きた80年代に、エイズがゲイと関連づけられたことを「エイズのゲイ化」と呼ぶならば、90年代初頭からは、「エイズはだれもがかかる病気、みんなの病気」という語られ方になり、いわば「エイズの脱ゲイ化」が進んできたともいえる。

1999年になると、かの悪名高きエイズ予防法が廃止され、その代わりに、感染症にかかわる新たな法律が誕生した。いわゆる「感染症予防法」(正式には、「感染症の予防及び感染症の患者に対する医療に関する法律」)である。この新しい法律で着目すべき点は、「感染の可能性が疫学的に懸念されながらも、感染に関

する正しい知識の入手が困難であったり、偏見や差別が存在している社会的背景等から、適切な保健医療サービスを受けていないと考えられるために施策の実施において特別の配慮を必要とする人々」を「個別施策層」と捉えているところである。そのなかには、青少年、外国人、同性愛者、さらにセックスワーカー、性風俗店の利用者を含めている。この個別施策層に対しては、「人権や社会的背景に最大限配慮したきめ細かく効果的な施策を追加的に実施することが重要である」ことも追加して明記してある。エイズ予防法では、監視・管理という視点で、感染者や患者を社会から排除するか、管理して行動を規制しようという視点で法律が作られていたのであるが、新しい感染症予防法では、感染者や患者が置かれている社会的状況や背景に配慮し、またそうしたなかで生起する差別や偏見という社会問題を視野に入れ、本来の意味でのリスクにさらされている人びとをサポートしようという目的が明確に考慮されている。さらに、日常において、個別施策層の人びとが生活の質を減じることなく生活を送ることができるような保健福祉医療サービスおよびサポート体制の整備ももくろまれている。

4　HIV予防に対する新たな視角

減少しない感染者　2000年以降になると、エイズをめぐる状況は80年代初頭に比べるとかなり変化した。先に述べたように、法律や社会福祉、医療サポートなども整備され、また様々な予防啓発活動も展開されるようになってきた。しかしながら、90年代の後半以降、HIV感染数は相変わらず増加の一途をたどってきたのである。実際の数値データによれば、特に同性間性的接触では、感染数の増加率が異性間性的接触に比較してかなり高くなっている。

世界的にも、エイズが当初からゲイのコミュニティに大きな打撃を与え、それによりコミュニティ内部でも自分たちの手でエイズの知識や情報を広め、また検査体制を確立し、医療サポートを充実させてきた経緯があることを考慮に入れれば、ゲイ・コミュニティはある意味でエイズに極めて意識的であり、その結果としてHIVの検査を受ける人の数も多いと言える。もちろん、このような事情により、検査をとおして感染がわかる可能性が高いために新規の感染

数が上昇しているとみることもできる。しかし、逆に言えば、最も知識や情報をもつ人びとによって作り上げられたコミュニティであるにもかかわらず、新たな感染者が増加してもいる。

　近年の様々な研究によれば、HIV感染の知識や情報を提供するだけでは、セイファー・セックスなどの予防行動にいたるのに不十分であるとも言われている。1990年代には、エイズ予防は、行動科学的な手法によりモデル化されるのが一般的であった。行動科学とは、基本的にKAPモデル（知識knowledge, 態度attitude, 行動practice）やKABPモデル（知識knowledge, 態度attitude, 信念belief, 行動practice）などのように、知識を与えることにより、態度や信念の変化をとおして、最終的には行動を変容させるという、ある種個人へ介入を行うことにより予防行動を促すモデルである。しかしながら、性行動が様々な環境のなかで、人びととの相互作用により行われることを考えると、個人への働きかけを中心とした行動変容モデルには自ずと限界があることがわかる。

　そして、このような限界を踏まえ、世界的に、エイズ予防における「スティグマ」に対する関心が再浮上したのである。このとき「スティグマ」とは、エイズ対策の効果を減ずる重大な要因としてみなされた。本来的に、スティグマとは、個人に付与されるスティグマ（個人的アプローチ）と考えられていたのだが、その後、社会（構造）に付与されるスティグマ（マクロ社会アプローチ）というふうに解釈の変更がなされ、個人に対する予防啓発介入の限界を越えようとしたのである。先にも述べた知識・態度・信念・行動などのような個人的な要素に働きかける予防啓発には限界があることを認めたうえで、他者からの個人に対する否定的反応に対する恐怖や知識も不足、リスクに対する低い認識などをスティグマによるものとして、予防啓発の方法として、教育やカウンセリング、自己効力感の改善などの対処策が考案された。しかし、こうした方法でも、個人に対するアプローチであり、先の知識・態度・信念・行動に働きかけるアプローチとはそれほど変わるものではなかった。そうしたなかで、スティグマとは個人が他者に対して付与する否定的な烙印ではなく、権力や不平等、排除といった社会的プロセスのなかで生じるものであるという考え方が出てきた。つまり、ジェンダーの不平等、同性愛嫌悪、貧困、経済的未開発状態という極めて社会（構造）的な要因を社会的スティグマとしてみなし、そうしたス

ティグマを削減するような対処が必要であるという視点が必要となったのだ。それが、マクロ社会的アプローチである（岡島 2009）。

　たとえば、同性愛者がセックスする状況を考えてみよう。同性愛者の感染が増えているということは、まずセックスの際に、セイファー・セックスを切り出しにくい状況があると考えられる。では、なぜ切り出しにくいのか。同性愛嫌悪という社会構造のなかに組み込まれた差別意識や偏見に取り囲まれているなかでは、同性愛者どうしのコミュニケーションをはじめ、同性愛者どうしの出会いも必然的に難しくなる。運よく、セックスをすることができる好みの相手が見つかったときに、コンドームの話をしたら相手に引かれるのではないか、あるいは嫌われるのではないかという心配も生じてくる。そのときに、結局、1回くらいコンドームを着けずにリスクの伴うセックスをしてもいいというような考えになることもあるのだ。こうした状況では、社会的な規範から、人びとにより押される否定的な烙印のことであるスティグマが作用しているとも考えられるのである。

ジェンダーと感染　エイズ問題は、グローバル化する世界のなかに生起した感染症であったため、その確認当初から、世界的な取り組みが要請されていた。1985年に第1回の国際エイズ会議が開催されて以来、当初は毎年、そして途中から隔年で現在に至るまで行われている。日本では、1994年に、横浜で国際エイズ会議が、また2005年に神戸でアジア地域の国際エイズ会議が開催された。国際的なエイズの取り組みの中で大きな出来事は、1996年に国連合同エイズ計画（Joint United Nations Programme on HIV/AIDS; UNAIDS）が発足したことである。国連のなかの関連機関が、エイズという1つの病気のために、共同で対策を講じることが必要とされ、様々な地域におけるNGOとの連携により、HIV感染予防や患者のケア充実のために取り組みを行なってきている。

　エイズ問題においては、「エイズ戦争」や「エイズに対する闘い」といった言葉がよく使用される。もちろんそれは実際の戦争や闘争ではないものの、2000年になると、エイズは「安全保障」の問題として、ニューヨークの国連本部の安全保障理事会における集中討議のテーマとなった。特に、ここでは、アフリカにおけるエイズ問題が取り上げられたのだが、国連の歴史において1つの病

気が安全保障の問題として取り上げられたのは、初めてのことであった。

　サハラ以南のアフリカでは、男性よりも女性の感染者が多くなっていると報告がなされており、その原因は、ジェンダーの不平等によるところが大きいと言われている。男性に対して従属的な立場にいる女性たちは、性行為のなかで男性からリスクのある行為を求められたときに、それを拒絶することもできず、またコンドームの使用を男性に対して要求することもままならないのだ。さらに、男性に対して経済的に依存する傾向が強くなれば、感染した後、あるいはエイズを発症した後に十分な医療サポートを受けることもできなくなる。このようにして、エイズは男女間の社会的不平等によってより深刻な状況になっていくことがあるのだ。

　そのような状況に対して、2000年にUNAIDSが、「エイズ・男たちが違いを作る」という標語をキャンペーンに向けて打ち出した。つまり、エイズ問題の解決を妨げているのが、男たちによる「男性性」であることにはっきりと言及したのである。男らしくふるまうことが、リスクを伴った行動に結びつき、それにより女性に感染させてしまう。その意味では、エイズ問題では男は「問題」とされてきた。しかし、その問題を解決に向けて導いていくのもまた男性による「男性性」が変わることであると認識されたのだ（宮田 2003：52-4）。

5　エイズをめぐる新たな問題

　1990年代半ばから、HAART（Highly Active Anti-retroviral Therapy）療法という治療法が考案された。この治療法は、病気を完治するものではないが、複数の種類の抗HIV薬を、患者の症状や体質に合わせて調合することにより行われる。複数の薬剤を混合して服用することから「カクテル療法」とも呼ばれている。1996年の国際エイズ学会で、この治療法を実践することにより、エイズによる死亡率が著しく低下したことが報告された。このように、医療の世界ではエイズ治療の方法が日進月歩で進展しているために、エイズはかつて「死に至る病」と考えられていたが、現在では、感染はしていても発病にまでいたらないケースも多くなっており、さらにその期間も長期化していることから、ある意味で「慢性病」化しているともいえる。その結果、「慢性病」としてのエイズに対する新たな対処法も必要となり、また増える感染者に対しては今まで以

上に予防啓発に力を入れていかなくてはならない。

　また、最近の欧米では、「ベアバッキング」という実践が問題となっている。「ベアバッキング」とは「裸馬に乗る」という意味から転じて、あえてリスクの伴う行為をすることで興奮したり、快感を得たりすることである。エイズに引きつけていうならば、あえてコンドームを着けずにアナル・セックスをすることでリスキーな性行為を楽しむことになる。それは、感染するかもしれないと知りつつも、というよりむしろ感染するかもしれないからこそ、欲望を掻き立てる行為ともいえる。もしもこうした実践が広がっていくとしたら、「正しい知識」によるエイズの予防啓発など何の意味ももたなくなる。さらに、いくら同性愛者を取り巻くスティグマを減じる取り組みをしても、感染数を減らすことには何の効果ももたらさないだろう。

　近年、HIV感染をめぐっては、性交渉の前に予防薬を飲むことによる予防法が注目を集めている。この予防方法は、「暴露前予防投与 Pre-exposure prophylaxis（通称：PrEP）」と呼ばれ、欧米を中心に研究が進められてきた。目下のところ効果が証明されているのは、ツルバダ配合錠を原則1日1錠のみ続ける方法である。対象者は、HIV陰性（感染していない人）で、潜在的に感染のリスクの高い人である。こうした感染予防法については、2012年に米国食品医薬局（FDA）がHIV予防法として承認し、2014年に米国疾病対策センター（CDC）がガイドラインを策定した。その後2015年には、WHOもPrEPを推奨し、ガイドラインを策定している。新規の感染者数が多いレベルで横ばい状態を続けている日本においては、こうした予防薬の出現は、感染者数減少に向けての朗報ではあるが、まだ日本ではそれほど議論が進んでいないこと、またこの方法に関して先を行っている欧米諸国においても、薬価が高いとか、副作用など、今もなお克服すべき問題は存在している。

　PrEPのような予防法の出現により、コンドームを使用したセイファー・セックスが減少することが予想される。となると、知らず知らずのうちに感染をするリスクが高まることにもなる。現在、早期に感染がわかることにより、エイズの発症を抑制することができるようになってはいるが、検査を受けず、HIVに感染しているということも知らずに、いきなりエイズを発症するというケースも増えているという。いわゆる「いきなりエイズ」の問題である。厚

生労働省の厚生科学審議会感染症部会エイズ・性感染症に関する小委員会の報告によれば、新規HIV感染者およびエイズ患者の合計数のうち、新規エイズ患者の占める割合を「いきなりエイズ率」と呼んでおり、2018年4月の報告では、前年度のこの値が29.5％であり、この数値は10年間横ばいのままであると述べられている（日本経済新聞　2018年4月23日）。

　エイズを取り巻く状況はこのように変化してきているが、たとえば、本節の冒頭で示されているように、同性間性的接触における若年層の感染が増えているという事実は、これまでのエイズ予防啓発実践がまだ不十分であることを示している。そして、増加する感染者・患者は、多様になっており、そうした人たちのニーズを満たし支援していくには、これまでとは異なる制度やアクティヴィズムの方向性、さらにはサポート体制が必要となるだろう。

【おすすめ文献・資料】
　新ヶ江章友，2013，『日本の「ゲイ」とエイズ――コミュニティ・国家・アイデンティティ』青弓社．
　ソンタグ、スーザン，1992，『隠喩としての病・エイズとその隠喩』みすず書房．
　池田恵理子，1993，『エイズと生きる時代』岩波書店．

映画に描かれたエイズ——ゼロ号患者（感染源）を探して

　カナダ人映画監督のジョン・グレイソンによる映画『ゼロ・ペイシェンス』（邦題は『世界で初めてエイズに冒された男』）は、エイズにおける「感染源探し」や「ウイルスの起源探し」を痛烈に批判する。エイズ問題が深刻化しつつあった1987年ごろ、主に北米の新聞では、カナダ人飛行乗務員が「北米にエイズを運んだ張本人」であると報道され、「エイズのゼロ号患者」と呼ばれたことで、非難の対象とされてしまった。初めてエイズになったとされる「1号患者」以前にすでにエイズにかかった人がおり、その患者が北米でのHIVの「起源」とされてしまったという事実を映画化したものである。すでに死んでしまった「ゼロ号患者」をめぐって生きている人たちは、様々な物語を作り上げた。「ゼロ号患者」は、ゲイであり、飛行乗務員という仕事がら頻繁に世界を移動し、さらに交友関係が幅広く、そのあいだで「乱交的なセックス」を繰り返し享受していたというような物語である。映画冒頭部分で映し出される（「ゼロ号患者」のボーイフレンドが教師として勤務する）北米の小学校の教室。そこでは、アラブ系とおぼしき小学生がシェヘラザードの物語を朗読させられている。「アラビアン・ナイト」のなかで主要な位置を占めるシェヘラザードの物語は、北米に住むアラブ系の子どもにとっては、ある意味で「起源の物語」である。しかし、子どもにはその物語が真実のものであるかどうかなどわかりもしない。ここで「語ること」を通して生じてくる「アイデンティティ」の問題が浮かび上がる。そうしたアイデンティティは、自己の存在に肯定的な感覚を与えもするが、反対に否定的なレッテルとなって語る者を抑圧することもある。けれども、語らなければ自分の存在を示すことのできないものにとって、それは一種の袋小路でもあるのだ。

　また、そのような語りの問題は、とりわけエイズをめぐっては、シェヘラザードの物語の内容とも重なってくる。シェヘラザードは、自分が殺されないために千一夜にわたって物語を語りつづけた。そうしなければ、自分の命が危険にさらされたからである。語ることは自分の命を存続させるためのひとつの方法なのだ。自らが語らなければ、その物語は他者によって語られてしまう。それは、おそらく語ることもなく、他者によって物語をでっちあげられてしまった「ゼロ号患者」の問題を暗示する。そして、自分の物語を語りなおすために、「ゼロ号患者」は幽霊となって現れる。けれども、幽霊である「ゼロ」の姿は、誰の目にもみることができない。「ゼロ号患者」の不可視性は、当時カミングアウトできなかったエイズ患者、自分の物語を語ることもなく死んでいった人びとの姿を表象しているのかもしれない。

（河口和也）

9章　性的マイノリティが経験する生きづらさ

はじめに

　性的マイノリティにとって、多くの場合、自らのセクシュアリティを言わないうちは、誰もそのセクシュアリティをわからない。そうしたなかでは、異性愛が前提とされ、また当然のものとされる。異性愛はいわば無意識なのだ。また、異性愛はつねに規範であり続けている。そうした社会では、非異性愛の性的指向を忌避・嫌悪する同性愛嫌悪（ホモフォビア）や、性別移行に対する否定的な意識であるトランス嫌悪（トランスフォビア）がある種構造化されており、そうしたなかで生きる性的マイノリティの生活は様々な困難に直面することになる。性的マイノリティが直面する困難を列挙したら限りないが、本章ではなかでも主要な困難を例として挙げながら、社会のなかでそれらの困難がどのようなところから生じて、その背景にはどのよう構造が潜在・存在しているかを考察していく。

1　可視化する性的マイノリティ

　最近では、テレビをつければ、1つのバラエティ番組に必ず1人はいわゆるオネエタレントが出演していると言っても過言ではないだろう。見える存在になったということで言えば、おそらく10年前の状況とはかなり様相を異にしている。同性愛者をはじめとする性的マイノリティは、見えない存在、つまり不可視な存在と言われてきたし、実際、そうであった。しかし、近年、少なくともメディアのなかでは、ある意味で可視的な存在となってきている。
　それでは、性的マイノリティが、メディアのなかではなく、一般の生活においても可視的な存在となっているかというと、いささか心もとない。私が教えている地方の大学で学生たちに聞いてみると、ジェンダーやセクシュアリティの問題を取り上げる授業やゼミを受講している人のなかでさえ、これまで同性

愛者やトランスジェンダーの人に会ったことがあるという人は少ない。高校までに周囲に、ゲイやレズビアンの友人がたくさんいたという学生はいなくはないが少数派である。ましてや私も授業のなかでちょくちょくゲイであるカミングアウトをしているつもりなのだが、聞いているのかいないのか、学生たちは「レズビアンやゲイにはまだ会ったことがない」という。それとも教師は、身近な性的マイノリティとしてカウントされないのだろうか。

とにもかくにも、性的マイノリティにとっては、このように、いてもいないものとされてしまう、つまり不可視な存在とされてしまうという問題があるのだ。もちろん、言われないとわからないという人の気持ちもわからないではないが、まずは、性的マイノリティであることをそれほど容易に他人に打ち明けることができない状況もあるのだ。このように見えない状態に置かれていることから生じる様々な問題がある。

まず、見えない状況に置かれているために、性的マイノリティは社会のなかで孤立する傾向にある。

アメリカの教育学者であるエメリー・ヘトリックとダミエン・マーティン（ゲイのカップルでもある）は、同性愛者の孤立を次の3つの観点で整理している。①感情的孤立：社会のあらゆるネットワーク、とりわけ家族から愛情と感情の面で切り離されていると感じる。②社会的孤立：同性愛自体が社会の中で否定的に捉えられているゆえに、同性愛者どうしがネットワークを作れるような場所は少なく、それを見出すのも非常に困難である。③認識的孤立：同性愛に関する情報が得られないことと関連する、あるいは役割モデルを見出しにくい。

「感情的孤立」というのは、自分を性的マイノリティであると表現することが難しいという状況ゆえに、とりわけ親しい人たち、すなわち家族や友人たちから感情的に切り離されてしまうことを意味する。その背景には、家族や親友は自分にとってとても重要な存在であるがゆえに、自分のセクシュアリティを打ち明けた場合に、どのように反応されるかわからなかったり、もし否定的な反応をされたらと考えると不安になり、なかなか自分からカミングアウトすることもできなくなる。そうしたなか、親しい人たちのあいだでもふつうになされるはずのコミュニケーションをとることができずに孤立感を深めていくこと

もあるのだ。

「社会的孤立」というのは、性的マイノリティが社会において嫌悪されたり忌避されたりする、いわゆる同性愛嫌悪（ホモフォビア）やトランス嫌悪（トランスフォビア）が存在しているために、性的マイノリティどうしがつながりにくい状況が生まれる。したがって、性的マイノリティは、自分と同じような人に出会う機会をもつこともなく、孤立感を深めていくことになるのだ。こうしたことから、社会においては、性的マイノリティの出会いの場が限定され、また出会えたとしても自分のセクシュアリティを否定的に捉えてしまうことから、関係性を築きにくくなり、他の性的マイノリティを避けようとする場合もある。

「認識的孤立」とは、性的マイノリティが性的マイノリティについての情報にアクセスしにくい状況から生じる孤立感のことである。また、たとえ情報に出会えたとしても、その情報が正確でなかったり、偏見をもったものである場合もある。20年、あるいは10年前と比較すると、性的マイノリティに関する否定的な情報はかなり減ってきたともいえる。1990年代の後半以降、主流メディアである新聞、テレビなどでは、同性愛や性同一性障害などの性的マイノリティへの差別的な取り扱いを修正し、できるだけ中立的な表現を使用するようになってきた。さらに2000年代以降のインターネットの発達のなかで、性的マイノリティに関する情報へのアクセスは格段に向上し、それにつれて、実際の性的マイノリティの人びと（から）の情報発信も増えてきたことから、差別的・否定的な内容の情報の割合も減っていったのである。しかし、それでも、性的マイノリティをめぐる否定的な情報がまったくなくなったかといえば、そうではない。2015年になっても、ある市の市会議員がツイッターに「同性愛は異常」という意見を書き込み、炎上したし、そのことがテレビや新聞などの主流メディアにも取り上げられた。もちろん、この際の社会の反応は、20年前とは異なり、この書き込みをした議員を批判・非難するものも多く、比較的短時間のあいだに、差別発言をした市会議員は、謝罪することになった。

2　同性愛嫌悪（ホモフォビア）

個人から構造へ　1970年代以前、欧米では同性愛は病理であるという考え方が一般的であった。とりわけ精神医学や心理学の分野

では、個人の事例研究やエピソード報告などに中心を置くものが多かったために、その「病理」の原因は、個人の内部に位置づけられていた。それゆえに、同性愛者個人が「治療」の対象とされることもあったのである。

しかしながら、1970年代に入り、同性愛の解放主義的な運動も背景としつつ、ゲイの心理学者たちが、こうした同性愛の病理学的モデルを批判し、同性愛者は「健全」であると主張し始めた。1970年にサンフランシスコで開催されたアメリカ精神医学会の総会では、同性愛者とフェミニストの団体が同性愛を病理とみなす分析家や行動療法家らを批判した。その後も継続的に、精神医学会のなかでは同性愛を脱病理化するための取り組みがなされていった。その結果、1980年には、「精神障害の診断と統計のための手引き(DSM)第3版」(Diagnostic and Statistical Manual of Psychiatric Disorders 略称DSM-Ⅲ)から精神障害としての同性愛の項目は削除された。

同じころ、ジョージ・ワインバーグが『社会と健康な同性愛者』(1973)という著書のなかで、「ホモフォビア(homophobia)」という用語を使った。このホモフォビアという概念は、日本語では「同性愛嫌悪・恐怖症」と訳され、同性愛者に対する恐怖心、否定的な態度や偏見、差別的な行為や社会的構造をあらわしている。ワインバーグは、個人の心理的状態や行動を一種の〈恐怖症(phobia)〉として見なし、その用語は、主に心理学領域のなかで徐々に一般化していったのである。しかし、こうした状態を「恐怖症」と見なすことは、異性愛社会に対する1つの対抗ではあるものの、同性愛が「病理化」されてきたのと同様に、また新たな病的カテゴリーを作り出してしまう可能性を孕むとの批判も提起された。とはいえ、この用語が使われるようになったことで、同性愛者に対する差別や抑圧の原因は、同性愛者個人のなかに存在するのではなく、異性愛社会の側にあるという、1つのパラダイム転換が可能になったことは意味がある。フランスの精神分析学者であるギー・オッカンガムは、1972年刊行の著書『ホモセクシュアルな欲望』のなかで、「問題なのは、同性愛の欲望ではなく、同性愛に対する恐怖なのである。なぜ、その言葉[同性愛]を単に述べることが嫌悪や憎悪の引き金になってしまうのだろう」と述べており、「ホモフォビア」という概念的用語を使用していないにせよ、大西洋をはさんだヨーロッパでも、1970年代初頭に同じような考え方が始まっていたことは確

かであろう。近年では、この用語は同性愛を恐怖・嫌悪・忌避する異性愛者という個人を指すのではなく、同性愛に対する差別・抑圧・偏見の社会的構造や要因などを指すことがほとんどで、学問的にも心理学だけではなく、社会学、人類学、文学をはじめとする様々な領域で使われている。

内面化された同性愛嫌悪

先に、同性愛（者）に対する嫌悪や恐怖は、異性愛社会の側にあると考えられるようになったと述べた。とはいうものの、こうした嫌悪や恐怖は、同性愛者自身も持つことがある。異性愛が前提とされる社会では、同性に性的感情や意識をもつことはおかしいと感じられてしまう。同性愛者自身も、思春期に学校で周囲の友人たちが恋愛の話をするなかに入っていけず、自分はおかしいのだと感じてしまうことはよく語られる。また、自分が同性愛者としていじめられたり差別されたりしている状況のなかで、自分が悪いから差別されたりいじめられたりするのだと考えたり、自分さえ我慢すればことはうまくいくのだと思ってしまうこと、また、同性愛者は差別されても仕方がないと同性愛者自身が考えることもある。そして、同性を好きになっている、あるいは同性に恋愛感情をもっている自分はおかしいのだと思ってしまう。また、自分の同性愛感情を抑圧することで、感情を表に出せないということだけでなく、さらに同性愛を差別するような言動をとるような場合もあったりする。したがって、社会に存在する「同性愛嫌悪（ホモフォビア）」を同性愛者自身も内面化することがあるのだ。

「内面化されたホモフォビア」は１つの用語としても、「内なる同性愛嫌悪」として事典にも登場している。ジェームズ・T・シアーズによれば、次のように説明されている。

（「内なる同性愛嫌悪」は）、ゲイ男性とレズビアンが、同性愛者あるいはホモセクシュアリティに対する否定的な感情と態度を、意識的あるいは潜在意識的に採用し受け入れることを意味するようになってきた。これらの否定的な感情の顕示は、ゲイの誇りを誇張したり、すべての異性愛を否定したりするのと同様に、自分が同性愛者であるということを発見し、否定あるいは不快に思うことへの恐れ、そして、他のレズビアンやゲイの男性への攻撃において明確に表れている（『多文化教育事典』）。

このように内面化された同性愛嫌悪は、同性愛者どうしが出会ったり、関係

性を作ろうとするときの妨げとなることがある。少数者であることにより、社会においては同性愛者どうしが出会える機会は最初から少ないといえる。それは、同性愛者が不可視な存在であることと関連しているのだが、不可視である状態は、カミングアウトすることが難しいという社会的条件によってもたらされている。内面化された同性愛嫌悪は、同性愛者自らの存在価値を貶め、その結果として、セクシュアリティを隠蔽せざるを得ない状況に追い込まれ、それにより、カミングアウトが困難になるのだ。カミングアウトがしづらいという社会のこうした構造から、性的マイノリティは、マジョリティとの権力関係におけるマイノリティとなるだけでなく、不可視であることにより、実際に数のうえでも少ない「少数者」である状態のままおかれることになる。同性愛者が経験する内面化された同性愛嫌悪は、社会のなかで少数者を少数者としてとどめおくための、1つの社会装置となっているともいえるのである。

3 異性愛主義（ヘテロセクシズム）

「同性愛嫌悪」についていえば、その考え方が誕生した当初は、異性愛者の「個人的な病理」としての意味をもっていたが、しだいにそれが社会的な構造として捉えられるようになったことはすでに述べた。同じような考え方として、「ヘテロセクシズム」という用語がある。日本語では、「異性愛主義」と訳すことができるが、単純には、「異性愛を"自然"なものと捉え、それを規範化・中心化する思想」という意味である。（『岩波女性学事典』）このように書くと、異性愛主義は、同性愛と異性愛のあいだの問題でしかないように見えてしまうかもしれない。しかし、竹村和子は、「ヘテロセクシズム」の構造が成立してきた背景として、いわゆる性差別、すなわち男女間の権力的不均衡によってもたらされる「女性差別」が存在することを強調している。たとえば、19世紀末のセクソロジー誕生の時代に始まったとされる同性愛差別は、近代市民社会の性差別（セクシズム）を前提としており、さらにその性差別を促進させていくものとして行われるようになったという。このような意味で竹村は、ヘテロセクシズムに括弧をつけて「［ヘテロ］セクシズム」と呼んでいる（竹村2002：36-7）。そして、［ヘテロ］セクシズムは、近代市民社会が成立するために社会構造の内部に組み込まれた1つのイデオロギー装置となったのである（竹村

2002)。1990年代以降、主にクィア理論が登場してから提唱された概念が、「ヘテロノーマティヴィティ」である。この言葉は、ヘテロセクシズムと極めて近い用語と考えられるが、一般に「普通」と考えられている異性愛の出来事、すなわち「結婚する」であるとか「子どもをもつ」であるとかを規範として捉え、それが社会に浸透しているような状態を「規範性：異性愛がひとつの規範（norm）とされていること」として批判するために使われる（森山 2017：146-8）。

こうして異性愛が1つの規範やイデオロギーとして社会構造や社会装置のなかに埋め込まれているとしたら、私たちは異性愛者・非異性愛者に関係なく、だれしもこの拘束から自由ではないし、大きく影響を受けているといえる。異性愛を、自然に生起するものではなく、政治的な制度であると主張し、それを「強制的異性愛（compulsory heterosexuality）」という名で呼び、流布させたのは、アメリカのフェミニストであり詩人でもあるアドリエンヌ・リッチであった。リッチは異性愛が強制されている社会では、異性愛男性を中心に男どうしの関係性が作り上げられていると語る。そして、その背後で、男女関係のなかで女性は従属的な位置に置かれ、さらに女性どうしの関係性が分断されていると主張する。そうしてリッチは、女性のあいだの分断された結びつきを回復する必要性を説き、女性どうしの結びつきを「レズビアン連続体」と呼んだのである。

たとえば、女性どうしの結びつきが分断される機会にはどのようなものがあるのだろうか。女性どうしの結びつきといえば、母と娘の関係性が思い浮かぶが、これは、多くの場合、結婚を機に切り離されるといえよう。もちろん、近年では、結婚は個人どうしの契約関係としてみなされているが、かつては、イエどうしのあいだで女をとりかわす制度であった。女は生家から夫の家に嫁げば、生家に戻ることはそれほど許されていなかった。結婚自体は、個人どうしの結びつきというよりは、むしろイエどうしの関係性を強化するものであり、それはひいては家父長制という社会制度の存続や強化を意味するものであったのだ。まさに、結婚という異性愛の制度により、男が支配する家父長制をとおして男どうしの結びつきが強化され、その傍ら、女性どうしの結びつきが弱体化され、分断されるのである。

「レズビアン連続体」という形で、女性どうしの結びつきを回復させようと

したリッチであったが、この考え方のなかには、女性どうしの関係性のなかに必ずしも性的な関係でないもの（欲望によって結びついた関係性ではないもの）をも含みこむものであり、それに「レズビアン」という名称を用いたために、女性どうしの性愛化された関係性を軽んじているのではないかという理由で、レズビアンの側からの批判もあった。とはいえ、強制異性愛の社会において、不可視の存在である「レズビアン」という名称を、女性どうしの関係性を呼びならわすものとして提唱したことは、ラディカルな主張であり、ある種の政治的な宣言であったともいえるのではないだろうか。

4　ヘイトクライム

「同性愛嫌悪」、「ヘテロセクシズム」、「強制的異性愛」などは、人びとの意識にかかわり、イデオロギーとして作用する。その意味では、社会のなかの性的マイノリティに対するネガティヴな意識や態度を作り上げるものでもある。こうした意識が、他者に対する力の行使、すなわち暴力として出現することもある。宗教・人種・民族・性的指向など特定の属性をもつ個人や集団に対する偏見や差別意識が原因で引き起こされる暴力などの犯罪行為は一般にヘイトクライム（hate crime）と呼ばれる。同性愛嫌悪などによって引き起こされる暴力などもこのヘイトクライムに含まれる。

ヘイトクライムという考え方が、社会に広く周知されるようになった1つのきっかけは、米国のワイオミング州で起きたマシュー・シェパードというゲイ男性の殺人事件であった。1998年10月、当時21歳の大学生であったマシューは、同世代の男性2人により大学のあったララミーという町で柵に縛り付けられ、放置されているのが発見された。そして、病院に運ばれたが、5日後に亡くなったのである。この事件は、全米でも大きな注目を集め、クリントン大統領もヘイトクライムに対する非難声明を出すなどして、ヘイトクライム撲滅運動へと発展した。さらに、2007年になって、「マシュー・シェパード法」という法案が議会に提出された。それは、性的指向・性自認・障害を理由とした犯罪を新たにヘイトクライムに規定するという内容であった。2009年にこの法案は、オバマ大統領のもとで、正式に法律として制定されることになった。

マシュー・シェパード事件はアメリカで起きたものであるが、日本でもヘイ

トクライムといえる同性愛者に対する殺人事件が起きていた。2000年2月に、東京の夢の島緑道公園の敷地内で、頭から血を流して死んでいる男性がジョギング中の通行人により発見された。警察の調べによれば、死亡した男性は30代で、頭や顔を何者かに殴打されていたことがわかった。数日後に、公園の近所に住む14歳と15歳の少年および25歳の成人男性が強盗殺人の疑いで逮捕された。その犯行目的は、「遊ぶ金ほしさ」であり、実際に死亡した男性のポケットから現金8000円を奪い取っていた。

　当初、この事件は、「少年による凶悪事件」の1つとして報じられ、「ヘイトクライム」という視点ではほとんど報道されなかった。とはいえ、夢の島緑道公園という場所がいわゆる「ハッテンバ」（同性愛者どうしが出会ったり、セックスの相手を探す場所のこと）であり、特に男性同性愛者の出会いの場であったために、夜中に死亡したということであれば、死亡した男性は「同性愛者」であることが容易に推測される。被害者のプライバシーを守るという理由から、テレビや新聞などの主流メディアでは、かれが同性愛者であったということについて触れられることはなかった。もちろん、プライバシー保護という理由で被害者の同性愛を報じないことはそれなりに倫理的なふるまいということになるのだが、そうなると、この事件がなぜ起きたかというほんとうの理由や原因は究明されないというジレンマを抱え込むことになる。すなわち、そのような倫理的なふるまいによって、社会のなかの同性愛嫌悪は見えないままとされてしまうのだ。

　しかしながら、被害者が同性愛者であったかどうかは別にしても、犯人らは、供述のなかで、「ホモ狩り」と称して同性愛者を標的にした犯行であること、また同性愛者であれば金銭を奪ってもその被害を警察には伝えないだろうということを認識しながら、殺人を犯したことを述べている。その点では、この事件は明らかに同性愛嫌悪による犯罪であり、ヘイトクライムの事例なのである。ここでの問題は、同性愛者の姿が見えるかどうかではなく、「同性愛嫌悪」が不可視の状態にあることなのだ。

5　教育現場における性的マイノリティ

不可視化するいじめ・からかい・暴力

　前節で述べたように、「同性愛嫌悪」が見えなくなる事態については、他者による暴力などからの殺人だけではなく、性的マイノリティに対するいじめや、そこから自殺に至ってしまうというような若年の性的マイノリティの問題とも関連している。

　サンフランシスコ州立大学の研究では、LGBTの子どもたちは、異性愛の子どもたちに比べて8.4倍の自殺傾向があるとのことだ。日本でも、日高庸晴(ひだかやすはる)による男性同性愛者と両性愛者に対する調査では、約半数が「ホモ」「オカマ」という言葉を投げかけられ、いじめられた経験をもち、そのなかの65％が自殺を考えたという。さらに、そのうちの15％が実際に自殺未遂を経験しているのである。この調査結果で示されている自殺念慮や自殺企図などその数の大きさに圧倒されるのであるが、それ以上に、このような数字が出ても、同性愛嫌悪が見えないせいで、同性愛であることを悩んでいたという理由や、同性愛者であることでいじめられた事実は、隠蔽されてしまう可能性があるということだ。

　2013年にホワイトリボンキャンペーンによって行われた調査は、性的マイノリティの生徒たちが学校生活において、なお多くの困難に直面していることを示している。LGBTをネタにした冗談やからかいを小学校から高校までの学校生活のなかで聞いたことがあるかという質問に対しては、全体の84％が「ある」と回答した。内訳としては、「特定のだれかを指したものではないが見聞きした」人は、「性別違和のある男子」「非異性愛の男子」「性別違和のある女子」「非異性愛の女子」のいずれにおいても、6割を超えていた。「周囲のだれかを対象にしたものを見聞きした」では、いずれのカテゴリーでも4割を超えており、さらに「自分が不快な冗談やからかいを受けた」という人は、「非異性愛女子」では14％で割合は低いものの、「性別違和のある女子」で33％、「性別違和のある男子」で42％、「非異性愛男子」では44％と最も高い割合となっている。いずれにしても、性的マイノリティの生徒は学校生活において、高い頻度で冗談やからかいを受けるという経験を有しているのである。

　調査では、そうした冗談やからかいを見聞きした際にどのように対応したかも聞かれている。「何もしなかった」人は、どのカテゴリーにおいてもおよそ

図表9-1　LGBTをネタとした冗談やからかいを見聞きした経験（複数回答）

	性別違和のある男子	非異性愛男子	性別違和のある女子	非異性愛女子
特定のだれかを指したものではないが見聞きした	66%	62%	62%	60%
周囲のだれかを対象にしたものを見聞きした	42%	47%	41%	41%
自分が不快な冗談やからかいを受けた	42%	44%	33%	14%
そのようなことはなかった	12%	15%	14%	20%

図表9-2　LGBTをネタとした冗談やからかいを見聞きした際の対応（複数回答）

何もしなかった	71%	68%	75%	87%
自分がいじめられないよう一緒になって笑った	17%	38%	25%	30%
やめてほしいと言った	16%	14%	13%	14%
親に相談した	0%	2%	1%	0%
学校の教師に相談した	3%	1%	1%	8%
他の友人や同級生に相談した	3%	2%	2%	2%

出典：いのちリスペクト．ホワイトリボンキャンペーン，2014「LGBTの学校生活に関する実態調査（2013）結果報告書」より

7割から8割存在していた。また、「自分がいじめられないように一緒になって笑った」という回答も一定程度ある。「やめてほしい」と言ったのは、いずれのカテゴリーでも1割程度であった。また、親や教師、友人に相談したという人の割合は、全体的にかなり低くなっている。こうした状況から考えるに、学校という空間では、いまだ性的マイノリティの生徒が安心して、安全に学習できる環境が確保されていないことがわかる。

2010年2月に、埼玉県の公立小学校の男子生徒が女子としての登校を認められたことを受けて、文部科学省は、2010年4月に各都道府県教育委員会などへ「児童生徒が抱える問題に対しての教育相談の徹底について」として、性同一性障害の児童に対する支援について言及した通知を送付した。2013年には、学校が対応した性同一性障害と考えられる事例について調査を行い、その結果を2014年に「学校における性同一性障害に係る対応に関する状況調査について」として公表した。この段階では、報告のあった事例を606ケースとしているが、これに関しては、文科省も「実数を反映しているものとは言えない」としており、さらに多くの事例がありうることを示唆している。そして、この把握

された事例のうちで特別な配慮が行われていたのは、全体の約60%であったとしている。

こうした状況を踏まえ、文部科学省は、2015年4月に、「性同一性障害の児童生徒に対するきめ細かな対応の実施等について」という通知を行った。

カミングアウトの難しさ

自らのセクシュアリティ、主に性的マイノリティであることを他者に伝えることをカミングアウトという。これは、もともと欧米のユダヤ人が集まって居住していたゲットーから出ること、すなわちカミングアウト・オブ・ゲットー（coming out of ghetto）になぞらえて、性的マイノリティに当てはめて作られた表現である。自分のセクシュアリティを隠していたところをクローゼットと呼び、そこから出るという表現、カミングアウト・オブ・クローゼット（coming out of the closet）という言い方でも知られている。

2015年3月に行われた「性的マイノリティについての意識調査 2015年全国調査」は、周囲に「同性愛者」や「性別を変えた人」がいるかどうかについて質問している。同じ調査のなかで、なんらかのメディアで「同性愛者」や「性別を変えた人」について見聞きした人の割合は全体の9割近くにも上るという結果が出ている。にもかかわらず、周囲にそのような人びとがいるかどうかという質問については、同性愛者については全体の54.2%が、性別を変えた人については、66.2%が「いないと思う」と回答したという。一方、いると回答したのは、同性愛者については全体の5.3%、「性別を変えた人」については、1.8%であり、実際に周囲にいることを知っている人はかなり少ないといえるだろう（河口編 2016）。

最近では、メディア等で性的マイノリティの姿を日常的に目する状況があるものの、特に自分の周囲には実際に同性愛者やトランスジェンダーの人がいるという認識はほとんどもたれていない。ここでは、メディアにおけるリアリティと日常生活におけるリアリティのあいだでかなりギャップがあるように思われる。

先の「意識調査」では、身近な人が性的マイノリティだった場合の嫌悪感についても質問している。「同性愛者」と「性別を変えた人」について、その人が「近所の人」「職場の同僚」「きょうだい」「自分の子ども」であったら、どのよう

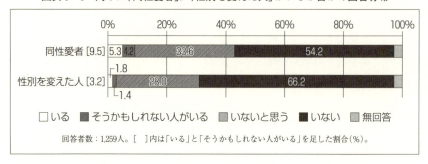

図表9-3 周りに「同性愛者」／「性別を変えた人」がいるか否かの回答分布

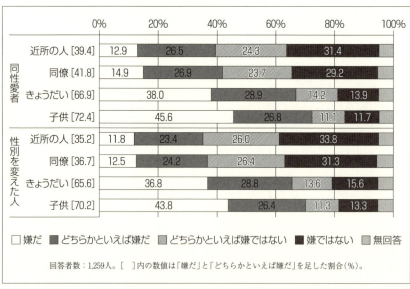

図表9-4 近所の人／職場の同僚／きょうだい／自分の子どもが「同性愛者」／「性別を変えた人」だった場合の反応

出典：釜野さおり・石田仁・風間孝・吉仲崇・河口和也科学研究費助成事業「日本におけるクィア・スタディーズの構築」研究グループ編（研究代表者　広島修道大学 河口和也）『性的マイノリティについての意識 2015年全国調査報告書』2016年6月.

に感じるかを「嫌だ」「どちらかといえば嫌だ」「どちらかといえば嫌ではない」「嫌ではない」の選択肢で回答していく形式になっている。回答割合を見ていくと、嫌悪感を示す人の割合は、すなわち「嫌だ」「どちらかといえば嫌だ」と回答した人の割合は、「近所の人」や「同僚」のような他人には低く、「きょう

だい」や「子ども」のような身内には高くなったのである。その割合は、「近所」（3割台）、「同僚」（3〜4割台）、「きょうだい」（6割台）、「子ども」（7割台）というように、身内になればなるほど嫌悪感をもつ割合が高くなることがわかる。

　こうした社会の人びとの意識をめぐる状況に照らせば、家族のなか、学校や職場の友人関係において、さらに近所において性的マイノリティがいるということはほとんど意識されていないし、また社会のなかで性的マイノリティに対する嫌悪感が一定程度もたれていること、さらにそれは家族のなかでより強く維持されてしまうということは容易に推し量ることができる。LGBT法連合会は、「性的指向および性自認を理由とするわたしたちが社会で直面する困難のリスト」と題して、「子ども・教育」「就労」「カップル・養育・死別・相続」「高齢」「医療」「公共サービス・社会保障」「民間サービス・メディア」「刑事手続き」「その他」というカテゴリーを設け、性的マイノリティが経験した合計264件もの困難事例を列挙し公開している。（LGBT法連合会　2015.9.2　第2版）「子ども・教育」のカテゴリーでは、「話し方がオカマっぽい」や「男らしくない」「女らしくない」といったジェンダー規範から「外れている」ことによるいじめやからかい、そうした「いじめを受けているのは本人も悪い」という教員からのハラスメントなど、かなり以前から存在していたような形態の差別状況がいまもなお続いていることが示されている。また、家族をめぐっては、子ども・成人にかかわらず様々な問題が生じている。2015年9月9日「朝日新聞」の特集記事では、「東京都に住む40代の会社員の女性」は、「8年前から同居する3つ年下の女性パートナーがおり」「2人で家も買い、家族として暮らしている」のだが、そのことは親や同僚には隠しているという事例が掲載されていた。なぜ隠しているのかといえば、数年前この女性は母親から「結婚はまだ？」と聞かれ、「大切な人はいるけど結婚できない」と言うと、その理由を問われ、「同性どうしは結婚できないでしょ」と返したところ、「母親は取り乱し泣き出した」という。慌てたその女性は、その場を取り繕い、「今のはうそ」と打ち消したが、それ以来「パートナーのことはルームメート」で通しているそうだ。

　もちろん自分のセクシュアリティをなかなか言い出せないカミングアウトの問題は、家族内で深刻なものとなり、多くの場合、それは思春期のセクシュアリティを意識しはじめる頃の悩みの種となる。先の新聞記事の事例のように40

代という成人となって、自分のセクシュアリティを受け入れ、人生をパートナーと生きている事実があるにもかかわらず、周囲の無理解による家族の高い壁が存在しているのである。

6　パートナーシップへの取り組み

　2002年に「東京レズビアン＆ゲイ・パレード」の人権フォーラムで、「パートナーシップを支える制度について考える」というパネルトークが行われたが、これは比較的早い時期の、あるいはもしかすると日本で最初の同性愛者のパートナーシップに関する公開議論であった。当時は、世界では徐々に、同性パートナーシップ法が整備され、同性婚を認める国もいくつか出てくるような時期であった（5章参照）。北欧諸国で同性パートナーシップに関する法整備が始められ、この動きはその後ヨーロッパにも拡大していき同性婚を認めるような方向性に向かい、また、ラテンアメリカなどの国々でも比較的早い時期に同じような道をたどるようになった。アメリカ合衆国では、州や自治体ごとで同性婚を認めるところと認めていないところが存在していたが、2015年6月に連邦最高裁判所が同性婚を認める判決を出したことにより、全米で同性婚が認められることとなった。

　日本における画期的な動きは、やはり2015年4月に東京都の渋谷区が同性カップルに向けて、パートナーシップを「結婚に相当する関係」として証明する証明書を発行する条例を策定し、施行したことであろう。この条例は、区内在住の20歳以上の同性カップルが対象であり、互いに後見人とする公正証書や同居を証明する資料を提出すれば、パートナー関係を証明する証明書を発行するというものである。これにより、区民や区内の業者はパートナー関係を、異性パートナー関係と同等に扱わなければならず、もしそれに反したら、その業者名が公表されるということになる。この証明書は、たとえば同性カップルが家族向け区営住宅への入居を希望するときには有効になるとのことだ。また、医療施設での入院時の面会や手術の同意書へのサインや、企業からの結婚祝い金の支給などについては、その施設や事業所が認めれば、効力を発揮するという。また、婚姻証明や相続、配偶者控除などの法律に基づく制度については、この証明書は効力をもたないとのことである。

このように、具体的にはこのカップル証明書が効力を発揮する場面はかなり限定されているものの、自治体がこうした施策を通じて社会に発するメッセージ的効果は大きいと思われる。渋谷区に続き、東京の世田谷区でも「宣誓書」という形で同性カップルを証明する書類を発行することを決めた。20歳以上で、カップルの双方が区内に居住するか、または転入の予定がある場合に、カップルが「パートナーシップ宣誓書」を提出し、区長がそれを受理し、「受領証」を発行するという形式をとっている。世田谷区のこの証明書は条例ではなく要綱制定というものであるので、渋谷区以上に法的な拘束力や効力はないが、「存在を認めてほしい」という声に対する受容であるということだ。

　渋谷区、世田谷区に続き、東京以外の地方都市では、三重県伊賀市が2016年4月に、また兵庫県宝塚市が同年5月に、那覇市が同年7月に、世田谷区と同じような要綱制定という形で、同性カップルの証明を始めている。さらに、2017年になると札幌市が、そして2018年には福岡市が同性パートナーシップの証明を開始した。

　同性カップルの証明書は、もちろん法的効力はほとんどないものの、カップル内の生活や関係性以外の部分で意味をもつこともある。たとえば、同性カップルについて異性カップルと同等の処遇をしていた企業は少なかった。しかし、行政による同性パートナーシップ支援施策は、企業が性的マイノリティのための働きやすい職場作りを目指す際に、その福利厚生制度を同性カップルまで拡大しようという動きにもつながってくる。イギリスの化粧品会社の日本法人「ラッシュジャパン」は、2015年1月に正社員が同性をパートナーとして届け出れば、配偶者とみなして祝い金を支給し、5日間の慶事休暇を取れるようにした。また、育児休暇や、パートナーの親でも介護休暇を取ることができるようになったのだ（朝日新聞2015年3月28日夕刊）。

　このような企業の動きは、国内では、日本IBMや日本マイクロソフト社などの外資系企業により先導されている傾向がある。しかし、その動きは、国内企業にも拡大しており、パナソニックは2016年4月に社内規定を変更し、同性カップルを結婚に相当する関係と認める方針を打ち出した。

7　職場における性的マイノリティ

　先に述べたように、企業のなかには性的マイノリティに対して、処遇を異性愛者と同じようにしていこうという取り組みを促進していくところがある一方で、職場で性的マイノリティが直面する問題も多い。同僚から「結婚しないのか」というような質問をされ、答えに窮してしどろもどろになる同性愛者は少なくないだろう。

　東京都内の広告関連会社に勤めるゲイ男性（37歳）は、職場で自分がゲイであることを言えない状況を説明する。同僚がもちかけてくる話題のなかに「同期の職場にそういうヤツ（同性愛者）がいるんだって」という言葉を聞く。そのときに、自分も同性愛者だとはいえずに、「そういう人もいるんだ」と合わせるしかなかったと話す。また、同性のパートナーのことを「彼女」に置き換えて話したりもしていたという。なぜなら、「仕事を犠牲にしてまで（自分が同性愛者であることを）言う意味」も感じていなかったからである（朝日新聞 2013年7月12日朝刊）。この話は、同僚による同性愛に対する偏見から起因しているものだが、LGBTが働きやすい職場の環境づくりを目指し、企業向け研修などを行う「虹色ダイバーシティ」というグループの代表である村木真紀は「年配者を中心に、職場にLGBTがいるかもしれないことへの配慮や、人権問題という意識がない方が多い」と語る（朝日新聞 2013年7月26日朝刊）。

　こうした事情は、2015年3月の「性的マイノリティについての意識2015年全国調査」の結果によっても裏付けられている。「意識調査」では職場の同僚が同性愛者だった場合の反応についても聞いている。この回答結果を職種別・性別で見た結果では、「管理職（男性）」のなかで6割台の人が、同僚が同性愛者だった場合に嫌悪感を示していることがわかったのである。管理職は、農林漁業職（6割台）と並んで、高い嫌悪感を示したのだ（河口編 2016）。

　さらに「虹色ダイバーシティ」による2012年2月に性的マイノリティ1125人に対して行われた調査によれば、「職場で差別的な言動がある」と回答したのは48％で、転職経験がある人は60％であった。また、同僚、上司、部下のいずれかにカミングアウトしていると回答したのは、38.5％にとどまっていた（読売新聞 2013年12月5日朝刊）。

8 地域・地方における性的マイノリティ

　2011年3月の東日本大震災以降、日本社会では「絆」の重要性について触れられることが多くなってきた。地震やそれによって引き起こされた津波は、人びとの住まいや暮らしを奪っただけではなく、それまでの人びとのつながりを崩壊させてしまったからである。そのようななかで、分断されてしまった人びとのつながりを取り戻そうとして、「絆」という考え方や「コミュニティ」という概念に焦点が当てられていくこととなった。こうした「絆」や「コミュニティ」は、地域社会とも言いかえることができる。

　性的マイノリティの問題に関連づけて考えると、このたびの震災は、地域社会で生きる性的マイノリティの問題を露呈させることにもなった。「レインボー・アドボケイツ東北」というネットワークを発足させた小浜耕治は、地震の際の状況を次のように語る。「地震で家がめちゃくちゃになり、あわててゲイ雑誌を処分した人。パートナーの安否に気をもんだ人もいる。法的な家族ではないため、万一の時に誰も知らせてくれないからです。トランスジェンダーの人や同性カップルは、プライバシーのない避難所に行きにくかった。お風呂やトイレの配慮もありませんでした。」そして、「災害のときほど男は力仕事、女は炊き出しといった二元論の価値観が支配する。性的少数者は平時以上に見えない存在になってしまう。」と続けている（朝日新聞 2015年5月10日朝刊）。小浜が語るように、平時にも孤立している性的マイノリティは、災害時にはいっそうの孤立を深めていき、したがって、より我慢を強いられたり、ニーズにアクセスすることができなかったりしたのである。風間孝は、災害時における避難所設営の際に、性的マイノリティの存在が意識されていないことを基本的な問題として挙げている。このような認識の欠如から、様々な問題が生じるという。そもそも性別区分に基づき避難所の運営が行われるために、トランスジェンダーが公衆浴場を利用できなかったり、トイレや更衣室の利用の際に混乱が生じたりする。また、避難所でパートナーと一緒に生活をすることで周囲から奇異なまなざしでみられたり、制度上の家族ではないことから医療上の同意を家族として求められる場合には、パートナーは除外されるのである（風間ほか 2016：232-3）。翻って考えてみると、実はこうした問題は、災害時ではないと

き、すなわち平時においても程度の差こそあれ、存在していたもので、災害時に顕著な形で問題が露呈したからこそ人びとに意識化されたものとも考えられる。

　東日本大震災は、首都圏や関西大都市圏ではなく、「地方」という場所で起きた。したがって、この震災は、ざっくりと言ってしまえば地方が抱える様々な問題をも露呈させたのである。それはセクシュアリティをめぐる問題でも例外ではなかった。大都市と比較して、性的マイノリティへの理解が「遅れている」と捉えられている地方都市や、さらに農村地域などで性的マイノリティはどのように生活をしていくことができるかという問題について考えられるようになってきた。このような大都市ではない地域で暮らす性的マイノリティについて考える必要性から、2015年8月には、性的マイノリティへの理解を求める活動を行うNPO法人など33団体が集まって、トークショーやダンスなどの大規模なイベントが開催された。東北で開催された性的マイノリティのイベントとしては過去最大であったという。

　地方においては、地域社会に溶け込んで、しかし自分のセクシュアリティを隠したり恥じたりすることなく生活することが求められるのだが、濃密な人間関係のなかでは、自分のセクシュアリティを自由に表出することは難しい。したがって、地方の性的マイノリティは自分たちの居場所作りを必要とする。セクシュアリティを否定されることなく、安心してそこにいられる場所が求められるのである。そうした居場所作りは、定期的に開催される交流会や勉強会、さらに「カフェ」のような形で行われている。

　これまで性的マイノリティの問題は、大都市を中心に語られたり、研究されたりしてきた。たとえば、性的マイノリティであれば、大都会に出ていかなければ、幸せな生活が送れないのではないか、また農村地域では、同じ性的マイノリティとも出会う機会がほとんどなく、孤独に生活していかなければならないのではないかと考える人も多いのではないだろうか。アメリカのクィア研究者であるジャック・ハルバーシュタムは、その著書『In a Queer Time and Place』で、性的マイノリティやクィアは、「田舎」から「大都市」へ出ていく移住の物語や、抑圧・迫害の強い農村地域で耐える生活ののちにより寛容だと想定されるような大都市の生活にあこがれ、そこに移住していく物語としてつねに

語られきたことを批判的に捉えている。こうした大都市中心の生活を1つの規範とするような性的マイノリティをめぐる考え方を「メトロノーマティヴィティ（metronormativity）」とも呼んでいる（Halberstam 2005）。東日本大震災後の日本社会では、「地方創生」や「地域活性化」の文脈のなかで、大都市以外の地域や中小都市、あるいは農村地域でも、性的マイノリティが困難に直面することなく生活できる環境について考え始められ、様々な取り組みが行われるようになってきている。

【おすすめ文献・資料】
谷口洋幸・綾部六郎・池田広乃編著，2017，『セクシュアリティと法——身体・社会・言説との交錯』法律文化社．
三成美保編著，2017，『教育とLGBTをつなぐ——学校・大学の現場から考える』青弓社．
砂川秀樹，2018，『カミングアウト』朝日新聞出版．

10章　セクシュアリティをめぐる権利獲得の歴史

はじめに

　セクシュアリティがヨーロッパ社会において問題化されたのは、19世紀まで遡ることができる。セクシュアリティが問題とされるということは、それが1つの争点になるということであり、それをめぐって、様々な形の闘いが展開されるということだ。特に19世紀のヨーロッパでは、法律の領域で同性愛が「犯罪化」され、またそうした事象に対抗し、救済するためにセクソロジー（性科学）の領域では「病理化」が行われた。そのような病理化の言説は、ヨーロッパに限らず、世界の多くの地域におけるセクシュアリティの考え方に影響を与えた。アメリカでは、ヨーロッパにおけるセクソロジーの影響を受けながら、さらに独特の闘いが生まれ、1950年代以降に入り、北米では、同性愛者の当事者たちによる運動や活動が行われるようになったが、その運動の形態は、異性愛に迎合的かつ穏健なスタイルをとっていた。それはホモファイル運動と呼ばれた。このような運動は1960年代末以降、同性愛解放運動に連なっていった。そののち、性的マイノリティのための様々な権利獲得運動に発展し、世界的にも広がりを見せたのである。そのうちの1つが同性婚をめぐる議論である。近年、日本社会においては、同性パートナーシップ証明書発行という形でいくつかの自治体を中心に展開してきている。そうした運動は今後も広がっていく様相を示している。日本のこうした権利獲得に向けた運動のなかで、1990年代はじめに提起された日本初の同性愛者裁判は、画期的なものであった。それから30年弱を経た現在、エイズ問題と同じく、遠い過去の出来事になってしまっている。本章では、こうした日本の性的マイノリティの権利獲得運動も含みつつ、これまで世界で展開されてきた性的マイノリティをめぐる権利獲得の歴史を振り返り、現在生起している様々な問題を考えていくきっかけとしたい。

1 セクシュアリティをめぐる権利獲得の歴史

ヨーロッパにおける権利獲得運動の黎明期

セクシュアリティの問題は、その言葉が新しいものと考えられているために、比較的最近にその取り組みが始まったと思われている。しかし、「ホモセクシュアリティ」という用語が新たに作り出されたのは、1868年のことであり、それだけでもゆうに100年以上の歴史を有する。20世紀のはじめにおもにドイツで「セクソロジー（性科学）」という学問領域で性に関する研究が盛んにおこなわれるようになり、その時代は「セクソロジーの時代」とまで呼ばれるようになった。その時期には、著名な性科学者たちにより、研究はもちろんのこと、同性愛が犯罪化されるのを防ぐために、同性愛を「病理化」するような視角が一般化されていった。

同性どうしの性行為は、キリスト教世界においてはかつて「ソドミー」というカテゴリーのなかの1つに位置づけられていた。「ソドミー」は、旧約聖書に登場する「ソドム」の街にちなんでつけられた行為に対する呼び名である。その街の住人の「不自然な肉欲」のために、天から硫黄が降ってきて街全体が滅ぼされたと言われている。「ソドミー法」とは、「不自然な性行為」を罰するために制定された法律であった。同性間の性行為は、このソドミーというカテゴリーに含まれており、そうした行為自体は、近代以降に出現する同性愛者というアイデンティティを指すものではなかったのである。

アイルランド生まれの著名な作家として知られているオスカー・ワイルドは、父は医師で母は民俗学者・詩人であり、裕福な家庭に育った。1884年には女性と結婚し、子どもを設けていた。1891年に有名な『ドリアングレイの肖像』を出版したが、その直後アルフレッド・ダグラス卿という青年と知り合い恋人同士になる。ワイルドがダグラスに宛てた手紙をダグラス卿の友人が入手して、ワイルドを脅迫した。その手紙がダグラス卿の父クイーンズベリー公爵の手に渡り、「男色屋（sodomite）を気取るオスカー・ワイルドへ」という侮蔑に満ちた言葉を残したのだった。当初、ワイルドの側が、公爵を中傷の罪で告発したのだが、ワイルドに誘惑された若者たちが証言者として出てきたのだ。それにより、審判にかけられたのはワイルドのほうとなった。1895年に公判は

開始されたが、そのなかで同性愛は「その名を口にできぬ愛」として語られ、ワイルドはそうした愛の形が歴史上つねに存在しているとして、その健全性を主張したのだ。しかし、当時の裁判では、クイーンズベリー公爵がワイルドを男色家呼ばわりしたのは公益のためとみなされ、罪にはあたらないとされ、最終的にワイルドは1895年に猥褻罪（Gross Indecency：挿入を伴う行為としてのソドミー関係を伴わない同性（男性）どうしの性関係を行ったという犯罪）により収監され、重い懲役を課されることとなった。これが有名な「オスカー・ワイルド裁判」である。この裁判をとおしてワイルドはセクシュアリティとアイデンティティが不即不離のものであることを体現していると解釈され、彼こそが世界初の「同性愛者」であるという人もいる。

　このように、同性愛者（homosexual）という「人」あるいは「アイデンティティ」が登場するのは、19世紀以降の欧米においてであった。ホモセクシュアリティという言葉を造ったのは、オーストリア生まれのハンガリー人の作家（これまで医師として解説されることもあったが、医師であるというのは間違いである）であるカール・マリア・ベンケルトである。このホモセクシュアリティという言葉には、同性愛は生まれつきものであり、人生をとおして変えることのできないセクシュアリティという含意があったのである。1871年に、統一ドイツで採用された刑法により、男性間の性行為を2年以下の懲役刑とする刑法175条が制定され、同性愛が犯罪化されることとなった。そこで、このような同性愛の有罪化に対して、ベンケルトはプロシアの法務大臣に公開書簡を送付し、男性同性愛の項目を削除するように求めたのである。

　この175条における同性愛の犯罪化に対しては、当時台頭しつつあった性科学者たちが、反対のための様々な取り組みを行っている。同性愛は先天性の変質であり、刑法による処罰は不当である主張したのは、ドイツの法学者であるカール・ハインリッヒ・ウルリクスであった。1864年にヌーマ・ヌーメンティウスという変名で『男性間の愛の謎を探る』という5巻本の小冊子を発行し、同性愛の理論を打ち出した。この理論の内容としては、同性愛は「男の体に女性の心を宿す anima mulieribus virile corpore inclusa」というもので、「第3の性」理論とも呼ばれている。このような状態をウルリクスは、「ウルニング（ドイツ語）」あるいは「ウラニアン（英語）」と呼んでいる。1865年に、かれはウ

ラニアン連合を結成し、ウラニアンの大義を説くが、その後捕らえられ、1867年まで収監された。その年に、ウルリクスは、ドイツ法律学会の場で、自分が同性愛者であることを公表し、反同性愛法を撤廃してほしいと訴えた。

このウルリクスからの強い影響により、1897年に世界で初めてといわれている同性愛人権団体である「科学的人道委員会」を創設したのは、マグヌス・ヒルシュフェルトであった。この組織の目的は、ドイツ刑法175条の廃止、一般の人びとに対する同性愛に関する啓発、同性愛者自身の意識覚醒と権利のための闘いを呼び掛けることであった。1903年には、同性愛者の行動に関する調査報告書である『性の中間段階 年報』を作成し、それは23年にわたり継続した。しかし、こうした運動にもかかわらず、1910年には、刑法がさらに強化され、男性同性愛者だけでなく、女性同性愛者による行為も犯罪の要件とされてしまったのである。1919年には、ワイマール共和国のリベラルな空気も後押しして、ベルリンに「性科学研究所」が設立される。1933年になると選挙によりヒトラーが総統となった。同性愛に対しても迫害を行っていたヒトラーの指令により、性科学研究所の図書室に会った本1万冊も焼却され、ヒルシュフェルトに対しても保護拘留処分が下された。

エドワード・カーペンターは、イギリス生まれの文筆家であったが、一時期聖職者に任命された経験がありながらも、社会運動に傾倒していった。同性に対する愛情をもってもかまわないことを教えてくれた存在として、同性愛者であるとされる詩人ウォルト・ホイットマンを尊敬し、かれに会うためにアメリカにも渡ったのだった。カーペンターは、様々な分野で執筆していたが、なかでも大きな反響を呼んだものは、同性愛を扱った書物の『成熟の愛』(1896)と『中間の性』(1908)であった。とりわけ『中間の性』ではホモジェニック・ラブ (homogenic love) という概念を提唱し、中間の性の人びとは二重の存在であるから「男女両性のあいだを取り持ち、通訳をつとめる使命を帯びている」と考えた。ここには、ホイットマンによる「熱烈な同胞愛」という考え方の影響も垣間見える。

カーペンターと同じくイギリス人であるラドクリフ・ホールは、1928年にレズビアンの生活を描いた『さびしさの泉』を出版した。レズビアンについて書いた本は、1924年の『ともされざる灯』があるが、それは注目を集めることも

なく、話題にもならなかった。1926年になり、彼女は『アダムの血統』により賞をいくつか受けることになった。名声を勝ち取りつつあったホールであったが、『さびしさの泉』によって、その名声は地に落ちた。現代の見方からすれば、さして猥褻な描写はなかったが、当時のロンドン市長は、それを「猥褻文書」と指定し警察に処分させたのだ。

　イギリスでの「猥褻文書」指定とは異なり、アメリカ合衆国ではレズビアニズムをめぐって議論は巻き起ったものの、「レズビアンのバイブルとまでいわせしめた」この本は出版されるに至り、レズビアンの存在を世に知らしめることにも貢献した。この小説の主人公は、スティーヴン・ゴールドというレズビアンであるが、明らかに生まれつきの「性倒錯者」として描かれており、まさに「女性の体のなかの男性の魂」というような存在であった。「性倒錯」についてこうした捉え方がされているところを見ると、当時の性科学的な言説は、このような文学作品のなかにも取り入れられていたことがわかる。その意味では、文学の営みも、性科学が支持していた諸説を社会に広めるためのメディアの1つとなっていたことが想像できる。

アメリカ合衆国における運動の展開

　1950年代アメリカ合衆国では、ジョセフ・マッカーシー上院議員による共産党に対する弾圧、いわゆる「赤狩り」の嵐が吹き荒れた。第二次世界大戦後のソ連とアメリカとの冷戦期の対立を背景として、反共産主義の政治運動がアメリカ国内で展開されていた。1950年に、共和党のマッカーシー上院議員は、国務省職員内の250人の共産党員のリストをもっていると告発し、それをきっかけに共産主義者の摘発が強化されていったのである。この摘発の対象のなかには同性愛者も含まれた。国務次官のジョン・ピュリフォイ（John Peurifoy）は上院委員会において政府内に91人の「陰のカテゴリーに属する」人が働いており、このほとんどは「性的倒錯者（同性愛者）である」と証言した。そして、1949年から52年まで共和党国家委員会議長を務めたガイ・ジョージ・ガブリエルソン（Guy George Gabrielson）は、「ここ数年のあいだに政府に入り込んだ性的倒錯者（同性愛者）はおそらく共産主義者と同じくらい危険である」と警鐘を鳴らしたのであった。こうして共産主義者と同性愛者の結びつきは、人びとの想像のなかで強いものとなっていったのである。

10章 セクシュアリティをめぐる権利獲得の歴史

　第二次世界大戦後のアメリカでは、自らを抑圧された社会的少数者であり、偏見によって見えない存在とされてしまっていると考えるレズビアンやゲイが出てくるようになった。仮名「Lisa Ben」(Lesbianのアナグラム：言葉遊び) は、『ヴァイス・ヴァーサ (Vice Versa)』という冊子の1948年の号のなかで、次のように宣言した。「私は自分自身を自然の間違いだとも心理的な異常者のたぐいとも考えていません。同じような傾向を持つ友人たちもそのようには考えていないでしょう……異性愛者が自分たちのことを「正常である」とするのと同じように私たちも自分たちのことを自然で正常であるとすることはできないのでしょうか？」(McGanny, 1998 : 142) こうした考え方は、アメリカ合衆国で展開されたホモファイル運動の基盤となったのである。

　「ホモファイル homophile」とは、アメリカ合衆国において1950年代から60年代にかけて「ホモセクシュアル」の代わりに一般的に用いられた言葉であり、「セクシュアル」という性的な側面をそぎ落とし、どちらかというと「愛好する philos」というような感情的な側面を焦点化する用語であった。この言葉によって、各地では同性愛者のグループが結成され、ホモファイル運動として展開していった。1970年代以降に登場する解放主義的な運動と比較すると、異性愛の社会に対しては比較的迎合的であり、保守的な傾向をもっていたといえる。しかし、そうであっても、ホモファイル運動はのちのラディカルな解放運動の基盤となったことは否めない。

　ホモファイル運動の目標は、異性愛者によるゲイやレズビアンの受容を得ることであった。1950年代初めに、ハリー・ヘイは「マタシン協会」を、デル・マーティンとフィリス・ライアンは「ビリティスの娘たち」という団体を設立した。これらの組織は、ゲイやレズビアンに対する受容を高め、また水面下の活動ながらも徐々に社会における可視性も増大させていったのである。当時は主流のメディアでも、ゲイの生活を見苦しく、あさましく、また危険なものとして描き出していた。警察によるゲイバーや路上での同性愛者への嫌がらせも頻発していた。家主からはなんの理由もなく退去を迫られたりもしていた。こうした状況に対処するために、マタシン協会やビリティスの娘たちをはじめとするホモファイル運動の活動団体は取り組んでいたのである。このような活動においては、主流の異性愛社会に同化することに主眼を置いており、それゆえ

に、ゲイライツの行進に参加する際もゲイ男性はスーツを着てネクタイを締め、レズビアンは膝丈くらいの裾のスカートを着るように要請されたこともあったようである。

1950年代から60年代にかけては、ホモファイル運動が展開し、それほど異性愛との差異を際立たせるような形で性的マイノリティによる主張がなされたわけではなかった。しかし、1960年代の終わり、1969年6月27日深夜から28日にかけて、世界の性的マイノリティによる運動にとって画期となり、また象徴となるような出来事が起きたのである。いわゆる「ストーンウォール・インの暴動」である。それは、ニューヨーク市にある「ストーンウォール・イン」という人気のゲイバーの客たちが、再三再四にわたってなされたゲイバーへの警察からの手入れに対して抵抗を試みたという事件である。当時は、ちょうど数日前に亡くなったゲイ・アイコン（ゲイに支持される著名人）であるジュディ・ガーランドの追悼集会が行われていたという記録もあり、とにかく警察当局という権力への抵抗という意味ではこれまでになかった動きであったようだ。こうした動きに刺激されるように、ニューヨーク市を中心に、ゲイ・リベレーション・フロントのような、ホモファイル運動とは一線を画した活動組織が結成されるようになった。この組織は、穏やかなホモファイル運動を批判し、同性愛者のライフスタイルの正当性をラディカルな手法で主張したのである。

1971年にアメリカでは、コロラド州、コネティカット州、アイダホ州、イリノイ州、オレゴン州でソドミー法が廃止され、私的な空間での同性間の性行為が合法化された。（ちなみに、アメリカ全州で最後にソドミー法が撤廃されたのは、テキサス州であり、2003年のことであった。）また、1973年には、アメリカ精神医学会が疾患リストから同性愛を削除した。このように1970年代アメリカでは、可視化に基づき、ゲイアイデンティティを基盤にしたラディカルな形で解放主義的な権利運動が展開されていったのである。

そうした1970年代において注目すべきもう1つの出来事は、ハーベイ・ミルクが全米ではじめて政治家として公職に就いたことである。高校教師や保険会社勤務という職業歴をもつハーベイ・ミルクは1972年にニューヨークからサンフランシスコ市に移り住んだ。今ではゲイタウンとして有名なカストロ地区にカメラ店を営むこととなるのだが、1973年ゲイであることを公言して、サンフ

ランシスコ市の市政執行委員に立候補する。その選挙では、1万7000票を獲得し、10位の順位で落選した。75年に2度目の選挙に立候補するも、今度は7位の獲得票数であったが、再び落選した。ついに、77年の選挙では当選を果たし、全米で初のゲイの市政執行委員が誕生した。

　1969年の「ストーンウォール・インの暴動」が同性愛者による可視化とアイデンティティに基づく解放主義的運動の契機として語られることが多いが、実際には1950年代から60年代にかけての同化主義的であると言われるホモファイル運動の時代に、目には見えない形で70年代以降アイデンティティやコミュニティとして立ち現れるような性的マイノリティのネットワークや政治的な意識の形成が進んでいたのだと思われる。

2　軍隊における同性愛者とヘイトクライムに関わる法制化

　イスラエル、カナダ、デンマーク、イギリスなどの国々では、同性愛者が同性愛者であることを公言して軍隊に所属することを禁じてはいない。アメリカでは、オバマ大統領が2010年に、軍隊への同性愛者の入隊を公式に認めるまでは、軍隊に従事している人たちのなかではセクシュアリティについて「訊いてもいけないし、言ってもいけない」というあいまいな政策が取られていた。こうしたあいまいな政策がなぜ取られるようになったのかについては、クリントン大統領の時代にさかのぼる。1992年の大統領選挙戦において、クリントンは同性愛者の軍隊への入隊を認めようとしていた。しかし、国防総省や共和党議員からの反対に遭い、「妥協の産物」として、「訊いてもいけないし、言ってもいけない」という方針を打ち出したのである。具体的には、カミングアウトやアウティングを含めて誰かがレズビアンやゲイであることを言ってはいけない、性的な目的のために同性との身体接触に及んではいけない、同性の相手と結婚する、もしくは結婚しようと試みることをしてはいけない、というような内容であった。こうした規則を破ると除隊を命じられたのであり、クリントン大統領によるこうした政策方針が打ち出されてからも、9000人以上のLGBTが除隊させられたのである。クリントン大統領から続いていたこの規定は、オバマ大統領の時代、2010年になって撤廃されることとなった。

　クリントン政権時代には、性的マイノリティに対するバッシングやそれに伴

う暴力が世間の注目を集め、大きな問題となっていた。1993年12月には、ブランドン・ティーナという21歳のトランスジェンダー男性がネブラスカ州で殺害された。ブランドンは、友人のジョン・ロッターとトム・ニッセンという男性2人に暴行を受けた挙句に、射殺されてしまったのだ。また1998年10月には、ワイオミング大学の学生であったマシュー・シェパードというゲイ男性が同性愛嫌悪を理由に殺害された。クリントン大統領は、これら2つの事件をきっかけに、ヘイトクライム法に性的マイノリティに対する犯罪を追加するべきである述べた。実際に、マシュー・シェパードの事件を機に、性的指向や性同一性障害に対する憎悪を新たにヘイトクライムに規定する法律が成立した。「マシュー・シェパード法」と名づけられた法律がアメリカ議会に提出されたのが2007年であり、オバマ大統領が署名したのは2009年になってからであった（9章参照）。

　ちなみに、ブランドン・ティーナの事件は、映画「ボーイズ・ドント・クライ」として、またマシュー・シェパードの事件は、ララミー・プロジェクトという演劇作品として知られている。

3　同性婚をめぐる議論

　同性婚については、世界では1980年代の終わりから、当初は同性パートナーシップを承認するという形で主に北欧諸国において認められはじめ、その後西洋の先進国が同性どうしの結婚を認めるようになってきた。ここでは、現在同性婚が認められている国の1つ、アメリカについて、どのような経緯を経て同性婚が認められるようになったかを見ていきたい。

　『同性婚』という本のなかで、その著者ジョージ・チョウンシーは、19世紀以降に結婚をめぐる4つの大きな変化があったと論じている。1つは、「結婚の自由」に関することで、結婚相手を自由に選ぶ権利が基本的な市民権としてみなされるようになったと主張している。もう1つは、中立で平等主義的な結婚が進められるようになったことである。婚姻関係のなかで夫と妻がそれぞれに極端に異なった役割を割り当てられることがなくなり、その結果として男女という異なったジェンダー同士ではなく、同じジェンダーに属する人どうしの結婚も十分に想像できるようになってきたという。3つ目は、結婚をめぐる優

遇措置に関することで、結婚によって形成される世帯が行政や私企業の優遇措置を配分する重要な単位になってきたことから、同性どうしのカップルを結婚から排除することは、かれらにとって大きな経済的・法的格差を負わせることになってきたと主張している。最後に、宗教的権威が失われつつあるということを挙げている。いずれの宗教的集団も、自分たちが奉じる結婚のルールを他者に強要する力を大きく削がれてきているという。以上のことがアメリカで生起しており、その結果として同性婚が進められるようになってきたとチョウンシーは語る。

　1960年代のホモファイル運動時代にも、運動団体の機関紙である『ワン』では、長期的な同性愛関係を「結婚」と呼びならわし、結婚についての問題提起が行なわれていた。実際に、同性同士の結婚をめぐって、社会的および法的にその必要性が提起されたのは、1970年代に入ってからであり、1970年にゲイカップルがミネアポリスの役所に結婚許可証を請求している。また、その2か月後には、レズビアンカップルが、ケンタッキー州ルイヴィルで同様の請求を行った。それ以後、多くのカップルが同様の請求を行ったが、いずれの場合も行政は請求を拒否したのである。

　このように同性婚に向けた動きが始められたものの、運動内部の同性愛者たちのなかで結婚を支持する者は少数派だったようである。結婚に反対する理由は、「われわれを抑圧する連中の、無意味で悪しき習慣を真似している」というものだった。また、ニューヨークのゲイの新聞『ゲイ・パワー』紙の論説委員は「結婚はわれわれが望む自由ではない」と主張した。さらに、多くのレズビアン・フェミニスト運動家は、結婚の権利要求にはさらに無関心であった。彼女らの多くは、結婚は本質的に家父長的な制度であり、女性の支配を構造化する中心的な役割を果たしているという意見だったのだ。

　1970年代においては、このように同性婚に対する見解は否定的なものが多かったが、1980年代に入ると次に述べる3つの出来事のために、それまでの同性婚反対の流れに変化が訪れる。その3つの出来事とは、アメリカの地域の一部と社会において、レズビアンやゲイ男性の顕在化と容認が劇的に進んだこと、エイズが(特にゲイ・)コミュニティに壊滅的な打撃を与えたこと、驚くべき速さで拡大したレズビアンのベビー・ブーム、であった。こうした背景によ

り、同性愛者たちは、ドメスティック・パートナーシップ制度の確立のための運動にも真剣に取り組み始め、1990年代初頭には大きな進展が見られた。名だたる大企業（たとえばIBM）や大学（たとえばハーバード大学）が、ドメスティック・パートナーシップ手当を導入したり、福利厚生の面で異性愛の配偶者と同じような内容の優遇措置を認めるようになったのである。2004年には、マサチューセッツ州が同性カップルに婚姻許可証を交付しはじめ、自治体によっては同性パートナーに健康保険などの優遇措置を提供するようになったのである。

1970年代に同性カップルが婚姻許可証を請求するようになるが、メリーランド州、テキサス州、コロラド州では結婚を異性カップルのみに許可するような法律が可決された。その後、5年間に15州で同様の法律が制定されたのである。これは、ハワイ州で同性どうしの婚姻が認められそうになったときに、「婚姻は1人の男性と1人の女性による法的結合」であると規定した1996年の結婚防衛法（Defense of Marriage Act）に似た先駆けでもあったのだ。こうした法律はまさにアメリカ社会において同性婚の議論が進展し、それに反対する人たちからの反応ともいえる。つまり、それほどに同性婚が現実味を帯びたものになったということなのだ。

アメリカでの同性婚の議論や法制化は、たとえばカリフォルニア州の同性婚に向けた取り組みと連動しているともいえる。カリフォルニア州ではドメスティック・パートナー法が成立し、また2008年になると州最高裁は「同性婚を認めないのは州憲法違反である」との判決を下す。このことにより、カリフォルニア州は全米で2番目の同性婚を合法とする州となったのである。しかし、同じ年の2008年、同性婚を禁止する「提案8号」についての住民投票が行われ、可決された。これによりカリフォルニア州での結婚は男女のあいだのみに限定されることになった。2010年に、サンフランシスコの連邦地方裁判所は、提案8号を違憲であるとする判決を下した。さらに、アメリカ連邦最高裁判所は、同性婚を禁じたカリフォルニア州の法律を違憲とする判決を支持する決定をした。最終的には2015年11月に連邦最高裁は同性婚が合法であるとの最終判断を下した。

さて、日本ではまだ同性婚を認めるという法律は制定されていないが、自治体のなかには同性パートナーシップを証明しようという動きが2015年以来始

まっている（5章参照）。2018年4月時点で、同性パートナーシップを証明する自治体は、東京都渋谷区、東京都世田谷区、三重県伊賀市、兵庫県宝塚市、沖縄県那覇市、北海道札幌市、福岡県福岡市である。これは、自治体が同性カップルを結婚に相当する関係として認め、「パートナー」として証明するものであり、条例として制定されている場合と、綱領として制定されている場合がある。

4　日本で初の同性愛者差別事件裁判——府中青年の家事件

　日本社会においては、西洋におけるソドミー法のような同性愛行為を罰するという差別的な法律があるわけではないし、歴史的にも男色などに見られるような寛容な文化があるので、同性愛に対して差別はないという語り方があったことは確かである。しかし、日本社会が実際に同性愛に対して寛容であり、また差別が存在しなかったのかといえば、そうではない。むしろ、日本では同性愛者が差別を受けても抵抗を試みたり、差別に対して闘いを挑んだりすることが難しかったという社会的環境が存在していたのである。

　そうしたなかで、「動くゲイとレズビアンの会（通称「アカー」）」という同性愛の人権団体が同性愛差別に対して裁判を提起したのは1991年のことだった。1990年2月に勉強会開催のために宿泊利用した東京都府中青年の家のリーダー会において同性愛の人権団体であることをカミングアウトしたのち、同宿していた他の利用団体からアカーメンバーに対して差別的な行為が頻発した。そのため、アカー側は青年の家の責任者に対処を求めたが、青少年に対する悪影響を与える可能性があるとして、それ以後の利用が断られることになった。90年4月に再度青年の家の利用申し込みに行くと、申し込みは受理されなかった。同性愛者団体の青年の家利用をめぐっては、管轄をしている東京都教育委員会の判断にゆだねられることになったが、そこでも「秩序を乱すおそれがあるとき」および「管理上支障があると認めたとき」に利用を断ることができるという理由で、同性愛者の団体が宿泊をともなう利用を拒絶したのである。

　こうしたいきさつから、アカーは1991年2月に東京地方裁判所に提訴することになった。地裁における第一審の争点は、青少年施設に存在する宿泊の際の男女別室ルールをめぐるものだった。男女別室ルールとは、男女の同室宿泊を

認めないという規則である。その理由は、性行為が行われる可能性があるからというものだ。そして、同性愛者による宿泊は、「男女」の組み合わせによる宿泊と同等であるとみなされ、同性愛者の同室での宿泊は許可されなかったのである。しかし、当時の東京都以外の青年の家の施設のなかには、男女での同室宿泊を認めていた施設も存在し、東京都が掲げる「男女別室ルール」は必ずしも公共施設における普遍的な規則ではなかったという事実もある。

　第一審の判決では、東京都教育委員会は、同性愛者団体のメンバーによる性行為の具体的可能性の有無を判断することなく、安易に「同性愛者」と「男女」とを同列に取り扱って利用を認めなかったことについては東京都側に過失があり、仮に性行為を他の利用者が想像したとしても、青少年の健全育成にとって有害であるとは思われないという判決が出たのである。また、裁判所は、もし同宿している他の団体の利用者が嫌がらせを行ったとしても、それは「同性愛者に対する蔑視によるもの」であり、そのこと自体が宿泊利用拒否の理由にはあたらないと明確に述べている。

　東京都は第一審の判決を不服として控訴したため、裁判は東京高等裁判所で闘われることになった。第二審の争点の１つは、「青少年こそが被害者である」という東京都側の反論であった。つまり、青少年の教育施設である青年の家で、同性愛者があえて同性愛者の団体であると名乗って利用すると、発達過程にある青少年の認識を混乱させるというのである。したがって、利用している小学生などの青少年のほうが被害者であるという論理だ。もう１つの争点は、「事件が起こった90年当時において同性愛者に関する知識を基準とすると利用拒絶という決定は損害賠償に値するほどの過失ではない」というものであった。つまり、同性愛の知識や情報がなかったから利用拒絶という決定を下しても非難されるべきものではないという論理である。このような都側の論理に対して、高裁は「青少年に対してもある程度の説明をすれば、同性愛について理解することが困難であるとはいえない」として、また同性愛に関する知識や情報の欠如については、「平成２年 (1990年) 当時は、一般国民も行政当局も、同性愛ないし同性愛者については無関心であって、正確な知識もなかったものと考えられる」が「一般国民はともかくとして、都教育委員会を含む行政当局としては、その職務を行うについて、少数者である同性愛者をも視野に入

れた、肌理の細かな配慮が必要であり、同性愛者の権利、利益を十分に擁護することが要請されているものというべきであって、無関心であったり知識がないということは公権力の行使に当たる者として許されないことである」と判決文には書かれている。この裁判は、東京地方裁判所で一審、東京高等裁判所で2審が行われ、いずれの裁判においても原告側である同性愛者団体が勝訴した。東京都側は、これ以降控訴しなかったために、1997年に原告側の勝訴をもって終結した（風間・河口 2010：69-70）。

　この裁判は、これまで日本社会において不可視な存在として位置づけられていた同性愛者がカミングアウトをとおして目に見える存在となったときに起こった差別的な事例をめぐって闘われたものである。そして、そのなかで同性愛がいかに捉えられているかが露呈し、それをめぐり同性愛が法廷の場で規定され、同性愛は異性愛と同等のセクシュアリティであるとされ、平等に処遇されなければならないとされたのである。さらに異性愛主義の社会のなかで、同性愛の側がつねに問題化されてしまっていた状況に対してそれを修正する法的な介入がなされ、マイノリティである同性愛者については、少なくとも行政など公的な職務に就いている者は無関心や無知は許されず、正しい知識や情報を持つべきであるということが明確化されることになったのである。

【おすすめ文献・資料】
　竹村和子，2000，『フェミニズム』岩波書店．
　風間孝・河口和也，2010，『同性愛と異性愛』岩波書店．
　チョーンシー、ジョージ，2006，『同性婚――ゲイの権利をめぐるアメリカ現代史』明石書店．

11章　クィア・スタディーズの視角

はじめに

　英語文化圏では、1990年代初頭を画期として、「クィア」という言葉が、アクティヴィズムの領域でも、アカデミズムの領域においても、使用されはじめた。アクティヴィズムの領域では、レズビアン／ゲイ／バイセクシュアル／トランスジェンダーなどの非異性愛の多様なセクシュアリティやジェンダーを一括する言葉として流通した。アカデミズムの領域では、「クィア理論」という理論的視角あるいは方法論に依拠する学問的方法論として、1つの研究領域が形成された。それまで非異性愛のアイデンティティに依拠し、ホモフォビアという差別意識や差別形態に焦点を当ててきたレズビアン／ゲイ・スタディーズとは異なる、それぞれの非異性愛のセクシュアリティの間に存在する差異に目を向け、そうした差異や境界がいかに構築されるか、またそこで立ち現れる異性愛規範を批判的に捉え返す学問的方法としてクィア・スタディーズの領域が立ち上がってきた。本章では、このクィア・スタディーズがどのような領域として形成され、そこではどのような研究視角から研究が進められ、何が問題とされるのかについて考察していく。

1　「クィア」という考え方

　「クィア理論」という考え方は、1990年2月にカリフォルニア大学サンタ・クルーズ校で開催された同名の研究会議において、テレサ・デ・ラウレティスにより提起された。それまでのセクシュアリティを取り上げる学問領域では、「レズビアン・アンド・ゲイ・スタディーズ」という名称が一般に使用されていた。このなかでは、レズビアンとゲイのセクシュアリティの理論化をめぐって、つねにレズビアンのセクシュアリティとゲイのセクシュアリティが「と（アンド and）」という接続詞により結びつけられることで、そのセクシュアリ

ティの差異が不可視にされてきた問題が存在していた。差異をもったセクシュアリティの歴史的固有性が見えないものにされてきたのだ。そして、その差異はセクシュアリティのカテゴリー間の差異にとどまるものではなく、たとえばレズビアンのなかの「差異」、あるいはゲイのなかの「差異」という、カテゴリー内部の「差異」についても問題にした。

ラウレティスは、こうしたカテゴリー間の「差異」として人種の問題に目を向け、それを考えることの必要性を説く。異性愛が支配的であるとする視角の見直しを必要としてもいた。つまり、同性愛／異性愛という対立関係や同性愛と異性愛は同等のものであるという関係性のあり方では見えなくされてしまうことがあるという批判的な問題設定によるものでもあった。

ラウレティスによるこうした問題提起は、学問領域のみに由来しているのではなかった。当時の社会状況として、深刻化するエイズ問題を看過することはできない。クィア理論の誕生の背景として、1980年代以降のゲイ・コミュニティやマイノリティのコミュニティに多大な影響を与えたエイズ問題を無視することはできないのである。エイズから深刻な影響を受けていたマイノリティの集団やコミュニティは、1980年代の保守化する時代において、無策のうちに放置されたが、そうした危機的な状況下において自分たちで対策を講じる必要に迫られた。その際の実践における中心的課題は、いかにマイノリティのあいだで連帯を模索し、構築できるかということであった。こうした連帯を模索する際に考えるべきは、集団間にも存在し、1人の個人の内部にも存在する様々な「差異」の問題であったのだ。ここでの「差異」は、1つの集団と別の集団を、また1人の個人ともう1人の個人とをそれぞれ分け隔てるものだけではなく、1人の個人内部にも存在するものともいえる。たとえば、米国社会における「HIVに感染しているヒスパニックのゲイ男性」についていえば、この一個人のなかに、単純に言っても、HIV感染／非感染、移民／白人、同性愛／異性愛、男性／女性という差異の線分が存在することになる。そして、クィアという考え方は、こうして2つのカテゴリーとして分け隔てられたものが、実は、境界によりそれほど明確に分けられるものではないこと、双方のカテゴリーが実は依存しあっていたりすることを、私たちに教えてくれる。

そのように考えると、異性愛と同性愛のあいだの境界もそれほど明確なもの

ではないとも考えられる。同性愛の位置づけは、たとえば「同性愛は病気ではない」というスローガンにも表れているように「逸脱」行為という見方から離れて「自然な」行為としてみなされるようになればよいとか、カミングアウトした同性愛者の生活様式が、オルタナティブな「ライフスタイル」として、多様な生活のあり方を模索する社会で広まっていけば、同性愛者が直面している問題が解決するという考え方では済まなくなってきている状況でもあったのだ。

　ゲイの歴史家であるデイヴィッド・ハルプリンは、その著書『聖フーコー』で、同性愛と異性愛の関係について次のように述べている。少し長いが引用しよう。

> （……）ホモセクシュアリティとヘテロセクシュアリティは、本物の対語、互いに互いを規定する反対語などではなく、上下関係であり、ヘテロセクシュアリティは暗黙のうちに、自分をホモセクシュアリティの否定として作り上げるからだ。ヘテロセクシュアリティは、自分自身を問題とすることなしに定義づける。ホモセクシュアリティを問題化し、汚れたものとして棄却して、自分は特権的で徴のつかない高みへと上るのだ。だからヘテロセクシュアリティは、実体を持つためには――そして欠如によって、欠如の座、つまり差異を欠くものあるいは異常の不在という座を得るためには、ホモセクシュアリティに依存せざるをえない。
> （Halperin 1995＝1997：68）

　このハルプリンの言葉は、異性愛と同性愛のあいだの関係というのは、単に対置されるということではなく、それが序列化あるいは階層化されているのだということを意味している。つまり、異性愛規範によって作られた社会では、異性愛が至上のものであり、それに従属するものが同性愛というようにである。そのような考え方で行けば、同性愛というセクシュアリティは、セクシュアリティ全体からは排除されたり放逐されたりする運命にあるとみなされる。しかし、ハルプリンによれば、同性愛は異性愛にとって必要なセクシュアリティであるだけでなく、異性愛は同性愛に依存してもいるというのだ。確かに、実際の社会においても、異性愛者が異性愛者であることを自覚するのは、実は自分とは異なるセクシュアリティの者、たとえば同性愛者を目の当たりにしたときに、自分のセクシュアリティは同性愛者のセクシュアリティではないという否定的差異により、自ら異性愛者であることに気づくことになる。しか

し、異性愛と同性愛は言葉の上では対置され、同等の地位を与えられているように見えながらも、現実には異性愛者が異性愛をカミングアウトすることはなく、それはつねに同性愛者によってなされるものとなっている。「ヘテロセクシュアリティは暗黙のうちに、自分をホモセクシュアリティの否定として作り上げるからだ。ヘテロセクシュアリティは、自分自身を問題とすることなしに定義づける」とハルプリンが述べているように、異性愛の側は、実際に何もせずにもいいような地位を手に入れているのである。こうしてみると、排除されたり放逐されたりすると思しきセクシュアリティ、すなわち「同性愛」などの非異性愛のセクシュアリティによってこそ、セクシュアリティという構造全体は支えられているともいえる。

2 本質主義と構築主義

　1998年に結婚を発表した女子マラソン選手の有森裕子の記者会見で、そこに登場した米国人の夫ガブリエル・ウィルソンは、「僕はゲイでした」と発言し物議を醸した。また、1950年代のアメリカ合衆国で、「赤狩り」の急先鋒であったマッカーシー上院議員の秘書兼弁護士であったロイ・コーンは、その一生を取り上げた劇中の台詞として自らのセクシュアリティに触れるなかで「ロイ・コーンはホモじゃない。ロイ・コーンはな、ヘンリー、男とやりまくるヘテロの男だ。」と語っている。もちろん劇中の台詞であるので、コーン自身が実際にこのように言ったかどうかは定かではないが、「隠れゲイ」として知られ、反同性愛的な政策に関しても賛同していたことからすると「真実」らしい話であるかもしれない。

　ここでこうしたエピソードを取り上げたのは、このように語った人の真実のセクシュアリティを突き止めたいわけではない。むしろ、ここではそのセクシュアリティの「確定」が難しいことをいいたいのだ。少なくともあのような発言があった背景には、たとえば「同性愛」を定義することの不可能性／セクシュアリティの不確定性が潜んでいるともいえる。

　セクシュアリティの「定義」が困難であり、それを確定する方法は今のところないということは、何も有名人のエピソードのみに表れているいるわけではない。たとえば、エイズが深刻化していた時期に、同性間で性行為を行う人の

リスクが問題とされた。そして、そうした性行為を行う人たちに対する調査も行われることになったが、そのなかで、同性間で性行為を行うけれども、「同性愛者」というアイデンティティはもっていない人が存在するということが明らかになったのである。したがって、そのような人たちを予防啓発のターゲットとするためには、アイデンティティに基づく「同性愛者」というカテゴリーではなく「男性と性行為をする男性 Men Who Have Sex With Men」、すなわちMSMというカテゴリーが考案され、このカテゴリーのもとで、調査や予防啓発が進められていくこととなった（8章参照）。

　さて、ここで問題となるのは、同性愛というセクシュアリティの定義やその構成に関わることである。同性愛がどのような原因で存在し、あるいはどのように構成されるかについては、長きにわたる論争が存在している（序章参照）。いわゆる本質主義と（社会）構築主義のあいだの論争である。本質主義では、アイデンティティを自然で、固定化され、生来的なものとみなしているのに対して、構築主義ではアイデンティティは流動的であり、社会的条件や利用できる文化的モデルにしたがって異なるものであると考えられている。エドワード・スタインによれば、「本質主義者は、人の性的指向は文化からは独立しており、客観的で、本来備わっているような性質をもっており、他方、社会構築主義者は、セクシュアリティは文化に依存しており、関係のなかで作られるものであり、おそらく客観的なものではないと考えている」と述べている（Stein 1992：325）。

　言いかえれば、本質主義のほうは、セクシュアリティは、異性愛であれ同性愛であれ、またその他のセクシュアリティであれ、生まれつきのものであり、人間の一生にわたって変化することのないものとして想定されている。そうした考え方は、セクシュアリティが「本質」としての「コアな部分」を有しており、それがたとえば同性愛を規定するというところにまで行きつくのである。たとえば、いまだ解明されたわけではないが、同性愛の「原因」のありかを身体内の「脳下垂体」や「三半規管」や、または「遺伝子」に求めるような見方は本質主義的立場の1つと考えてよいだろう。

　セクシュアリティの構築主義的な捉え方は、フランスの思想家であるミシェル・フーコーの著作が有名であるが、それ以前の著作のなかにも、構築主義的

な視点は現れていた。たとえばイギリスの社会学者であるメアリー・マッキントッシュが1968年に発表した「同性愛の役割 Homosexual Role」という論考もその1つである。マッキントッシュの主張によれば、同性愛は一般に「出身地や身体の障害と同じように、人格を特徴づけるひとつの状態（condition）」として見なされてきたという。彼女はこれを主に次のような2点で問題視する。まず1つ目としては、「状態」と見なされれば、人びとはそれを持つ人と、持たない人という2つのカテゴリーに分けられてしまう。しかし、「行動という観点で言えば、異性愛者と同性愛者の二極分化は私たちの社会では完全なものではない」と主張する。2つ目としては、その結果でもあるが、同性愛を1つの「状態」と見なすことは、「病因論（同性愛の原因は何かという問い）」に通じてしまうのである。こうした同性愛の原因を追究する立場は、その原因を同性愛者個人に帰する視点につながってしまい、そうしたことから同性愛の問題を歴史や社会という枠組みから切り離してしまうことにもなるのである。マッキントッシュはこうしたアプローチに反対して、同性愛の研究に、比較社会学の視点を導入し、いわゆる本質主義的視点を、むしろ同性愛を非難し、また社会問題と見なすような社会における社会統制の装置として作用するものと考える視点に向けかえるのである。その結論として、同性愛者は、1つの「状態」をもっているというのではなく、「社会的役割」を演じているものとしてみなされることを提案している。

　ミシェル・フーコーは、『性の歴史 第1巻 知への意志』のなかで、同性愛のカテゴリーが19世紀に誕生したものであることを述べている。

> ここで忘れてはならないのは、同性愛の心理学的・精神医学的・病理学的範疇が成立したのは、それが——1870年のかの名高いウェストファールの「自然に反する性的感覚」に関する論文はまさに出生の日付としての価値をもち得るだろう——性的な関係のタイプによるのではなく、むしろ性的感受性のある種の質、自己の内部で男性的なるものと女性的なるものとを転倒させるある種のやり方によって定義された時である。同性愛は、それが男色（ソドミー）の実践から、一種の半陰陽、魂の両性具有へと変更させられた時に、性的欲望（セクシュアリティ）の様々な形象の一つとして立ち現れることになったのである。かつて男色家は性懲りもない異端者であった。今や同性愛者は一つの種族なのである。（フーコー 1986：55-56）

このようなフーコーによる主張では、同性愛というカテゴリーが歴史的に19世紀の半ば以降に誕生したこと、そして、それ以前に異端者である男色として非難されていたような時代における「行為」に向けられた視線ではなく、「自己の内部」をもった存在としての同性愛、さらには「種族」として言説化されていったことが述べられている。マッキントッシュが考えていたような「状態」をもつものとして同性愛者が、この時期に誕生したことをフーコーは歴史的に追究していたのである。

　フーコーは、19世紀における「同性愛」というカテゴリーの誕生を、主に当時生起していたセクシュアリティの医療化という観点から捉えた。アメリカの歴史学者であるジョン・デミリオは、フーコーと同じく「同性愛」あるいは「同性愛者のアイデンティティ」が19世紀に誕生したと主張しているが、その捉え方はフーコーのそれとは異なっている。デミリオは、マルクス主義的なアプローチにより同性愛者のアイデンティティ形成に寄与したものが、資本主義の歴史的な発展であったと主張する。より厳密にいえば、それは「自由労働システム」であるというのだ。資本主義社会において自由に職業を選ぶことができる「自由労働システム」が拡大してくると、その資本は同じ場所で拡大していくのではなく、新たな生産領域を広げることにより地理的にも拡大していくという。そうした資本の拡大とそれにより広がった賃労働によって、核家族の構造や機能、家族生活のイデオロギー、さらに異性愛をめぐる様々な関係の意味に深い変容が生じてくるようになる。家族は、労働と生産を中心とする公的世界から明確に区別された個人生活の場となった。「家族は感情という絆による統一体、モノではなく情緒的な満足と幸福を供給する制度として新しい意味を引き受けるようになった」のだ。また、「賃労働が拡がり生産が社会化されたことによって、性が生殖への「義務」から自由になることが可能になった。」こうしたことから、「資本主義は一部の男たちや女たちが同性への性愛的／情緒的関心をもとに個人生活をつくりあげていくことを可能にする諸条件を創出した。このことは都市部でのレズビアン／ゲイコミュニティの形成を、そしてより近年のものとしては、性的アイデンティティを基盤とした政治行動を可能にしたのである。」このようなデミリオの同性愛アイデンティティの出現に関する捉え方も、そのアイデンティティ形成の契機となるものを、当の同性愛者の

内部に求めずに、外部的な様々な条件から説明するという方法をとっているものとして、構築主義的なものであるといえる (D'Emilio 1983)。

3　アイデンティティの政治とその批判

　性的マイノリティをめぐる、とりわけアメリカを中心とした運動に関する教科書的な歴史区分は、1970年代以前と以後で、その運動展開の方法が異なると書かれていることが一般的である。1950年代から60年代の「ホモファイル運動の時代」であり、1970年以降は「レズビアン／ゲイ解放運動」の時代である。

　ホモファイル運動とは、セックスという語をなかに含んでいるhomosexualよりも、同性 (homo) を愛する (phile) という意味の「ホモファイル homophile」のほうがより人びとに受け入れられやすかったために、このような用語のもとに、1950年代を生きた同性愛者たちは、抑圧的な政策に真正面から抵抗するよりも、当時の価値観に従いながら徐々に状況を変えていくことを目指していた運動である。もともと1946年にオランダのアムステルダムで結成された同性愛者の組織が始まりであるといわれているが、アメリカでは、1951年ロサンゼルスで「マタシン協会 The Mattachine Society」がハリー・ヘイらによって創設された。さらに、1955年になるとサンフランシスコでレズビアンの組織である「ビリティスの娘たち The Daughters of Bilitis」が結成された。1950年代のアメリカといえば、マッカーシズムによる赤狩り旋風が吹き荒れた時代であり、そうしたなかでは、同性愛者も標的とされていた (10章参照)。したがって、表立った政治行動は命取りになりかねないために、概してその活動形態はアンダーグラウンドなものであり、同性愛者にとっての支援的な空間を作ることを目指し、そのため社会からの抑圧に対して戦うという目標は共有されていながらも、社会の規範に対してはある種の「妥協的」な態度を優先していたのである。

　1970年代に入ると、ある種「保守的」であり「同調主義的」な運動形態のホモファイル運動から、抑圧からの「解放」をめざすことを目的とする、よりラディカルなレズビアン／ゲイ解放運動の時代に移行していったのである。

　解放主義運動は、異性愛者たちと同じであることを主張するのではなく、異性愛社会が非異性愛者たちに対して抱いている不安に迎合することを拒み、異

性愛と非異性愛のあいだの差異を鮮明に打ち出していく戦略をとった。そうした戦略の1つがカミングアウトによる「可視化」という政治戦略であった。

デニス・アルトマンによる『ゲイ・アイデンティティ──抑圧と解放』(原題は、『Homosexual: Oppression and Liberation』) は、今ではゲイ研究の古典的著作となっているが、当時の解放主義的運動の展開について詳述している (Altman, 1971=2010)。アルトマンはこの本の中で、「最良の社会分析は個人の経験から生まれ育つものである」と述べ、この言葉はラディカル・フェミニズムにおける「個人的なことは政治的なことである」という主張と響きあっている。まさに、1960年代終わりから70年代初頭のフェミニズム運動なども含めたマイノリティ運動をめぐる時代的な雰囲気をまとったものであるといってもよいだろう。この本の出版30周年を記念して、アルトマンの友人でもあるジェフリー・ウィークスが、本書の要点をまとめているので、それに依拠しながら解説していくことしたい。

まず1つ目の要点は、アイデンティティに力点を置いているということである。アルトマンの中心的な関心はまさに「アイデンティティの問題」である。「私たちの社会において同性愛者であることは、つねに同性愛者がスティグマを負っているということを認識することである」とアーヴィン・ゴッフマンの「だいなしにされたアイデンティティ」の議論を援用してアルトマンは述べる。新しいアイデンティティ・ポリティクスの課題は、なぜ同性愛者がスティグマ化されるのかを理解する、あるいはなぜ同性愛者が抑圧されるのか (それといかに闘っていけるのか)、という問題を別の、より政治的なやりかたで捉えることである。そのなかで、アルトマンは独自の視点を提示する。抑圧、つまり「アイデンティティの否認」は、迫害 (persecution)、差別 (discrimination)、寛容 (tolerance) という3つの形態をとるというのである。十分に差異に価値を与えることなく差異と共生するという寛容の一形態がある。「あなたが同性愛者だなんて、なんとお気の毒な。でも私はあなたのことが好きですよ」という言い方。アルトマンの言葉を借りれば、こうしたリベラルな憐憫は受容 (acceptance) ではなく、言われたほうの自己のプライドを傷付けるものである。ここまで見てくると、アルトマンは同性愛者と異性愛者のアイデンティティの差異を強調しているように思われる。しかし、次のようにも語っている。多様なセクシュアリ

ティの世界では、異性愛と同性愛の間には本質的な差異などない、という主張である。異性愛に向かわせる命令 (imperative) は本質的ではなく、文化的な現象であり、同性愛者のアイデンティティは部分的にはその命令に対する抵抗を通して形成されてきたものなのだという。このようなアルトマンの主張は、実はのちのクィア研究という領域における問題構成ともそれほど遠いものはないことがわかるだろう。

2つ目の要点は、コミュニティと社会運動のあいだの関係についてである。1970年代のゲイのラディカリズムの先鋭的な部分は、既存の「ゲイの世界」に挑戦をしかけた。それは従来のゲイの世界が「ゲットー・メンタリティ」をもっていると考えられたからである。ゲットー・メンタリティというのは、より広範囲の文化的問題を排除し、セクシュアリティのみを強調すること、またより広範囲な性的および社会的抑圧という意味、すなわち真のコミュニティという意味を拒絶した「擬似コミュニティ」を建設することを指しているのだ。アルトマンにとって、ゲイ解放とはここで批判の的となっている「擬似コミュニティ」ではなく、真のコミュニティ、それも「日常生活のエロス化」を基盤にしたコミュニティを実現することなのである。かれはこの本のなかで「ゲイ・コミュニティの究極の拡大はゲイ・コミューンである」といい、性解放や性革命という時代的雰囲気のなかで、自由な性的関係の構築を模索するコミューンの構想を抱いていたのだ。

3つ目の要点としては、この本の1つの章のタイトルにもなっている「同性愛者の終焉 The End of Homosexual」という、議論を呼びそうな視点である。アルトマンにとって、ゲイの政治の目的は最終的には「同性愛」という言葉も「異性愛」という言葉も意味のないものにすることである。つまり、「同性愛の終焉」すなわちそれは同時に「異性愛の終焉」でもあるのだ。「ゲイ解放は、それがもはや必要がなくなるときにその力を十分に発揮したことになるだろう」とはアルトマンの言葉だが、それはセクシュアリティをめぐって「正常」と「異常」というカテゴリーがともに消滅するときに、ゲイ解放運動が達成され、その結果としてもはや解放運動は必要とされなくなるということなのである。さらに言えば、アルトマンにとって、性解放は「多形倒錯の総体」へ向かうような移行という意味合いを含んだものでもあった。

このように1970年代初頭における解放主義的運動は、かなりラディカルな視点を共有しており、異性愛を含めたセクシュアリティの体制に対して異議申し立てを行っていた。しかし、「差異」を中心に進められたリベレーションは、次第に異性愛と非異性愛的セクシュアリティのあいだの「平等」を追い求める傾向に横滑りしていったことも否定できない。そうしたなかでは、「対立的」な政治から「同化・同調的」な政治への移行も見られたのである。

　スティーブン・サイドマンは、新たに登場した社会運動が解放運動のモデルからエスニックモデルに変化していったことを見て取っている。「エスニック（集団）・モデル」とは、明確な人種あるいは民族的な差異に依拠することにより、それまで周縁化されていた集団の市民権やその他の権利が保障され、主流の人種・民族集団との平等が確保されることをめざすものであるが、レズビアンやゲイがこのような考え方をモデル化することで、性的なマジョリティ（いわゆる異性愛社会）に対して性的マイノリティが確固とした集団として想定されるようになる。したがって、もちろん「差異」という意味では維持されるけれども、このようなモデルにおいては、ゲイやレズビアンであることは、かつてのようにあらゆる人にとってのラディカルな潜在性とは考えられなくなり、性的マイノリティは、1つの「民族集団」として、異性愛者とは明確な区別をもった、確認可能な集団として捉えられるようになった。それは、社会システム内における平等と承認を要求するための基盤となったのであった。

　当時、エスニック・モデルが採用されるに至った背景として、アメリカの、少なくとも大都市圏では、それまで不可視であったレズビアンやゲイのコミュニティがカミングアウトなどの実践を通して可視的になってきたという事情がある。そして、都市のなかでまさに「民族集団」がエスニックタウンを形成するように、レズビアンやゲイも集住することをとおして目に見える形で、レズビアン・コミュニティやゲイ・コミュニティを作り、文化を形成してきたのである。この一例として、アメリカのサンフランシスコの「カストロ地区」というゲイ・コミュニティを挙げることができる。エスニック・モデルにより実際に非異性愛者は社会における承認を受けることにも成功するようになり、条件付きながらも権利獲得運動でも徐々に権利を達成できるようになった。1977年にサンフランシスコのカストロ地区を基盤として、ゲイであることを公表して

市政執行委員に立候補した、アメリカでも初めての政治家という公職についたハーベイ・ミルクの選挙戦における勝利の背景は、まさにエスニック・モデル化したコミュニティの発展があったことによるものである。

　もちろん、70年代におけるこのようなエスニック・モデルによる政治的実践においては、多くの成功を達成することができた。エスニック・モデルの採用は、「性的指向」という概念をある意味で人種概念のアナロジーとして理解し、さらにそれを援用していくことを意味しているが、たとえば1973年にアメリカの精神医学会において同性愛が病気のカテゴリーから削除されたことでも「性的指向」という概念が寄与した部分は大きかったといえるのである。

　しかしながら、エスニック・モデルに基づくアイデンティティ・ポリティクスは、このアイデンティティそれ自体から／によって周縁化される人びとによる内部からの批判を誘発することにもなった。「レザーの脅威 Leather Menace」という論考を著したゲイル・ルービンは非異性愛者コミュニティ内のSM嗜好者の存在を主張し、レズビアン・フェミニズムに対して、かつて第二波フェミニズムが規範的なアイデンティティを維持するためにレズビアニズムを排除しようとしたのと同じことをしていると批判した。

　また、性的マイノリティをめぐってエスニック・モデルを採用していたのは、主に白人のゲイやレズビアンらであったが、そうしたことから、非異性愛者のなかの白人至上主義という問題も浮上してきたのである。これに対しては、有色人種のレズビアンやゲイが発言しはじめるようになってきた。チカーナ・レズビアンであるチェリー・モラガとグロリア・アンサルドゥアによる『私の背中というこの橋 This Bridge Called My Back: Writings By Radical Women of Color』は、有色の非異性愛をめぐる状況を反映した、有名な論集である。この論集は、人種と性的アイデンティティのあいだの複雑な交錯性を主張するだけでなく、「白人」を中心とした、統一的なレズビアン／ゲイ・アイデンティティという概念に対しても一定の批判を加えている。

4 「クィア」という方法論

クィア理論　冒頭に触れたテレサ・デ・ラウレティスにより提唱された「クィア理論」について立ち戻ると、彼女が主張しようとして

いたことは、ここまでに述べてきたような歴史の流れにおける批判的視点をその理論のなかに体現しようとしたものであることがわかるのではないか。その論点を以下の4つの点で説明したい (de Lauretis, 1991)。

(i) **レズビアン／ゲイ研究が有していたアイデンティティ指向に対する批判**
ラウレティスは、「ゲイ男性とレズビアンの共同戦線や政治的同盟は可能となったし、実際必要である。(……) しかし、私が強調したいのは別の点である。私たちの間の「差異」は、それがどのようなものであるにせよ、政治的に正しいフレーズである「レズビアンとゲイ」において言説上の対となった2つの用語によって表象されているというよりも、むしろ、このフレーズが使われる文脈でほとんど無視されている。すなわち、差異は示唆されてはいるものの、「と」(and) という言葉によって単に自明のものとされるか、あるいは隠蔽されるかなのだ。」と述べている。レズビアンとゲイはそれぞれアイデンティティを形成してきて、それなりに政治的場面で共闘してきたという歴史は存在するのであるが、そのときにつねに「レズビアンとゲイ」と記述されることにより、それが1つの統一されたものであるかのように表示されてきた。しかし、「と」という接続詞によってこの対とされた言葉により表現されるなかで、2つのセクシュアリティのあいだの重要な「差異」は自明のものとされてしまうか、隠蔽されてしまうということに注意を喚起しているのである。

(ii) **ジェンダーの（権力的）非対称性による階層秩序の問題化**　先に「レズビアンとゲイ」という対の言葉により、その差異が見えないものとされてしまう懸念が表明されていたが、その問題と関連して、この差異のうち、より見えないものとされてしまうのは、つねに女性、いわゆるレズビアンの問題であるということだ。ここでは、ジェンダーの非対称性という問題が反映されており、そこでの階層化の問題を取り上げる必要性があるとラウレティスは主張する。「クィアセオリーにとっては、現代の「ゲイ／レズビアン」言説において今なおレズビアンの表現の試みが失敗を繰り返し、レズビアニズムの特異性が不問に付されつづけていることのしるしとして、発信していかねばならない問いなのである」と書かれている。

(iii) **セクシュアリティに対する焦点化によって見落とされる人種・階級などとセクシュアリティとの交差 (intersection) という視点**　ゲイ・ルービンが「性

を考える」という画期的な論考において、ジェンダーの問題からいったんはセクシュアリティの問題を切り離して考察することの必要性を、クィア理論は踏襲しつつも、むしろ切り離したあとセクシュアリティの問題を焦点化することにより見落とされてしまう傾向のある人種や、それに付随した階級の問題についての交差する地点を見極め、それについて考察する必要性を提唱する。ラウレティスも「現在発展しつつある「ゲイ／レズビアン研究」の分野にも（……）同性愛の実践とその性的欲望の表象における人種とアイデンティティ、人種と主観性の関係をめぐって存在する言説構造と、言説によって構造化される沈黙についての問題」について知る必要性を述べている。

(ⅳ) **異性愛／同性愛の二元論的考え方によって排除されてしまう両性愛やトランスセクシュアリティに対する視点を含めるような非二元論的思考**　このような非二元論的思考については、ラウレティスが直接述べているものではなく、むしろイヴ・セジウィックの著作のなかで展開されているクィア理論がもっている特徴といえる。セジウィックは、二項対立が少数者の排除を生み出すというデリダの考え方に依拠し、さらにそうした二項対立の解体の実践としてかれが提唱した脱構築という方法を自らのセクシュアリティに対する分析に援用する。それはまさにクィア理論の神髄となる方法論といってもいいかもしれない。セジウィックの考え方は、同性愛と異性愛という近代に生まれた自明ともされてしまっている二元論を再考し、これら2つの項の関係性を深く問うていく。その際、同性愛と異性愛という形で2つの異なるものが存在するように見えているものは、実はその両者はそれほど簡単に分けられるものではなく、むしろ互いが互いを支えあっているような構造にあるという。セジウィックはこうした図式から、男性どうしの関係を「欲望」という観点から考察し、異性愛者どうしの結びつきのなかにも実際に同性愛的な、ある種性愛的な欲望が潜在していることを近代イギリス文学の正典を分析するなかで明らかにしたのである。これは一例であるが、実際に2つに分かれているものを、徹底して非二元論的な枠組みで再考することはクィア理論が有する特徴的な方法論であり、それを敷衍していくと、そこには多様なセクシュアリティのあり方が極めて複雑に関連しあっていることがわかる。

クィア理論の新たな展開

以上のようなクィア理論の枠組みから、その後様々な研究が生まれてきた。

たとえば、ジュディス・バトラーは、それまでのフェミニズムが前提としていた一枚岩的な「女」というカテゴリーやアイデンティティを批判的に検討することで、フェミニズム運動のなかに、レズビアニズムやセクシュアリティの枠組みを入れることにより、従来の一枚岩的な「女」を書き換える方向に向かい、これまでの「女」をめぐる語られ方を攪乱した。レオ・ベルサーニというゲイのフランス文学理論研究者は、「直腸は墓場か？」という論文のなかで、エイズの時代に生きるゲイたちのアイデンティティを、当時HIVの感染源として忌避されていたアナルセックスはむしろその強固なアイデンティティや自我というものを崩壊させる、あるいはそれらを葬り去る場所であると考察している。デイヴィッド・ハルプリンは、同性愛は異性愛体制のなかで、忌避されたり、嫌悪されたりしているが、実は異性愛体制にとっては、むしろその体制を支えるものとして必要とされていると主張した。なぜなら、異性愛は、異性愛のみでは異性愛であることを証明できず、同性愛を否定することによってはじめて異性愛の正当性や存在を証明できるのであるからだ。

ここに挙げたクィア研究の研究者らによる研究成果は、おもに1980年代終わりから1990年代初頭にかけてのものである。この時期には、クィア理論とその提唱を主軸として、セクシュアリティ研究においては、「クィア」という視点からの幅広い研究分野の成果が生み出されたといえる。その後、クィア研究それ自体の研究分野が細分化されていくことになるが、それでも研究における方法論においていくつかのトピックに分類することは可能であろう。

その1つとして、クィアの時間性や空間性の領域で行われた研究がある。なかでも、代表的なものとして、リー・エーデルマンによる『ノー・フューチャー No Future』(2004)とジャック・ハルバーシュタムによる『クィアな時間と場所で In a Queer Time and Place』(2005)を挙げることができる。

エーデルマンは、時間性に関するラディカルなクィアの政治を提唱している。かれによれば、「未来性 (futurity)」のレトリックは規範的な社会秩序を維持するものであり、そのようなイデオロギー作用を「未来主義 (futurism)」と呼ぶ。このような規範的な社会秩序のなかに、異性愛規範性も含まれる。たとえ

ば、私たちの社会では、「子ども」を未来の象徴あるいはその形象としてみなすことは多い。そして、子どもを持つことは、まさに「生殖」と結びついたことであり、そうした再生産と人生の時間は、いとも容易に関連する。かつて、人のライフコースは、結婚と生殖に基づき決定されており、そうしたライフコースに乗れない人は、ある意味コースから外れた存在としてみなされた。もちろん、近年では、そうした一元的で画一的なライフコースはすでに時代遅れのものとなっているが、それでも、結婚する人生や子ども（や孫）に囲まれる人生は1つの幸福を形作っているといえる。性的マイノリティが家族にカミングアウトすると、そのカミングアウトする当人の親であれば、将来に孫の顔を見ることができないことを嘆き、その老後1人でさみしい生活を送ることを想像し心配する。こうした例からも、社会には時間性に関する規範が存在し、性的マイノリティはその規範から外れた存在であるとみなされる。そうした規範性は、「未来」につながる「子ども」を中心に作り上げられているのである。エーデルマンによれば、クィア理論の強みは、「未来」という名において「現在」という時制を再生産する政治的論理に対して抵抗できるということにある。それゆえに、「再生産的未来主義 reproductive futurism」というものがあらゆるポリティクスのなかに見出されるとして、そのことを批判の対象としている。とすれば、クィアネスとは、「子ども」という存在を中心にして展開されるような文化的構想や道徳的価値観が現代においては限界であることを明らかにする効力を発揮するものとなる。

　ハルバーシュタムも、女性が生殖のことを考えるとしたら、それは生物学的時間に従わざるを得ず、尊敬される市民であるためには婚姻に向けた計画を立てなければならないという再生産の時間によって生活が規定されていることを問題とする。すべての人が結婚したり、子どもを持ったりするわけではないが、社会においては、こうした再生産の時間は自然なものであり、かつ望ましいものとされている。さらに、子育てに付随した時、すなわち早寝早起きという生活時間の規定は、家族時間の規範となるのだ。また、家族における価値観や財産の形象は、世代間時間という時間を通して行われる。そうした世代間時間は、家族の、そしてひいては国家の秩序維持につながるものとなる。たとえば、すべての人がそうではないにせよ、パートナーをもたない、あるいは子ど

もを持たない、さらにはナイトライフを楽しむというクィアの生活時間は、社会において規範となる生活時間とは異なった、あるいはそこから外れて生きるオルタナティブな時間的枠組みとなる可能性があり、そこに社会を批判的に考察する拠点があるともいえる。

　時間についての考察は、クィア・スタディーズの中で比較的新しく出てきた展開であるが、これまでクィア理論はこれまで生について考えてきたともいえる。（バトラーなら、それを性的マイノリティの生存可能性（viability of life by sexual minorities）と呼ぶのかもしれない。）その意味で、クィア理論自体がその生存を考えていくためには、人の人生がそうであるように、片方で理論の「死」あるいは来世をもその射程に入れて考察をする必要があるのかもしれない。

【おすすめ文献・資料】
竹村和子，2002，『愛について――アイデンティティと欲望の政治学』岩波書店
セジウィック，イブ・K，2001，『男同士の絆――イギリス文学とホモソーシャルな欲望』名古屋大学出版会．
バトラー，ジュディス，1999，『ジェンダー・トラブル――フェミニズムとアイデンティティの攪乱』青土社．

引用・参考文献・資料リスト

【序　章】

Diamond, Milton and Arno Karlen, 1980, *Sexual Decisions*, Boston: Little, Brown and Company.（＝1984, 田草川まゆみ訳『性教育学講座　人間の性とは何か』小学館）.

來田享子, 2012,「指標あるいは境界としての性別——なぜスポーツは性を分けて競技するのか」杉浦ミドリほか編著『身体・性・生——個人の尊重とジェンダー』尚学社.

中村美亜, 2008,『クィア・セクソロジー——性の思いこみを解きほぐす』インパクト出版会.

Rutter, Virginia and Pepper Schwartz, 2012, *The Gender of Sexuality: Exploring Sexual Possibilities 2nd ed.*, Lanham, Md: Rowman & Littlefield.

WHO, 2000, Sexual and Reproductive Health（http://www.who.int/reproductivehealth/topcs/sexual_health/sh_definitions/en/）.

WHO, 2011, Gender Mainstreaming for Health Managers: Practical Approach（http://www.who.int/gender-equity-rights/understanding/gender-definition/en/）.

【序章コラム】

Darlington Statement: Joint Consensus Statement from Intersex Community Retreat in Darlington, March 2017.（https://ihra.org.au/wp-content/uploads/key/Darlington-Statement.pdf）.

Intersex Society of North America, 2006, Why is ISNA using "DSD"?（http://www.isna.org/node/1066）.

Joel, Daphana, 2012, Genetic-Gonadal-Genitals Sex (3G-sex) and the Misconception of Brain and Gender, or, why 3G-males and 3G-females Have Intersex Brain and Intersex Gender, *Biology of Sex Difference* 3 (27).

丹野恒一, 2009,「境界を生きる：性分化疾患」毎日新聞（9月29日～11月15日）.

【１章】

堀江重郎, 2016,「日本には1100万人！『ED』は死の病の前兆か」『東洋経済ONLINE』（2016年 9 月13日）（http://toyokeizai. net/articles/-/134339）.

松本彩子, 2005,『ピルはなぜ歓迎されないのか』勁草書房.

長田尚夫・矢島通孝，2000，「性のマイノリティ支援：セックスレス」『公衆衛生』64(3)：171-174.

日本性教育協会編，2013，『「若者の性」白書：第7回青少年の性行動全国調査報告』小学館．

Ryle, Robyn, 2012, *Quostioning Gender*, Thousand Oaks: SAGE.

Stortenberg, John, 1999, Refusing to be a Man: Essays on Sex and Justice, Portland: Breitenbush Books（＝2002，蔦森樹監修・鈴木淑美訳『男であることを拒否する』勁草書房）．

角田由紀子，1991，『性の法律学』有斐閣．

【2章】

ジェンダー研究センター，2015，『LGBT学生生活ガイド in ICU：トランスジェンダー／GID編』(http://web.icu.ac.jp/cgs/docs/20151021_TSGuide_v8.pdf)．

針間克己・石丸径一郎，2010，「性同一性障害と自殺」『精神科治療学』25(2)：245-251．

針間克己，2014，「セクシュアリティの概念」針間克己・平田俊明編著『セクシュアル・マイノリティへの心理的支援――同性愛，性同一性障害を理解する』岩崎学術出版社．

松永千秋，2016，「トランスジェンダーの歴史」『精神科治療学』31(8)：991-996．

南野知惠子，2004，『「解説」性同一性障害者性別取扱特例法』日本加除出版．

三橋順子，2006，「性転換の社会史」矢島正見編著『中央大学社会科学研究所叢書16 戦後日本女装・同性愛研究』中央大学出版部．

虹色ダイバーシティ，2016，「LGBTに関する職場環境アンケート2016」(http://www.nijiirodiversity.jp/wp3/wp-content/uploads/2016/08/932f2cc746298a4e76f02e3ed849dd88.pdf)．

佐々木掌子，2017，『トランスジェンダーの心理学――多様な性同一性の発達メカニズムと形成』晃洋書房．

東洋経済，2017，『CSR企業白書2017』東洋経済新報社．

【2章コラム】

菅野優香，2013，「ニュー・クィア・シネマ、あるいは歴史をやり直すということ」，『女たちの21世紀』76：32-35．

河口和也，2005，「パリ、夜は眠らない」，出雲まろう編『虹の彼方に――レズビアン・ゲイ・クィア映画を読む』パンドラ．

戸崎美和・カイザー雪，2011，『TOKYO BOIS』飛鳥新社．

【3章】

Katz, Jonathan, 1995, *The Invention of Heterosexuality*, Boston: Dutton.

Kinsey, Alfred, et al., 1948, *Sexual Behavior in the Human Male*, W. B. Saunders Company.（=1950，永井潜・安藤画一訳『人間に於ける男性の性行為（下）』コスモポリタン社.）

Kinsey, Alfred, et al. 1953, *Sexual Behavior in the Human Female*, W. B. Saunders Company.
（=1955，朝山新一他訳『人間女性における性行動　下巻』コスモポリタン社.）

Klein, F, 1990, "The Need to View Sexual Orientation as a Multivariable Dynamic Process", David P. McWhirter, Stephanie A. Sanders and June Machover Reinisch eds., *Homosexuality/Heterosexuality: Concepts of Sexual Orientation*, Oxford: Oxford University Press.

Herdt, Gilbert, 1997, *Same Sex, different Cultures: Exploring Gay And Lesbian Lives*, Boulder: Westview Press.（=2002，黒柳俊恭・塩野美奈訳『同性愛のカルチャー研究』現代書館）.

平田俊明，2016，「西洋精神医学における同性愛の扱いの変遷」『精神科治療学』31(8), 985-990.

Shakespeare, Anna-Elizabeth and Will Dahlgreen, 2015, 1 in 2 Young People Say They are not 100% Heterosexual. (https://yougov.co.uk/news/2015/08/16/half-young-not-heterosexual/).

【4章】

Faderman, Lilian, 1991, *Odd Girls and Twilight Lovers: a History of Lesbian Life in Twentieth-Century America*, New York: Columbia University Press.（=1996，富岡明美・原美奈子訳『レスビアンの歴史』筑摩書房）.

深海菊絵，2015，『ポリアモリー』平凡社新書.

古川誠，1994，「セクシュアリティの変容──近代日本の同性愛をめぐる3つのコード」『日米女性ジャーナル』17：29-55.

Giddens, Anthony, 1992, *The Transformation of Intimacy: Sexuality, Love and Eroticism in Modern Societies*, Cambridge: Polity Press.（=1995，松尾精文・松川昭子訳『親密性の変容』而立書房）.

ぐるーぷ・闘うおんな，1970，「便所からの解放」（=2009，『新編　日本のフェミニズム1　リブとフェミニズム』岩波書店）.

平塚らいてう，1915，「小倉清三郎氏に」『青鞜』5-2.

──────, 1915, 「個人としての生活と『性』としての生活との間に於ける争闘について（野枝さんに）」『青鞜』5-8.
　　加藤秀一, 2004, 『〈恋愛結婚〉は何をもたらしたか──性道徳と優生思想の百年間』筑摩書房.
　　エレン・ケイ, 1914, 「男女恋愛の差別」『青鞜』4-5.
　　牟田和恵, 1996, 『戦略としての家族──近代日本の国民国家形成と女性』新曜社.
　　野上弥生子, 1996, 『森』新潮社.
　　佐伯順子, 1998, 『「色」と「愛」の比較文化史』岩波書店.
　　竹村和子, 2002, 『愛について──アイデンティティと欲望の政治学』岩波書店.
　　田中美津, 1972, 「わかってもらおうと思うは乞食の心」(=2009『新編 日本のフェミニズム1　リブとフェミニズム』岩波書店).
　　柳父章, 2001, 『一語の辞典　愛』三省堂.

【5章】

　　カネルヴァ・セーデルストロム／リーッカ・タンネル監督, 『Haru, the Island of the Solitary〜ハル、孤独の島』(DVD)
　　同性婚人権救済弁護団編, 2016, 『同性婚　だれもが自由に結婚する権利』明石書店.
　　エスムラルダ・KIRA, 2015, 『同性パートナーシップ証明、はじまりました。──渋谷区・世田谷区の成立物語と手続きの方法』ポット出版.
　　ミシェル・フーコー／増田一夫訳, 1987, 『同性愛と生存の美学』哲学書房.
　　ILGA, 2017, Sexual Orientation Laws in the World – Recognition (https://ilga.org/downloads/2017/ILGA_WorldMap_ENGLISH_Recognition_2017.pdf)
　　今井多恵子ほか, 2015, 『事実婚・内縁　同性婚　2人のためのお金と法律──法律・税金・社会保険からライフプランまで』日本法令.
　　トーベ・ヤンソン／山室静訳, 1978, 『たのしいムーミン一家』講談社.
　　──────／冨原真弓訳, 1997, 『フェアプレイ』筑摩書房.
　　──────／冨原真弓訳, 1999, 『島暮らしの記録』筑摩書房.
　　Karjalainen, Tuula. 2013. *TOVE JANSSON, TEE TYÖTÄ JA RAKASTA: The Life and Art of Tove Jansson*. Tammi Publishers.（=2014, セルボ貴子・五十嵐淳訳, 『ムーミンの生みの親、トーベ・ヤンソン』河出書房新社）.
　　小泉明子, 2010, 「多様化する家族　法律婚と事実婚」井上眞理子編『家族社会学を学ぶ人のために』世界思想社.
　　黒澤亜里子編著, 2008, 『往復書簡　宮本百合子と湯浅芳子』翰林書房.
　　LGBT支援法律家ネットワーク出版プロジェクト編著, 2016, 『セクシュアル・マ

イノリティQ&A』弘文堂.

南和行, 2015, 『同性婚——私たち弁護士夫夫（ふうふ）です』祥伝社.

二宮周平編, 2017, 『性のあり方の多様性——一人ひとりのセクシュアリティが大切にされる社会を目指して』日本評論社.

Rydström, Jens and Kati Mustola (eds.) 2007. *Criminally Queer*. Amsterdam: aksant.

沢部ひとみ, 1996, 『百合子、ダスヴィダーニヤ——湯浅芳子の青春』学陽書房.

杉浦郁子・野宮亜紀・大江千束編著, 2007, 『パートナーシップ・生活と制度——結婚、事実婚、同性婚』(=2016, 増補改訂版) 緑風出版.

Westin, Boel. 2007. *Tove Jansson:* Ord, Bild, Liv.(=2014, 畑中麻紀・森下圭子訳『トーベ・ヤンソン——仕事、愛、ムーミン』講談社).

【6章】

Deaton, Wendys and Michael Hertica, 2001, Growing Free: A Manual for Survivors of Domestic Violence, Oxford: Routledge.(=2005, 柿本和代訳『ドメスティック・バイオレンスサバイバーマニュアル——自由への羽ばたき』明石書店).

藤岡淳子, 2006, 『性暴力の理解と治療教育』誠信書房.

加藤秀一, 2017, 『はじめてのジェンダー論=Introduction to Gender and Sexuality Studies』有斐閣（有斐閣ストゥディア）.

森あい, 2017, 「暴力——DVは異性間だけの問題か？」谷口洋幸・綾部六郎・池田弘乃編『セクシュアリティと法——身体・社会・言説との交錯』法律文化社.

牟田和恵, 2001, 『実践するフェミニズム』岩波書店.

村本邦子, 2001, 『暴力被害と女性——理解・脱出・回復』昭和堂.

日本性教育協会編, 2013, 『「若者の性」白書：第7回青少年の性行動全国調査報告』小学館.

性暴力救援センター・大阪SACHICO, 2017, 『性暴力被害者の総合的・包括的支援シリーズ1　性暴力被害者の法的支援——性的自己決定権・性的人格権の確立に向けて』信山社.

多賀太・伊藤公雄・安藤哲也, 2015, 『男性の非暴力宣言——ホワイトリボン・キャンペーン』岩波書店.

角田由紀子, 2001, 『性差別と暴力——Violence and gender discrimination：続・性の法律学』有斐閣.

Walker, Lenore E, 1980, The Battered Woman, New York: William Morrow.(=1997, 斎藤学監訳・穂積由利子訳『バタードウーマン——虐待される妻たち』金剛出

版).

【6章コラム】
　柘植あづみ・市野川容孝・加藤秀一，1996,「「優生保護法」をめぐる最近の動向」江原由美子編『生殖技術とジェンダー　フェミニズムの主張3』勁草書房.
　利光惠子，2016,『戦後日本における女性障害者への強制的な不妊手術』立命館大学生存学研究センター.
　西山千恵子・柘植あづみ編著，2017,『文科省／高校「妊活」教材の嘘』論創社.

【7章】
　赤川学，1999,『セクシュアリティの歴史社会学』勁草書房.
　青山薫，2007,『「セックスワーカー」とは誰か──移住・性労働・人身取引の構造と経験』大月書店.
　浅井春夫・杉田聡・村瀬幸治編，2009,『性の貧困と希望としての性教育──その現実とこれからの課題』十月舎.
　Butler, Judith, 1997, Exciteble Speech: A Politics of the Performative, Oxford: Routledge. (=2004, 竹内和子訳『触発する言葉──言語・権力・行為体』岩波書店).
　Califia, Patrick, 1994, Public Sex: The Culture of Radical Sex, Cleis Pr. (=1998, 東玲子訳『パブリック・セックス──挑発するラディカルな性』青土社).
　Cornell, Drucilla, 1995, The Imaginary omein: A lortion. Pornography and Sexual Harrassment, Oxford: Routledge. (=2006, 仲正昌樹監訳『イマジナリーな領域──中絶、ポルノグラフィ、セクシュアル・ハラスメント』御茶の水書房).
　Daneback, Kristian et al., 2012, "The Internet as a source of information about sexuality", Sex Education: Sexuality, Society and Learning, 12-5, 583-598.
　堀あきこ，2015,「BL図書排除事件とBL有害図書指定からみる性規範の非対称性──女性の快楽に着目して」『マンガ研究』(21) 日本マンガ学会.
　伊藤和子，2017「AV出演強要問題は今どうなっているか。今も苦しみの中にいる被害者たち」(ヤフーニュース　2017/11/25).
　要友紀子・水島希，2005,『風俗嬢意識調査──126人の職業意識』ポット出版.
　要友紀子，2018,「セックスワーカーの人権を考える──「女からの解放」か「女としての解放」か」『福音と世界』(6月号) 新教出版社.
　金田淳子，2007,「マンガ同人誌──解釈共同体のポリティクス」佐藤健二・吉見俊哉編『有斐閣アルマ　文化の社会学』有斐閣.
　加藤秀一，2017,『はじめてのジェンダー論＝Introduction to gender and Sexuality

Studies』有斐閣（有斐閣ストゥディア）．

行動する会記録集編集委員会，1999，『行動する女たちが拓いた道——メキシコからニューヨークへ』未來社．

行動する女たちの会，1990，『ポルノ・ウォッチング——メディアの中の女の性』学陽書房．

前川直哉，2012，「「見られる男性・見る女性」の系譜——絡みあう二次元と三次元」『ユリイカ』44（15）青土社．

前川直哉，2017，『〈男性同性愛者〉の社会史——アイデンティティの受容／クローゼットへの解放』作品社．

Makkinnon, Catharine A, 1987, Feminism unmodified: Discourses on Life and Law, Harvard University Press.（＝1993, 奥田睦子ほか訳『フェミニズムと表現の自由』明石書店）．

三橋順子，2008，『女装と日本人』講談社．

溝口彰子，2015，『BL進化論 Theorizing BL As Transfornative Genre——ボーイズラブが社会を動かす』太田出版．

守如子，2010，『青弓社ライブラリー64 女はポルノを読む——女性の性欲とフェミニズム』青弓社．

守如子，2013，「自慰経験による女子学生の分化」日本性教育協会『「若者の性」白書：第7回青少年の性行動全国調査報告』小学館．

守如子，2015，「性表現の自由と「女性」」落合恵美子・橘木俊詔編著『変革の鍵としてのジェンダー——歴史・政策・運動』ミネルヴァ書房．

永井暁子，2010，「釜石の結婚問題」『社会科学研究』61（5＝6）．

永井良和，2015，『定本 風俗営業取締り——風営法と性・ダンス・カジノを規制するこの国のありかた』河出書房新社．

中澤智惠，2013，「性情報源として学校の果たす役割——性知識の伝達という観点から」日本性教育協会『「若者の性」白書：第7回青少年の性行動全国調査報告』小学館．

砂川秀樹，2015，『新宿二丁目の文化人類学——ゲイ・コミュニティから都市をまなざす』太郎次郎社エディタス．

田房永子，2015，『男しか行けない場所に女が行ってきました』イースト・プレス．

遠矢家永子・久津輪麻美（NPO法人SEAN）編，2008，『マンガ・雑誌の『性』情報と子どもたち——今、旬のSexual rights 教育はこれ‼：大阪府ジャンプ活動事業報告書（特定非営利活動法人シーン）．

【7章コラム】

浅井春夫編著, 2007, 『リーディングス日本の教育と社会7　子どもと性』日本図書センター.

堀あきこ, 2017, 「行政機関による「萌えキャラ」使用とその意味」『女たちの21世紀 = Women's Asia 21』91 アジア女性資料センター.

木村草太, 2018, 「子どもの権利―理論と体系」木村草太編『子どもの人権をまもるために』晶文社.

仁藤夢乃, 2018, 「10代の居場所―「困っている子ども」が安心できる場を」木村草太編『子どもの人権をまもるために』晶文社.

奥平康弘, 1988→2017, 『なぜ「表現の自由」か』東京大学出版会.

田中東子, 2017, 「ウェブ広告とジェンダー表現」『女たちの21世紀 = Women's Asia 21』91 アジア女性資料センター.

上間陽子, 2017, 『裸足で逃げる　沖縄の夜の街の少女たち』太田出版.

【8章】

Buzz Feed News「世界で広がる新しいHIV感染予防策「PrEP（プレップ）」日本でも議論」(2018年5月5日アクセス, https://www.buzzfeed.com/jp/naokoiwanaga/hivprep?utm_term=.usgPNRaV#.xwYB257V).

池田恵理子, 1993, 『エイズと生きる時代』岩波書店.

宮田一雄, 2003, 『世界はエイズとどう闘ってきたのか―危機の20年を歩く』ポット出版.

日本経済新聞, 2018, 「「いきなりエイズ」いまだに下がらず」(4月23日).

岡島克樹, 2009, 「二〇〇〇年代・エイズ史第三期の特徴とは何か――スティグマ削減という取組を中心にして」『解放社会学研究』23：62-80.

新ケ江章友, 2013, 『日本の「ゲイ」とエイズ――コミュニティ・国家・アイデンティティ』青弓社.

【9章】

遠藤まめた, 2016, 『先生と親のためのLGBTガイド――もしあなたがカミングアウトされたなら』合同出版.

Halberstam, Judith, 2005, *In a Queer Time and Place: Transgender Bodies, Subcultural Lives*. New York University Press.

Herring, Scott, 2010, *Another Country: Queer Anti-Urbanism*. New York University Press.

引用・参考文献・資料リスト

いのちリスペクト。ホワイトリボンキャンペーン，2014，「LGBTの学校生活に関する実態調査（2013）結果報告書」．（2018年5月5日アクセス，http://endomameta.com/schoolreport.pdf#search=%27%E3%83%9B%E3%83%AF%E3%82%A4%E3%83%88%E3%83%AA%E3%83%9C%E3%83%B3%E3%82%AD%E3%83%A3%E3%83%B3%E3%83%9A%E3%83%BC%E3%83%B3+lgbt%27）．

井上輝子他編，2002，『岩波女性学事典』岩波書店．

河口和也編，2016，『性的マイノリティについての意識——2015年全国調査報告書』2015年度科学研究費助成事業調査報告書，広島修道大学．（http://alpha.shudo-u.ac.jp/~kawaguch/chousa2015.pdf）．

風間孝・加治宏基・金敬黙編著，2016，『教養としてのジェンダーと平和』法律文化社．

三成美保編著，2017，『教育とLGBTIをつなぐ——学校・大学の現場から考える』青弓社．

森山至貴，2017，『LGBTを読みとく——クィア・スタディーズ入門』筑摩書房．

中塚幹也，2017，「LGBTI当事者のケアに向けた学校と医療施設との連携」三成美保編著『教育とLGBTIをつなぐ——学校・大学の現場から考える』青弓社．75-106．

Sears, James T, 1997 "Homophobia/Heterosexism" in Dictionary of Multicultual Education. The Oryx Press.（＝2002，中島智子・太田晴雄・倉石一郎訳『多文化教育事典』明石書店）

竹村和子，2002，『愛について——アイデンティティと欲望の政治学』岩波書店．

【10章】

風間孝・河口和也，2010，『同性愛と異性愛』岩波書店．

McGanny, Molly, 1998, *Becoming Visible: An Illustrated History of Lesbian and Gay Life in Twentieth-Century America*. Studio.

二宮周平，2011，「性同一性障害特例法の合憲性——子なし要件違憲訴訟」谷口洋幸・齊藤笑美子・大島梨沙編『判例解説シリーズ　性的マイノリティ判例解説』信山社，35-40．

齊藤笑美子，2011，「性的指向に基づく公共施設の宿泊利用拒否——府中青年の家事件」谷口洋幸・齊藤笑美子・大島梨沙編『判例解説シリーズ　性的マイノリティ判例解説』信山社，101-105．

【11章】

Ahmed, Sara, 2010, *The Promise of Happiness*, Duke University Press.

Altman, Dennis, 1971, *Homosexual: Oppression and Liberation*. New York University Press. (=2010, 岡島克樹・河口和也・風間孝訳『ゲイ・アイデンティティ——抑圧と解放』岩波書店).

Bersani, Leo, 1988, "Is the Rectum a Grave?", Douglas Crimp ed., *AIDS: Cultural Analysis/Cultural Activism*, Cambridge: The MIT Press. (=1996, 酒井隆史訳「直腸は墓場か？」『批評空間Ⅱ』太田出版, 8：115-143).

Bersani, Leo, 1995, *HOMOS*, Harvard University Press. (=1996, 船倉正憲訳『ホモセクシュアルとは』法政大学出版局).

Butler, Judith, 1990, *Gender Trouble: Feminism and the Subversion of Identity*, Oxford: Routledge. (=1999, 竹村和子訳『ジェンダートラブル——フェミニズムとアイデンティティの攪乱』青土社).

de Lauretis, Teresa 1991 "Queer Theory: Lesbian and Gay Sexualities;An Introduction" Differences, Vol.3, No.2, pp. iii-xi. (=1996, 大脇美智子訳「クィア・セオリー——レズビアン／ゲイ・セクシュアリティ　イントロダクション」『ユリイカ増頁特集　クィア・リーディング』青土社, 11月号：66-77).

D'Emilio, John, 1983, Capitalism and Gay Identity Snitow, Ann, Thompson, Sharon and Stansell, Christine (eds) *Powers of Desire*. Monthly Review Press. (=1997, 風間孝訳「資本主義とゲイ・アイデンティティ」『現代思想　臨時増刊　レズビアン／ゲイ・スタディーズ』青土社, 145-158).

Edelman, Lee, 2004, *No Future: Queer Theory and the Death Drive*. Duke University Press.

Faderman, Lillian, 1991, *Odd Girls and Twilight Lovers: A History of Lesbian Life in Twentieth-Century America*. Columbia University Press. (=1996, 富岡明美・原美奈子訳『レズビアンの歴史』筑摩書房).

Halperin, David M, 1995, *Saint=Foucault: Towards a Gay Hagiography*, Oxford University Press. (=1997, 村山敏勝訳『聖フーコー——ゲイの聖人伝に向けて』太田出版).

Halberstam, Judith, 2005, *In a Queer Time and Place: Transgender Bodies, Subcultural Lives*, New York University Press.

Hoquenghem, Guy, 1972, *Le Désir Homosexuel*, Éditions Universitaires. (=1993, 関修訳『ホモセクシュアルな欲望』学陽書房).

Katz, Jonathan Ned, 1995, *The Invention Of Heterosexuality*, Penguin.

McIntosh, Mary, 1968, "The Homosexual Role," *Social Problems*, 16(2)：182-192.

Muñoz, José Esteban, 2009, *Cruising Utopia: The Then and There of Queer*

Futurity, New York University Press.

　Scott, Joan Wallace, 1988, *Gender and the Politics of History*, Columbia University Press.（＝1992，荻野美穂訳『ジェンダーと歴史学』平凡社）．

　Sedgwick, Eve K, 1985, *Between Men: English Literature and Male Homosocial Desire*. Columbia University Press.（＝2001，上原早苗・亀澤美由紀訳『男同士の絆——イギリス文学とホモソーシャルな欲望』名古屋大学出版会）．

　Stein, Edward, 1992, *Forms of Desire: Sexual Orientation and the Social Constructionist Controversy*, Routledge.

　キース・ヴィンセント／風間孝・河口和也，1997，『ゲイ・スタディーズ』青土社．

事項索引

あ

アイデンティティ … 31, 55, 65, 82, 146, 155, 178, 194, 196, 201, 202, 204
アウティング（同性愛者であることの暴露） …………………………… 104, 183
新しい女 …………………… 73, 74, 76, 78
アムネスティ ………………………… 131
アメリカ精神医学会 ………… 41, 44, 159, 182
いじめ ………………………… 47, 165, 169
異性愛 ……… 5, 7, 14, 29, 52, 54, 66, 78, 82, 156, 161, 162, 191, 200, 203, 204
異性愛規範（ヘテロノーマティヴィティ） …………………… 7, 14, 38, 39, 46, 67, 192
異性愛者，異性愛（者）… 37, 39, 53, 82, 83, 95, 101
異性愛主義（ヘテロセクシズム）… 79, 80, 161
『異性愛の発明』……………………… 67
異性愛の歴史 …………………………… 67
異性装者 ………………………………… 36
イマジナリーな領域 ………………… 128
インターコース ………………………… 4
インターセックス ……………… 11, 16, 17
インポテンス …………………………… 26
動くゲイとレズビアンの会（通称アカー）… 187
ウラニアン …………………………… 178
ウルニング …………………………… 178
エイズ・アクティヴィズム ………… 145
エイズ第1号患者 …………………… 140
エイズ予防法 ………………………… 142
HIV …………………………… 123, 140, 149
エスノセントリズム（ethnocentrism：自己文化中心主義）………………………… 65
Xジェンダー …………………………… 36
FTM (Fenale to Male) トランスジェンダー … 36
MSM ………………………………… 147
MTF (Male to Female) トランスジェンダー … 36

LGBT ……………………………… 3, 165, 166
援助交際 ……………………………… 137
エンパワメント ……………………… 114

か

科学的人道委員会 …………………… 179
学習性無力感 ………………………… 109
カミングアウト ……………… 60, 61, 167
感染症予防法 ………………………… 148
規　範 …………………………………… 7
強制性交等罪 ………………………… 111
強制的異性愛 ………………………… 162
強制不妊手術 ………………………… 118
キンゼイの連続体 ……………………… 56
近代スポーツ …………………………… 11
クィア・スタディーズ ……………… 190
クィアネス …………………………… 205
クィア理論 …………………… 190, 201
クロスドレッサー→異性装者
ゲ　イ … 3, 38, 51, 54, 55, 99, 125, 133, 202
公娼制度 ………………………………… 71
構築主義（社会構築主義）……… 8, 193, 194
行動する女たちの会 ………… 126, 135
神戸事件 ……………………………… 141
国際疾病分類 ……………………… 41, 60
国連合同エイズ計画 ………………… 151
子どもの権利条約 …………………… 137
個別施策層 …………………………… 149
孤　立 ………………………… 157, 173
婚姻の平等 ………………… 89, 94, 95, 100, 101

さ

サバイバー …………………………… 114
サンビア族 …………………………… 62
JK（女子高生）ビジネス …………… 137
ジェンダー …………………… 9, 10, 12, 13, 14
ジェンダー表現（性表現）………… 35, 51, 52

219

ジェンダー役割 …………… 15, 18, 23, 32, 46, 48
ジェンダーレス男子 ………………………… 40
自殺念慮 ………………………… 47, 48, 165
自殺未遂 …………………………… 47, 165
事実婚 ……………………………………… 91, 94
シスジェンダー …………………… 3, 36, 50
シスターフッド ……………………………… 77
児童買春・児童ポルノ処罰法 ………… 131
社会構築主義→構築主義
受動性 ……………………………………… 20, 24
受動的な役割 ……………………………… 63
少子化 ………………………………………… 117
女性化 ………………………………………… 30
女性同性愛者→レズビアン
女　装 …………………………………… 51, 133
親密な関係性 …………………… 80, 82, 84, 86
SWASH (Sex Work and Sexual Health) …… 129
スティグマ ……………… 26, 28, 55, 61, 131, 150
ストーンウォール・インの暴動 …………… 182
性科学→セクソロジー
性感染症 ………………………… 121, 123, 130
性感染症予防 …………………… iii, 25, 122
性自認 (gender identity) …… 3, 34, 36, 37, 48,
　　51, 52, 101
青少年の性行動全国調査 …… 20, 111, 120, 122
生　殖 …………………… 4, 68, 76, 81, 118, 205
性染色体 …………………………………… 11, 16
性的健康→セクシュアル・ヘルス
性的行動 …………………………………… 4, 9, 54
性的指向 (sexual orientation) …… 3, 5, 37, 49,
　　51, 52, 54, 59, 82, 101, 201
性的指向グリッド(格子) ………………… 58
性的本能 …………………………………… 68
性的マイノリティ(少数者) …… 3, 90, 94, 95, 97,
　　99, 100, 101, 156, 161, 165, 172, 173, 176, 200
性的マジョリティ(多数者) ………………… 3
性的欲望 …………………………… 4, 6, 9, 74, 83
性同一性障害 ……………………………… 40, 52
性同一性障害者の性別の取扱いの特例に関
　　する法律(特例法) ………………… 44, 90
性の健康と権利→セクシュアル・ヘルス／ライツ

性の商品化 …………………… 119, 128, 133, 134
性のダブルスタンダード …… 24, 77, 78, 106,
　　125, 131
生の様式 ……………………………… 99, 100, 101
性の歴史　第1巻　知への意志 ………… 195
セイファー・セックス ……………………… 146
生物学的性別→セックス
性分化疾患 ……………………… 11, 12, 13, 16
性別違和 (gender dysphoria) …………… 41, 47
性別越境者 …………………………………… 3
性別確認検査 ……………………………… 11
性別適合手術 …………………………… 40, 45
性別二元制 …………………………… 13, 14, 37, 46
性別二元制社会 ……………………………… 30
性別の不合 (gender incongruence) ……… 42
性暴力 ………………………………… 102, 131
世界保健機関 ……………………… 2, 10, 41, 60
セクシュアリティ …… 2, 7, 9, 13, 18, 51, 52,
　　79, 81, 87, 99
セクシュアル・ハラスメント …… 50, 102, 103
セクシュアル・ヘルス／ライツ …………… ii
セクソロジー(性科学) ………………… 83, 177
セックス(生物学的性別) …… 3, 10, 12, 13, 14, 34
セックスワーカー ………………………… 129
セックスワーク …………………………… 129
SOGI ……………………………………… 3, 51

た

堕　胎 ……………………………………… 75
堕胎罪 ……………………………………… 75
WHO→世界保健機関
男女雇用機会均等法 …………………… 50, 106
男性同性愛者→ゲイ
痴漢冤罪 …………………………………… 104
Ｄ　V→ドメスティック・バイオレンス
DV防止法 ………………………………… 107
貞　操 …………………………… 18, 75, 111, 131
低用量ピル ………………………………… 27
ドイツ刑法175条 ………………………… 179
同性愛嫌悪 (Homophobia：ホモフォビア) … 84,
　　158

事項索引

同性婚 …………… 91, 95, 99, 100, 101, 170, 184
ドメスティック・バイオレンス（DV）… 84, 93, 102, 107
ドラァグ・クィーン ………………… 51, 52
トランス嫌悪（Transphobia：トランスフォビア）
　……………………………………… 46, 47
トランスジェンダー …… 3, 35, 44, 46, 52, 130
トランス女性 ………………………… 36, 38
トランスセクシュアル ………………… 36
トランス男性 ………………………… 36, 38

な

男色 …………………………………… 73, 177
二次被害 ……………………………… 112
能動性 ………………………………… 20
能動的な役割 ………………………… 63

は

HAART (Highly Active Anti-retroviral Therapy) ………………………… 152
パートナーシップ …… 87, 88, 89, 90, 91, 95, 96, 98, 99, 100, 101, 170, 184
バイアグラ …………………………… 26
売春 …………………………………… 129, 137
売春防止法 …………………………… 129, 130
廃娼運動 ……………………………… 71, 130
バイセクシュアル …………… 3, 38, 54
買売春（売買春）…………… 71, 119, 137
暴露前予防投与 ……………………… 153
パックス（PACS）………………… 94, 95
パプアニューギニア ………………… 62
BL（ボーイズラブ）………… 122, 127, 134
PVセックス …………………………… 4
避妊 ………………………… ii, 24, 75, 122
表現の自由 …………………………… 127, 136
ビリティスの娘たち ………………… 181, 197
フェミニズム ……………… i, 76, 126, 198
府中青年の家事件 …………………… 187
ブッチフェム ………………………… 51, 52
ベアバッキング ……………………… 153
ヘイトクライム ……………………… 163, 183

ヘテロセクシズム→異性愛主義
法律婚 ……………… 91, 92, 93, 94, 101
暴力 ………………… 46, 85, 102, 107
暴力のサイクル ……………………… 109
ホモセクシュアリティ ……………… 177, 192
ホモファイル（homophile）…… 176, 181, 197
ポルノグラフィ ……………………… 119, 125
ホワイトリボンキャンペーン ……… 110, 115
本質主義 ……………………………… 8, 193

ま

マスターベーション（オナニー、自慰）… 122, 125
マタシン協会 ………………………… 181
松本事件 ……………………………… 141
無性愛 ………………………………… 54
メトロノーマティヴィティ ………… 174
メンタルヘルス ……………………… 47
モノガミー（monogamy：単婚）…… 79, 132
文部科学省 …………………………… 48

や

優生思想 ……………………………… 76, 117
養子縁組 ……………………………… 100

ら

リスクグループ ……………………… 146
リプロダクティブ・ヘルス／ライツ … 117, 118
両性愛者、両性愛（者）………… 3, 54, 82
レイプ ………………………………… 110
レイプ神話 …………………………… 113, 126
レザー・ゲイ ………………………… 144
レズビアン …… 3, 38, 51, 52, 54, 62, 125, 127, 163, 190, 202
レズビアン連続体 …………………… 162
恋愛感情 ……………………………… 6, 54, 83
ロマンティック・ラブ・イデオロギー … 76, 77
ロマンティックな友情 ……………… 83

わ

「わいせつ」規定 …………………… 127

221

人名索引

アドリエンヌ・リッチ ……………… 162
アルフレッド・キンゼイ ……………… 56
アンソニー・ギデンズ ……………… 80
イヴ・セジウィック ……………… 203
巌本善治 ……………… 71
エドワード・カーペンター ……………… 179
エレン・ケイ ……………… 74
オスカー・ワイルド ……………… 177
カール・ハインリッヒ・ウルリクス ……………… 178
カール・マリア・ベンケルト ……………… 178
加藤秀一 ……………… 76
ギー・オッカンガム ……………… 159
北村透谷 ……………… 71
ギルバート・ハート ……………… 59
クリスティーヌ・ヨルゲンセン ……………… 40
グロリア・アンサルドゥア ……………… 201
ゲイル・ルービン ……………… 201
佐伯順子 ……………… 72
サッフォー ……………… 62
ジャック・ハルバーシュタム ……………… 174, 204
ジュディス・バトラー ……………… 203
ジョージ・チョウンシー ……………… 184
ジョージ・ワインバーグ ……………… 159
ジョナサン・カッツ ……………… 67
ジョン・デミリオ ……………… 196

スティーヴン・サイドマン ……………… 200
竹村和子 ……………… 79
田中美津 ……………… 77
チェリー・モラガ ……………… 201
デイヴィッド・ハルプリン ……………… 192
デニス・アルトマン ……………… 198
テレサ・デ・ラウレティス ……………… 190
トーベ・ヤンソン ……………… 87
ハーベイ・ミルク ……………… 182
ハリー・ベンジャミン ……………… 41
日高庸晴 ……………… 165
平塚らいてう ……………… 73, 74
フリッツ・クライン ……………… 58
古川誠 ……………… 73
マグヌス・ヒルシュフェルト ……………… 40, 179
ミシェル・フーコー ……………… 99, 194
牟田和恵 ……………… 73
メアリー・マッキントッシュ ……………… 194
吉屋信子 ……………… 84
ラドクリフ・ホール ……………… 179
リー・エーデルマン ……………… 204
リヒャルト・フォン・クラフト=エビング ……………… 40, 60, 68
レオ・ベルサーニ ……………… 204

■執筆者紹介

風間　孝（かざまたかし）	中京大学教養教育研究院教授	序章・1章・2章・3章
河口和也（かわぐちかずや）	広島修道大学人文学部教授	8章・9章・10章・11章
守　如子（もりなおこ）	関西大学社会学部教授	6章・7章
赤枝香奈子（あかえだかなこ）	追手門学院大学社会学部教授	4章・5章

Horitsu Bunka Sha

教養のためのセクシュアリティ・スタディーズ

2018年11月30日　初版第1刷発行
2025年5月20日　初版第4刷発行

著　者　風間　孝・河口和也
　　　　守　如子・赤枝香奈子
発行者　畑　光
発行所　株式会社 法律文化社

〒603-8053 京都市北区上賀茂岩ヶ垣内町71
電話 075(791)7131　FAX 075(721)8400
customer.h@hou-bun.co.jp
https://www.hou-bun.com/

印刷：西濃印刷㈱／製本：㈱吉田三誠堂製本所
装幀：谷本天志
ISBN 978-4-589-03970-5

Ⓒ2018 T. Kazama, K. Kawaguchi, N. Mori,
K. Akaeda Printed in Japan

乱丁など不良本がありましたら、ご連絡下さい。送料小社負担にてお取り替えいたします。
本書についてのご意見・ご感想は、小社ウェブサイト、トップページの「読者カード」にてお聞かせ下さい。

JCOPY 〈出版者著作権管理機構 委託出版物〉
本書の無断複写は著作権法上での例外を除き禁じられています。複写される場合は、そのつど事前に、出版者著作権管理機構（電話 03-5244-5088、FAX 03-5244-5089、e-mail: info@jcopy.or.jp）の許諾を得て下さい。

風間 孝・今野泰三編著
教養としてのジェンダーと平和Ⅱ
A5判・260頁・2420円

ジェンダーと平和の問題について、日々の生活の中での出来事や自分自身の行動を振り返りながら学び考え、他者と対話できるところまで誘う教科書。前著以降の社会の変化をふまえ、新しいトピックも取り上げ、内容を充実させた。

二宮周平・風間 孝編著
家族の変容と法制度の再構築
―ジェンダー／セクシュアリティ／子どもの視点から―
A5判・380頁・6160円

法学・社会学を中心とする研究者と実務家が協働し、分野横断的に現代日本の家族をめぐる実態とその変容を分析。法制度の現状と課題を踏み込んで考察し、「血縁・婚姻から意思へ」を基調とする法制度の再構築と具体策を提起する。

三浦まり編
ジェンダー・クオータがもたらす新しい政治
―効果の検証―
A5判・272頁・4620円

各国で導入されているジェンダー・クオータが実際にどのような効果を持っているのかを、女性議員の数だけでなく、女性議員の多様性、男女の議員行動の変容、政策の進展、世論の変化等を含めて包括的に論じる。役員クオータとクオータの経済効果の議論も収録。

谷口洋幸・綾部六郎・池田弘乃編
セクシュアリティと法
―身体・社会・言説との交錯―
A5判・184頁・2750円

ジェンダー法学においてこれまで中心的に取り上げられてこなかった「セクシュアリティ」に焦点を合わせ、性的な欲望や性的マイノリティと法律や社会制度との関係を考える。セクシュアリティをめぐる法学研究の基本テキスト。

三成美保・笹沼朋子・立石直子・谷田川知恵著
〔HBB⁺〕
ジェンダー法学入門〔第3版〕
四六判・316頁・2750円

ジェンダー・バイアスに基づく差別や法制度への影響を明らかにし、社会の常識を問い直す。「性の多様性」の章を新たに設け、LGBT、SOGIの課題についてより詳しく解説。2015年以降の法や判例、社会変化を反映し、バージョンアップ。

二宮周平著［〈18歳から〉シリーズ］
18歳から考える家族と法
B5判・118頁・2530円

家族の5つのライフステージごとに具体的事例を設け、社会のあり方（常識）を捉えなおす観点から家族と法の関係を学ぶ教科書。学生（子ども）の視点を重視し、問題を発見し、解決に向けた法制度のあり方を含めて考える。統計資料を豊富に盛り込む。

―法律文化社―
表示価格は本体（税別）価格です